人人都能读懂的公司法

公司法常识100问

广东知恒律师事务所公司法律事务中心 编著

法律出版社
LAW PRESS·CHINA

——北京——

图书在版编目（CIP）数据

人人都能读懂的公司法：公司法常识 100 问 / 广东知恒律师事务所公司法律事务中心编著. -- 北京：法律出版社，2024. -- ISBN 978 - 7 - 5197 - 9839 - 0

I. D922.291.915

中国国家版本馆 CIP 数据核字第 2024BD9538 号

人人都能读懂的公司法	广东知恒律师事	策划编辑 周　洁　林　蕊
——公司法常识 100 问	务所公司法律事	责任编辑 周　洁　林　蕊
RENREN DOUNENG DUDONG DE GONGSIFA	务中心　编著	装帧设计 李　瞻
—GONGSIFA CHANGSHI 100 WEN		

出版发行	法律出版社	开本	880 毫米 × 1230 毫米 1/32
编辑统筹	司法实务出版分社	印张	12　字数 290 千
责任校对	李慧艳	版本	2024 年 12 月第 1 版
责任印制	吕亚莉	印次	2024 年 12 月第 1 次印刷
经　　销	新华书店	印刷	三河市龙大印装有限公司

地址：北京市丰台区莲花池西里 7 号（100073）
网址：www.lawpress.com.cn　　　　　　　销售电话：010 - 83938349
投稿邮箱：info@lawpress.com.cn　　　　　客服电话：010 - 83938350
举报盗版邮箱：jbwq@lawpress.com.cn　　咨询电话：010 - 63939796
版权所有·侵权必究

书号：ISBN 978 - 7 - 5197 - 9839 - 0　　　　　定价：49.00 元

凡购买本社图书，如有印装错误，我社负责退换。电话：010 - 83938349

本书编委会成员

主　　编：刘　鸿

执行主编：周　华

副　主　编：（以姓氏笔划排序）

王士燕　王正华　邓慧芬　邓嘉雯　刘　爽
刘占磊　刘谟城　闵　娜　陈　洪　杨　扬
杨林柏　周艳军　张　萍　张秀兰　黎　田

编委会成员：（以姓氏笔划排序）

王　亭　邓诺坤　邓万青　卢　锐　向　丹
朱庆程　刘　枚　刘卓越　刘思涵　庄爱梅
闫　准　李春胜　李　敏　李彩虹　李　磁
陈李康　陈蕤栓　陈　璇　杨佩枝　杨佳妮
欧阳蓉　宋磊磊　易定兴　张　婷　张金梅
周高锋　柯东生　洪莎娜　郭　良　胡新伟
贾晓娅　徐珊珊　龚文静　曹彦辉　黄金政
寇　彪　谢莉莉　裴　茜　穆　清

一部恰如《十万个为什么》的好书

（代序）

20多年前，作为时任《中国律师》杂志社总编辑，我邀请了赵旭东、刘俊海、朱慈蕴三位公司法专家参加由共青团中国政法大学委员会主办、中国政法大学准律师协会承办的百家讲坛系列活动之"平心聆听名家言，慧眼聚焦公司法"大型论坛。

当时，我们聚焦的主题就是新修订的《公司法》之"新""好""难"三个方面。

现在，我们又一次见证了《公司法》的重大修订。

可以说，相对于当年修订的《公司法》，这次修订的《公司法》是更新、更好、更难了。从218个条文到266个条文，可见此次修订力度之大。同时，在最新版《公司法》的266个条文中，只有36个条文是从原《公司法》平移过来的，其他230个条文中，有49个是新增条文，有181个条文有不同程度的修改和整合，新增和修改的条文约占新法条文总数的86%。由此可见《公司法》修订之新、好、难。

所谓更新，是因为制度创新而带来的立法新意；所谓更好，是因为时代发展而展示的立法深意；至于更难，则是因为法律知识的普及与传播而引发的立法解读。

作为一位法律人，也作为法治媒体人，从《中国律师》总编辑到《民主与法制》总编辑乃至当下的《法治时代》执行总编辑，我一直致力于推进法律知识的普及与传播，促进法治成为人人共有的信仰。为此，我深感责任重大，一直努力追求为广大读者提供有价值、有深度且易于理解的法律读物。当我有幸接触到《人人都能读懂的公司法——公司法常识100问》这部新书时，我内心的欣慰与欣喜，可以说是难以言表。

在我看来，此时此刻展现在我们面前的这部新书正是一部既如及时雨也像公开课更是手边书的好书。

这是一部恰如及时雨的好书。

《公司法》作为规范公司组织和行为的重要法律，在企业的设立、运营、管理等各个环节都发挥至关重要的作用。然而，长期以来，《公司法》因其专业性强、条文繁多、概念复杂，常常让非法律专业人士感到困惑和迷茫。这不仅影响了人们对《公司法》的理解和运用，也在一定程度上制约了企业的健康发展和市场经济的有序运行。

眼前这部新书恰如一场及时雨，为那些渴望了解《公司法》却又苦于其晦涩难懂无从下手的人们提供了一条既清晰又便捷更及时的学习路径。

当然，法律是一个不断发展和完善的领域，《公司法》也不例外。随着我国市场经济的不断发展和改革的深入推进，《公司法》也在不断地修订和更新。2024年7月1日，新修订的《公司法》正式施行。所以，这部新书的编写和出版可谓恰逢其盛又正当其时。由此看来，持续关注法律的最新变化，及时解读法律的最新内容，从而为读者提供最新、最准确的《公司法》知识，正是这部新书展示的最新价值。

这是一部堪称公开课的好书。

从文风和结构来看，整本书采用了简洁明了的结构和通俗易懂的语言。作者没有陷入晦涩的法律术语和冗长的条文解读，而是采用了问答的形式，将《公司法》中最核心、最常见的100个问题提炼出来，并深入浅出地进行了有针对性的解答。这种方式不仅直观高效，能够让读者迅速找到自己关心的问题并获得答案，而且案例丰富生动，使原本枯燥的法律知识变得充满吸引力。这就好像一场公开课，针对在场听讲的我们，有讲有问，有问有答，一问一答，一答一解，现场释疑解惑，当场传道解惑。

比如，在"公司和合伙企业有什么区别"这个问题上，作者不是仅简单罗列两者在法律定义上的差异，而是从组织形式、责任承担、税收政策等多个实际层面进行了对比分析，让读者能够清晰地看到选择成立公司或合伙企业所带来的不同影响。再如，在"公司章程可以直接使用模板吗"这个问题上，作者通过具体的案例和实际操作中的经验教训，深刻地阐述了定制化公司章程的重要性以及盲目使用模板可能带来的风险。

书中的每一个问题都紧密结合实际，紧扣公司运营和个人投资中可能遇到的法律问题。围绕公司从设立注册到解散清算的全过程，无论是关于公司的运营与治理还是关于股东的权益与义务，读者所关心的问题都能在这里找到详细而实用的解答。所以，这部新书不仅是一本讲述公司法理论的法律读物，更是一本具有很强操作性的企业实战指南。

这是一部可作手边书的好书。

对于创业者来说，这部新书无疑是他们在创业道路上的得力助手。在创业初期，他们往往充满激情和梦想，但容易忽视法律方面的风险和问题。比如，在选择公司形式时，可能因为对公司和合伙企业的区别不了解，而作出并不匹配实际需求的决策；在制订公司章程时，可能因为图省事而直接使用模板，给日后的公司运营埋下隐患。而本书中的100个问题涵盖了创业过程中可能遇到的各种法律问题，能够帮助创业者提前做好规划，规避法律风险，为企业的健康发展打下坚实的基础。

对于已经在商海打拼多年的企业家，这部新书同样具有重要的价值。随着企业的发展壮大，股权结构的调整、公司治理的优化、对外投资与融资等问题日益凸显。通过阅读本书，企业家们可以重新审视自己企业的运营管理是否符合《公司法》的要求，及时发现并解决潜在的法律风险，确保企业在法治的轨道上稳健前行。

对于普通投资者而言，了解《公司法》也是保护自身权益的必要手段。在投资过程中，投资者需要了解公司的真实情况，包括股权结构、财务状况、治理机制等。本书中的相关知识能够帮助投资者作出更明智的投资决策，避免因法律知识的欠缺而遭受损失。

由此，这部新书就成了一部社会各界值得拥有的工具书，更是一部值得社会大众随时查找的手边书。

从专业的角度来看，本书的作者同样展现出了扎实的法律功底和丰富的实践经验。他们不仅对《公司法》的条文有深刻的理解，更能够将其与实际案例相结合，为读者提供准确、权威的解答。同时，作者在阐述问题时，注重逻辑的严密性和系统性，使每一个问题的解答都自成体系，又相互关联，形成了一个完整的公司法知识框架。

在内容的编排上，本书更加体现了作者的良苦用心。每一个章节都围绕一个主题展开，问题之间层层递进，由浅入深，逐步引导读者深入了解《公司法》各个方面的知识。而且，书中还配备了大量的图表和案例，使得抽象的法律概念变得更加直观形象，易于理解和记忆。

总之，无论是及时雨的时效性还是公开课的针对性，抑或手边书的实用性，都体现了本书最重要的价值，也就是体现在它对法律

一部恰如《十万个为什么》的好书（代序）

知识的推广普及和法治社会建设的积极推动作用。

在法治社会中，每一个公民都应当具备一定的法律素养，而《公司法》作为市场经济法律体系的重要组成部分，其普及推广对于提高全民的法律意识具有重要意义。通过阅读这本书，普通民众能够更好地理解公司这一经济组织的运行规则，增强对市场经济的认知，从而更加自觉地遵守法律、运用法律，为法治社会的建设贡献自己的力量。

小时候，我们曾经读过一部脍炙人口的书——《十万个为什么》，从某种意义上来说，这部《人人都能读懂的公司法——公司法常识100问》，就像那部好书《十万个为什么》，是一本兼具专业性、实用性和普及性的优秀读物。最重要的亮点是，本书以通俗易懂的方式，将公司法这一复杂的法律领域呈现在读者面前，为广大读者打开了一扇了解《公司法》的窗户。

相信这部新书的出版将有助于提高社会公众对《公司法》的认识和理解，促进企业的健康发展，积极推动我国市场经济的法治化进程。

我衷心地希望，每一位读者都能从这部新书中汲取有用的法律知识，在《公司法》的指引下，实现自己的创业梦想，保障自己的合法权益，为构建一个更加公平、公正、有序的法治社会贡献自己的力量。

是以为序。

刘桂明
2024 年 7 月 17 日于北京千鹤家园

目录
CONTENTS

第一章　公司基本常识

第1问：公司和合伙企业有什么区别？ ……………………… 3
第2问：一人公司的利弊有哪些？ …………………………… 8
第3问：分公司与子公司的区别有哪些？ ………………… 11
第4问：法定代表人与法人一样吗？ ……………………… 14
第5问：注册资本、认缴资本、实缴资本有什么区别？ … 17
第6问：什么是公司的"三会"？ ………………………… 19
第7问：什么是公司章程？ ………………………………… 25
第8问：什么是股权代持？ ………………………………… 28
第9问：公司的股东人数有限制吗？ ……………………… 31
第10问：公司名称有什么要求？ …………………………… 33

第二章　公司章程与股东协议

第11问：哪些人要遵守公司章程？ ………………………… 39
第12问：公司章程可以直接使用模板吗？ ………………… 43
第13问：公司存在多份章程，应以哪份为准？ …………… 48
第14问：大股东可以随意修改公司章程吗？ ……………… 52
第15问：股东协议和公司章程发生冲突时，以哪个为准？ …… 56

第16问：公司章程中必须记载的和可以自由约定的内容分别有哪些? ······ 60

第17问：公司章程可以约定股东不按出资比例分红吗? ········· 70

第18问：公司章程可以限制股东进行股权转让吗? ··········· 73

第19问：是否可以通过公司章程对法定代表人的权限进行限制? ······ 76

第20问：如何通过公司章程对董事会的权限进行规定? ········ 80

第21问：是否可以通过公司章程限制或者排除股权继承? ······· 83

第22问：公司章程是否可以对股东的表决权作出特殊约定? ········· 86

第23问：公司章程可以限制公司对外提供担保吗? ········· 89

第三章 公司顶层股权架构设计

第24问：提前设计股权架构的优势有哪些? ·········· 93

第25问：股权设计要考虑哪些因素? ············ 97

第26问：9种常见持股比例有哪些含义? ·········· 101

第27问：一人投资的公司，如何设计股权架构? ······· 107

第28问：夫妻一起创业，如何设计公司的股权结构? ······ 111

第29问：公司创始人在融资时如何保持控制权? ······· 115

第30问：如何在股权设计中提前安排投资人的进入渠道? ····· 120

第31问：家族企业如何在股权设计中运用钱包公司、防火墙公司、主体公司? ········· 124

第32问：不同的股权结构对税收负担的影响有什么不同? ····· 128

第四章 认缴和实缴出资

第33问：股东如何完成出资? ············ 137

第34问：股东认缴注册资本过高，对公司和股东有何
影响？ ………………………………………… 140
第35问：注册资本"五年内缴足"规定下，未实缴注册
资本的公司应当怎么办？ ……………………… 143
第36问：股东未按时足额出资，需要承担哪些责任？ …… 148
第37问：一元转让未实缴股权，有哪些法律风险？ ……… 151
第38问：如何以非货币财产出资？ ……………………… 154
第39问：抽逃出资有哪些风险？ ………………………… 157
第40问：导致股东出资加速到期的情形有哪些？ ………… 160
第41问：股东对公司的垫资和借款，可以转化为（抵销）
出资吗？ ………………………………………… 164

第五章 股东会、董事会、监事会

第42问：股东会的职权有哪些？ ………………………… 169
第43问：有限责任公司召开股东会会议有哪些注意事项？ …… 172
第44问：什么情况下需要召开临时股东会会议？ ………… 176
第45问：股东对股东会决议有异议该怎么办？ ………… 180
第46问：董事会成员如何产生？ ………………………… 183
第47问：董事会的职权有哪些？ ………………………… 187
第48问：召开董事会会议有哪些注意事项？ …………… 190
第49问：监事会成员是如何产生的？ …………………… 193
第50问：监事会的职权有哪些？ ………………………… 198

第六章 股东的权利和义务

第51问：小股东如何行使知情权？ ……………………… 203
第52问：小股东如何行使分红权？ ……………………… 207

第53问：股东对外转让股权，需要其他股东过半数同意吗？ ………… 210

第54问：控股股东与实际控制人一样吗？ ………… 213

第55问：如何追究控股股东或实际控制人滥用权利损害公司和股东权益的责任？ ………… 216

第56问：股权代持有哪些法律风险？ ………… 220

第57问：公司设立时，发起人股东未缴足出资，其他发起人股东需要承担责任吗？ ………… 224

第58问：股东去世，其股权可以继承吗？ ………… 227

第59问：股东离婚时，股权可以分割吗？ ………… 230

第七章　董事、监事、高级管理人员的权利和义务

第60问：什么是"事实董事"和"影子董事"？ ………… 235

第61问：董事可以辞任吗？ ………… 238

第62问：董事不履职，公司有权解任吗？ ………… 240

第63问：董事被无故解任，有权索赔吗？ ………… 243

第64问：董事、监事、高级管理人员的任职有限制吗？ ………… 246

第65问：公司法定代表人的选任和辞任有何要求？ ………… 249

第66问：股东未足额出资，董事需要承担责任吗？ ………… 251

第67问：董事、监事、高级管理人员能与公司进行关联交易吗？ ………… 254

第68问：股东抽逃出资，董事、监事、高级管理人员要承担责任吗？ ………… 257

第69问：公司的高级管理人员的范围和责任有哪些？ ………… 260

第70问：审计委员会的组成与职能是什么？ ………… 264

第八章　股东的进入和退出

第 71 问：股东加入公司的方式有哪些? ················· 269

第 72 问：股东退出公司的方式有哪些? ················· 273

第 73 问：投资人如何通过对赌实现优先退出? ············ 278

第 74 问：股东失权制度是什么? ······················· 284

第 75 问：公司是否可以定向减资? ····················· 287

第 76 问：引入新股东如何计算股权比例? ··············· 293

第 77 问：未成年人能否成为公司股东? ················· 296

第 78 问：签订了股权转让协议,受让人就是公司
股东了吗? ································ 298

第 79 问：公司经营陷入僵局后,股东如何请求公司
回购股权? ································ 302

第九章　公司投融资

第 80 问：公司投融资的渠道和方式有哪些? ············· 309

第 81 问：公司向员工集资借款,需要注意哪些问题? ······ 312

第 82 问：公司对外投资有什么规定? ··················· 315

第 83 问：公司可以做合伙企业的合伙人吗? ············· 317

第 84 问：公司对外投资是由股东会决议,还是董事会决议? ··· 320

第 85 问：公司对外担保如何才能合法有效? ············· 323

第 86 问：公司收购、并购与对外投资的区别是什么? ····· 326

第 87 问：公司应当怎样确定收购、并购方案? ··········· 328

第 88 问：公司收购、并购的流程有哪些? ··············· 330

第 89 问：签订对赌协议要注意哪些问题? ··············· 335

第十章 公司的解散、注销和清算

第 90 问：公司的解散、注销和清算有哪些区别？ …………… 341
第 91 问：哪些情形会导致公司解散？ ………………………… 344
第 92 问：公司解散应当进行清算的情形有哪些？ …………… 347
第 93 问：公司清算时，未实缴出资的股东是否需要实缴
　　　　出资？ ………………………………………………… 351
第 94 问：公司清算时，财产怎么处理？ ……………………… 353
第 95 问：公司清算组有哪些权利义务？ ……………………… 355
第 96 问：哪些情形公司可以简易注销？ ……………………… 358
第 97 问：清算义务人的义务和责任有哪些？ ………………… 359
第 98 问：哪些情形可以申请破产重整？ ……………………… 361
第 99 问：申请破产清算，对债权人有什么好处？ …………… 363
第 100 问：什么情形公司需要编制资产负债表及财产清单？ …… 365

后　　记 ……………………………………………………… 368

第一章

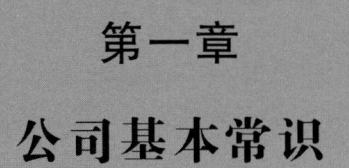

公司基本常识

第 1 问：公司和合伙企业有什么区别？

【问题解读】

公司和合伙企业是两种常见的企业组织形式，二者在以下方面存在显著区别：

首先，法律地位不同。公司具有独立的法人地位，可以独立承担民事责任和享有民事权利；而合伙企业则不具备法人地位，其成员需要共同承担合伙企业的债务和法律责任。公司股东的责任通常限于其投资额度，而合伙企业的合伙人则可能需要承担无限责任。

其次，经营与管理方式不同。公司通常拥有较为完善的组织架构和管理体系，内部设有董事会、监事会等权力机构，负责决策和监督；而合伙企业则相对简单，通常由合伙人共同决定经营方针和重大事项。

再次，税务处理方式不同。公司需要按照税法规定缴纳企业所得税，而合伙企业的合伙人可以根据各自的投资比例承担税务责任。

最后，出资方式不同。公司股东不能以劳务出资，而合伙企业的合伙人可以以劳务出资。

【律师建议】

在选择企业组织形式时，应充分考虑自身需求和实际情况，以便选择最适合自己的形式。同时，也应注意遵守相关法律法规，确保商业活动的合法性和规范性。

从长期发展角度来看，公司拥有较为稳定的组织结构和资金来源，通常更适合于大型、复杂的商业项目；而合伙企业可以更快地作出决策和调整经营策略，更适合于小型、灵活的项目。

【案例解析】

甲、乙、丙三人决定共同经营一家餐厅。

如果他们选择成立 A 公司，注册资本 90 万元，甲、乙、丙各出资 30 万元。

如果他们选择成立 B 合伙企业，注册资本 90 万元，甲、乙、丙各出资 30 万元。二者的区别见表 1-1。

表 1-1 A 公司与 B 合伙企业的区别

区别点	A 公司	B 合伙企业	案例说明
法律地位	独立法人实体	非法人实体	A 公司独立承担法律责任，与股东个人财产无关；而 B 合伙企业的合伙人需对企业债务承担无限连带责任
责任承担	有限责任	无限连带责任	A 公司股东以其出资额为限对公司债务负责；B 合伙企业的合伙人对企业债务承担无限责任，如企业亏损，合伙人需用个人财产偿还
税收政策	双重征税（公司所得税+个人所得税）	单层征税（个人所得税）	A 公司需缴纳企业所得税，股东还需缴纳个人所得税；B 合伙企业只需缴纳合伙人的个人所得税
设立程序	复杂，需制定章程、登记等	相对简单，签订合伙协议并登记	成立 A 公司需遵循一系列法定程序；B 合伙企业的设立相对简便
经营管理	由董事会或管理层负责	合伙人共同管理	A 公司的经营决策由董事会或管理层作出；B 合伙企业的合伙人共同参与经营管理

续表

区别点	A公司	B合伙企业	案例说明
转让限制	其他股东有优先购买权	财产份额转让需经其他合伙人同意	A公司的股份转让需符合公司章程和法律法规,其他股东有优先购买权;B合伙企业的财产份额转让需经其他合伙人一致同意

【法律规定】

《公司法》

第二条 本法所称公司,是指依照本法在中华人民共和国境内设立的有限责任公司和股份有限公司。

第三条 公司是企业法人,有独立的法人财产,享有法人财产权。公司以其全部财产对公司的债务承担责任。

公司的合法权益受法律保护,不受侵犯。

第四条 有限责任公司的股东以其认缴的出资额为限对公司承担责任;股份有限公司的股东以其认购的股份为限对公司承担责任。

公司股东对公司依法享有资产收益、参与重大决策和选择管理者等权利。

第四十八条 股东可以用货币出资,也可以用实物、知识产权、土地使用权、股权、债权等可以用货币估价并可以依法转让的非货币财产作价出资;但是,法律、行政法规规定不得作为出资的财产除外。

对作为出资的非货币财产应当评估作价,核实财产,不得高估或者低估作价。法律、行政法规对评估作价有规定的,从其规定。

第五十八条 有限责任公司股东会由全体股东组成。股东会是公司的权力机构,依照本法行使职权。

第五十九条 股东会行使下列职权:

(一)选举和更换董事、监事,决定有关董事、监事的报酬事项;

（二）审议批准董事会的报告；

（三）审议批准监事会的报告；

（四）审议批准公司的利润分配方案和弥补亏损方案；

（五）对公司增加或者减少注册资本作出决议；

（六）对发行公司债券作出决议；

（七）对公司合并、分立、解散、清算或者变更公司形式作出决议；

（八）修改公司章程；

（九）公司章程规定的其他职权。

股东会可以授权董事会对发行公司债券作出决议。

对本条第一款所列事项股东以书面形式一致表示同意的，可以不召开股东会会议，直接作出决定，并由全体股东在决定文件上签名或者盖章。

第六十七条　有限责任公司设董事会，本法第七十五条另有规定的除外。

董事会行使下列职权：

（一）召集股东会会议，并向股东会报告工作；

（二）执行股东会的决议；

（三）决定公司的经营计划和投资方案；

（四）制订公司的利润分配方案和弥补亏损方案；

（五）制订公司增加或者减少注册资本以及发行公司债券的方案；

（六）制订公司合并、分立、解散或者变更公司形式的方案；

（七）决定公司内部管理机构的设置；

（八）决定聘任或者解聘公司经理及其报酬事项，并根据经理的提名决定聘任或者解聘公司副经理、财务负责人及其报酬事项；

（九）制定公司的基本管理制度；

（十）公司章程规定或者股东会授予的其他职权。

公司章程对董事会职权的限制不得对抗善意相对人。

第七十四条　有限责任公司可以设经理，由董事会决定聘任或者解聘。

经理对董事会负责，根据公司章程的规定或者董事会的授权行使职权。经理列席董事会会议。

第七十六条　有限责任公司设监事会，本法第六十九条、第八十三条另有规定的除外。

监事会成员为三人以上。监事会成员应当包括股东代表和适当比例的公司职工代表,其中职工代表的比例不得低于三分之一,具体比例由公司章程规定。监事会中的职工代表由公司职工通过职工代表大会、职工大会或者其他形式民主选举产生。

监事会设主席一人,由全体监事过半数选举产生。监事会主席召集和主持监事会会议;监事会主席不能履行职务或者不履行职务的,由过半数的监事共同推举一名监事召集和主持监事会会议。

董事、高级管理人员不得兼任监事。

《合伙企业法》

第二条 本法所称合伙企业,是指自然人、法人和其他组织依照本法在中国境内设立的普通合伙企业和有限合伙企业。

普通合伙企业由普通合伙人组成,合伙人对合伙企业债务承担无限连带责任。本法对普通合伙人承担责任的形式有特别规定的,从其规定。

有限合伙企业由普通合伙人和有限合伙人组成,普通合伙人对合伙企业债务承担无限连带责任,有限合伙人以其认缴的出资额为限对合伙企业债务承担责任。

第十六条 合伙人可以用货币、实物、知识产权、土地使用权或者其他财产权利出资,也可以用劳务出资。

合伙人以实物、知识产权、土地使用权或者其他财产权利出资,需要评估作价的,可以由全体合伙人协商确定,也可以由全体合伙人委托法定评估机构评估。

合伙人以劳务出资的,其评估办法由全体合伙人协商确定,并在合伙协议中载明。

第二十六条 合伙人对执行合伙事务享有同等的权利。

按照合伙协议的约定或者经全体合伙人决定,可以委托一个或者数个合伙人对外代表合伙企业,执行合伙事务。

作为合伙人的法人、其他组织执行合伙事务的,由其委派的代表执行。

第 2 问：一人公司的利弊有哪些？

【问题解读】

一人公司，是只有一位自然人或法人股东的公司形式。一人公司因其独特的结构和运作方式而拥有一些明显的优势，但也伴随着潜在的风险。

一人公司的优势主要体现在决策迅速和灵活性高。由于只有一名股东，公司决策迅速高效。面对市场变化，能够快速灵活调整公司的经营策略和方向。

一人公司存在的弊端有以下两方面：

首先，一人公司的财产难以与股东财产独立，在股东不能证明公司财产独立于自己的财产时，股东需要对公司债务承担连带责任。这就意味着，如果公司财务出现问题，股东的个人财产也可能受到威胁。

其次，一人公司的资金筹措能力相对较弱，在面对资金压力时较难获得外部融资支持。

【律师建议】

1. 明确财产界限。一人公司的股东应从一开始就明确公司财产与个人财产的界限，避免两者混同。这不仅有助于保护个人财产，也是公司规范化运作的基本要求。

2. 建立健全的财务管理制度。即使一人公司结构简单，也应建立规范的财务管理体系，确保公司财务的透明性和合规性。

3. 考虑引入外部监督。虽然一人公司没有其他股东，但可以考虑聘请法律顾问或者外部董事，为公司决策提供外部视角和监督。

4. 合理规划资金筹措渠道。一人公司应提前规划资金筹措渠道，包括但不限于银行贷款、股权融资等，以应对可能的资金压力。

5. 避免成立"夫妻公司"。在司法实务中，"夫妻公司"即夫妻双方出资成立的公司，也可能会被参照一人公司处理。所以，成立"夫妻公司"需谨慎。

【案例解析】

甲作为 A 公司的唯一股东，对 A 公司享有完全的决策权和控制权。在 A 公司成立初期，这种结构使得 A 公司在竞争中占据了一席之地。

然而，在一次扩张计划实施过程中，由于缺乏足够的资金支持，A 公司错失了重要商机，甲发现了个人资金的局限性。此外，股东甲在公司经营中未能严格区分个人和公司财产，导致两者资金混同。最终，当 A 公司面临债务危机时，债权人起诉 A 公司和股东甲，要求其对公司债务承担连带责任。

法院审理后认为，股东甲未能证明公司财产与自己的财产的独立性，判决其对 A 公司债务承担连带责任。

【法律规定】

《公司法》

第二十三条　公司股东滥用公司法人独立地位和股东有限责任，逃避债务，严重损害公司债权人利益的，应当对公司债务承担连带责任。

股东利用其控制的两个以上公司实施前款规定行为的，各公司应当对任一公司的债务承担连带责任。

只有一个股东的公司，股东不能证明公司财产独立于股东自己的财产的，应当对公司债务承担连带责任。

第六十条　只有一个股东的有限责任公司不设股东会。股东作出前条第一款所列事项的决定时，应当采用书面形式，并由股东签名或者盖章后置备于公司。

第一百一十二条 本法第五十九条第一款、第二款关于有限责任公司股东会职权的规定，适用于股份有限公司股东会。

本法第六十条关于只有一个股东的有限责任公司不设股东会的规定，适用于只有一个股东的股份有限公司。

第3问：分公司与子公司的区别有哪些？

【问题解读】

公司发展壮大后，经常通过设立分支机构或附属企业来扩展业务和提升市场竞争力，常见的组织形式包括分公司和子公司两种。这两种组织形式存在以下几点不同。

1. 法律地位不同。分公司不具有独立的法人资格，没有自己的独立财产，其实际占有、使用的财产是总公司财产的一部分，列入总公司的资产负债表中；子公司具有独立的法人资格，拥有自己独立的名称、章程和组织机构，以自己的名义开展经营活动，独立承担民事责任。

2. 设立方式不同。分公司由总公司在其住所地之外向当地公司登记机关申请设立，属于总公司的分支机构；子公司由公司股东按照《公司法》的规定设立，应当符合《公司法》对公司设立条件和投资方式的要求。

3. 控制关系不同。分公司的人事、业务、财产受总公司的直接控制，在总公司的经营范围内从事经营活动；子公司虽然有母公司的参与，但仍有属于自己的独立财产，其实际经营活动不受母公司的直接控制，而是由子公司自己负责。

4. 债务责任不同。分公司不具有独立的财产，其经营活动所产生的债务由总公司承担；子公司具有独立的法人资格，以其自身的全部财产为限对其债务承担责任。

5. 税收待遇不同。分公司不是独立的纳税人，其利润需要与总公司合并计算纳税；子公司是独立的纳税人，其利润可以单独计算纳税，在企业所得税的缴纳上与总公司相互独立。

【律师建议】

1. 在设立分支机构或附属企业时，公司应根据自身发展战略和实际情况，准确选择是设立分公司还是设立子公司。

2. 对于子公司，母公司既要尊重其独立性，避免过度干预其日常经营，又要行使股东权利，确保子公司的经营行为符合母公司的战略规划和利益需求；对于分公司，总公司应建立健全公司管理制度，有效约束或监督分公司的重大决策和经营行为，确保分公司经营风险在可控范围内。

3. 公司在设立分公司或子公司时，应充分考虑税务筹划，合理的税务筹划可以降低企业的整体税务负担。

【案例解析】

在法律地位上，分公司 B 不具有独立的法人资格，其民事责任由 A 公司承担；子公司 C 具有独立的法人资格，独立承担民事责任。

在设立方式上，分公司 B 设立相对简便，通常只需在目标地区（B 地）进行登记注册，办理相关的登记手续即可，不需要像设立独立法人主体那样进行复杂的筹备工作；子公司 C 设立程序较为复杂，需严格按照《公司法》及相关法律法规的规定进行，需要先确定公司的名称、住所、经营范围等基本事项，制定公司章程，确定股东及其出资方式、出资额等。然后进行验资，提交一系列申请材料到行政管理部门进行注册登记，领取营业执照等相关手续。

在控制关系上，A 公司对分公司 B 拥有直接的控制权，可以决定分公司 B 的经营策略、人事安排、业务范围等重要事项，其管理人员通常由 A 公司任命或委派。A 公司对子公司 C 的控制主要通过股权关系实现，在股东会或股东大会上行使表决权等方式，对子公司 C 的重大决策产生影响，子公司 C 在日常经营管理上具有相对的独立性，在法律允许的范围内可以自主决策和运营。

在债务责任上，若分公司 B 在经营过程中产生债务，债权人有权要求 A 公司承担连带清偿责任。子公司 C 具有独立法人资格，其债务由自身独立承担。债权人只能向子公司 C 主张债权，要求其以自身的资产进行偿还。A 公司作为股东，仅以其对子公司 C 的出资额为限承担有限责任。

在税收待遇上，分公司 B 一般可以与 A 公司合并纳税，也可以选择单独核算纳税。子公司 C 作为独立的法人主体，独立进行税务登记和纳税申报。它按照自身的经营状况和适用的税收法规，计算和缴纳各项税款，与 A 公司的税收相互独立。

总之，分公司与子公司在法律地位、设立方式、控制关系、债务责任、税收待遇等方面存在明显的区别。公司在设立分支机构时，应根据自身的发展战略和实际情况选择合适的组织形式。

【法律规定】

《公司法》

第十三条 公司可以设立子公司。子公司具有法人资格，依法独立承担民事责任。

公司可以设立分公司。分公司不具有法人资格，其民事责任由公司承担。

第4问：法定代表人与法人一样吗？

【问题解读】

在商业活动中，我们常常听到"法定代表人"和"法人"的说法。很多人误认为"法人"是法定代表人的简称，实际上，法定代表人并不等同于法人，它们在法律上有着不同的含义。

法人是具有民事权利能力和民事行为能力，依法独立享有民事权利和承担民事义务的组织；法定代表人是代表法人从事民事活动的负责人。

法人并不是生物学意义上的人，而是法律拟制的人。《民法典》将法人分为营利法人、非营利法人和特别法人三个类型。公司是最常见的营利法人，相应地，公司是法人，代表公司从事民事活动的负责人是公司的法定代表人，公司的法定代表人通常由公司的董事长或经理担任。

公司的法定代表人以公司名义从事的民事活动，其法律后果由公司承担。但公司法定代表人并不可以以公司名义任意从事民事活动，公司章程或股东会决议可以对法定代表人权限进行适当限制；公司法定代表人超出公司章程或股东会决议限定的职权执行事务，公司承担民事责任后，依照法律或者公司章程的规定，可以向法定代表人追偿。

【律师建议】

1. 明确区分法定代表人与法人。法定代表人是代表法人行使权利的自然人，而法人是一个具有独立法律地位的组织。理解这两者的区别，有助于在商业活动中正确处理法律关系。

2. 合理设定法定代表人权限。公司通过公司章程或股东会决议对法定代表人的权限进行合理限制，避免法定代表人超越权限的行为给公司带来不必要的法律风险。

3. 规范法定代表人的选任和变更程序。法定代表人的选任和变更应严格依照《公司法》和公司章程的规定进行，确保程序的合法性和有效性。

4. 加强法定代表人的责任意识。法定代表人应充分认识到自己的行为将由法人承担后果，因此在代表公司行事时应谨慎，遵守法律法规和公司章程。

【案例解析】

A公司依法成立，具有独立的法人资格，可以以自己的名义从事民事活动，独立承担民事责任。而A公司的法定代表人由公司的董事长甲担任，甲代表A公司行使职权，如签订合同、进行诉讼等。

因此，A公司是法人，而甲是法定代表人。

需要注意的是，法定代表人的行为后果由法人承担。如果法定代表人在代表法人进行民事活动时违反法律法规或公司章程的规定给法人造成了损失，法人可以要求法定代表人承担相应的赔偿责任。

【法律规定】

《民法典》

第五十七条 法人是具有民事权利能力和民事行为能力，依法独立享有民事权利和承担民事义务的组织。

第六十一条第一、二款 依照法律或者法人章程的规定，代表法人从事民事活动的负责人，为法人的法定代表人。

法定代表人以法人名义从事的民事活动，其法律后果由法人承受。

《公司法》

第十条 公司的法定代表人按照公司章程的规定，由代表公司执行公司事务的董事或者经理担任。

担任法定代表人的董事或者经理辞任的，视为同时辞去法定代表人。

法定代表人辞任的，公司应当在法定代表人辞任之日起三十日内确定新的法定代表人。

第十一条 法定代表人以公司名义从事的民事活动，其法律后果由公司承受。

公司章程或者股东会对法定代表人职权的限制，不得对抗善意相对人。

法定代表人因执行职务造成他人损害的，由公司承担民事责任。公司承担民事责任后，依照法律或公司章程的规定，可以向有过错的法定代表人追偿。

第 5 问：注册资本、认缴资本、实缴资本有什么区别？

【问题解读】

在公司的设立与运营过程中，注册资本、认缴资本和实缴资本是三个不可或缺且紧密相关的概念。理解三者的区别，对于理解公司的资本构成及其法律责任具有重要意义。

注册资本，是指公司在公司登记机关登记注册的，全体股东或发起人承诺缴纳的出资总额，也是公司注册登记的资本总额。它代表了公司向外界承诺的并愿意承担的经济责任，是外界评估公司信用的一个指标。

认缴资本，是指公司实际上已向股东发行的股本总额，即股东同意以现金或实物等方式认购下来的股本总额。它体现了股东对公司未来债务的承诺和认可，是股东对本人所应缴纳的全部股本的承诺。注册资本和认缴资本通常是一致的，但也不排除公司变更认缴资本而未登记的情形。

实缴资本，是公司股东按照公司章程的约定，实际投入公司的资金总额，即已经履行了出资义务的认缴出资部分。

因此，注册资本是公司的法定资本，认缴资本是股东承诺缴纳的资本，实缴资本是股东实际缴纳的资本。

【律师建议】

1. 合理确定注册资本。公司在设立时应根据实际经营规模和资金需求，合理确定注册资本的数额，避免因过高或过低的注册资本影响公司的信誉和运营。

2. 明确出资方式和期限。公司章程中应明确规定各股东的出资方式（货币或非货币）和出资期限，确保股东按期足额缴纳认缴资本。

3. 建立资本监管机制。公司应建立健全的财务管理和监督机制，确保实缴资本的合规使用，并对外公示公司的资本信息，增强透明度。

4. 关注资本变动。公司在运营过程中，如遇增资或减资等资本变动情况，应及时办理公司变更登记，确保公司资本的真实性和合法性。

【案例解析】

甲和乙共同成立 A 公司，注册资本为 100 万元。A 公司章程约定甲认缴 60 万元，乙认缴 40 万元，认缴期限为 5 年。

在 A 公司成立后的第一年，甲实际缴纳了 30 万元，乙实际缴纳了 20 万元。此时，A 公司的注册资本是 100 万元，实缴资本为 50 万元。

在接下来的时间里，甲和乙按照约定陆续缴纳了剩余的认缴资本。到第 5 年，甲和乙都完成了认缴资本的缴纳，此时公司的注册资本、认缴资本和实缴资本都是 100 万元。

【法律规定】

《公司法》

第四十七条　有限责任公司的注册资本为在公司登记机关登记的全体股东认缴的出资额。全体股东认缴的出资额由股东按照公司章程的规定自公司成立之日起五年内缴足。

法律、行政法规以及国务院决定对有限责任公司注册资本实缴、注册资本最低限额、股东出资期限另有规定的，从其规定。

第九十六条　股份有限公司的注册资本为在公司登记机关登记的已发行股份的股本总额。在发起人认购的股份缴足前，不得向他人募集股份。

法律、行政法规以及国务院决定对股份有限公司注册资本最低限额另有规定的，从其规定。

第6问：什么是公司的"三会"？

【问题解读】

公司的"三会"，是指股东会、董事会和监事会，这是现代公司治理结构中的核心组成部分。它们分别承担不同的职责和拥有不同的权力，共同构成了公司内部治理的框架。

股东会是公司的最高权力机构，由全体股东组成。股东会的主要职责是决定公司的重大事项，如选举和更换董事、监事，审议批准公司的财务预算、决算方案，决定公司的分立、合并、解散等。股东会通过投票表决的方式行使职权，每个股东按照其持有的股份比例享有相应的表决权。

董事会是公司的决策机构，由股东会选举产生。董事会的主要职责是制定公司的战略规划、经营计划和管理制度，聘任和解聘公司高级管理人员，决定公司的重大投资和融资方案等。董事会对股东会负责，并向股东会报告工作。

监事会是公司的监督机构，由股东会选举产生。监事会的主要职责是监督公司董事、高级管理人员的行为，检查公司财务状况，对公司的经营管理提出建议和意见等。监事会对股东会负责，并向股东会报告工作。

【律师建议】

1. 确保"三会"的合规设立。公司应根据《公司法》的要求，设立股东会、董事会和监事会，并明确各自的职责和权力。

2. 维护"三会"的独立性。"三会"应当独立运作，避免利益冲突，确保决策的公正性和透明性。

3. 加强"三会"之间的协作。虽然"三会"各有职责，但它们需要相互协作，确保公司运营的连贯性和一致性。

4. 规范"三会"的运作程序。公司应制定详细的"三会"运作规则，包括会议的召集、表决、记录和公告等，确保"三会"的决策过程合法有效。

5. 提高"三会"的决策质量。通过专业培训和信息共享，提高"三会"成员的专业水平，使其能够作出更加明智的决策。

【案例解析】

A公司由甲、乙、丙、丁四位股东共同出资成立。甲持股40%，乙、丙、丁各持股20%。公司设立了股东会、董事会和监事会。

在一次股东会上，董事会提交了一项扩大生产规模的议案。根据公司章程，该议案需要获得2/3以上股东的同意。尽管甲和乙投了赞成票，但丙和丁反对，议案未能通过。然而，董事会认为市场机遇不可错失，未经股东会再次表决，便擅自实施了扩张计划。

监事会发现后，立即要求董事会纠正，并召开临时股东会。在临时股东会上，股东们讨论了董事会的行为，并最终决定对董事会成员进行调整，同时要求董事会对未经授权的扩张行为造成的损失承担责任。

【法律规定】

《公司法》

第五十八条　有限责任公司股东会由全体股东组成。股东会是公司的权力机构，依照本法行使职权。

第五十九条　股东会行使下列职权：

（一）选举和更换董事、监事，决定有关董事、监事的报酬事项；

（二）审议批准董事会的报告；

（三）审议批准监事会的报告；

（四）审议批准公司的利润分配方案和弥补亏损方案；

（五）对公司增加或者减少注册资本作出决议；

（六）对发行公司债券作出决议；

（七）对公司合并、分立、解散、清算或者变更公司形式作出决议；

（八）修改公司章程；

（九）公司章程规定的其他职权。

股东会可以授权董事会对发行公司债券作出决议。

对本条第一款所列事项股东以书面形式一致表示同意的，可以不召开股东会会议，直接作出决定，并由全体股东在决定文件上签名或者盖章。

第六十二条 股东会会议分为定期会议和临时会议。

定期会议应当按照公司章程的规定按时召开。代表十分之一以上表决权的股东、三分之一以上的董事或者监事会提议召开临时会议的，应当召开临时会议。

第六十三条 股东会会议由董事会召集，董事长主持；董事长不能履行职务或者不履行职务的，由副董事长主持；副董事长不能履行职务或者不履行职务的，由过半数的董事共同推举一名董事主持。

董事会不能履行或者不履行召集股东会会议职责的，由监事会召集和主持；监事会不召集和主持的，代表十分之一以上表决权的股东可以自行召集和主持。

第六十四条 召开股东会会议，应当于会议召开十五日前通知全体股东；但是，公司章程另有规定或者全体股东另有约定的除外。

股东会应当对所议事项的决定作成会议记录，出席会议的股东应当在会议记录上签名或者盖章。

第六十五条 股东会会议由股东按照出资比例行使表决权；但是，公司章程另有规定的除外。

第六十六条 股东会的议事方式和表决程序，除本法有规定的外，由公司章程规定。

股东会作出决议，应当经代表过半数表决权的股东通过。

股东会作出修改公司章程、增加或者减少注册资本的决议，以及公司合并、分立、解散或者变更公司形式的决议，应当经代表三分之二以上表决权的股东通过。

第六十七条 有限责任公司设董事会，本法第七十五条另有规定的除外。

董事会行使下列职权：

（一）召集股东会会议，并向股东会报告工作；

（二）执行股东会的决议；

（三）决定公司的经营计划和投资方案；

（四）制订公司的利润分配方案和弥补亏损方案；

（五）制订公司增加或者减少注册资本以及发行公司债券的方案；

（六）制订公司合并、分立、解散或者变更公司形式的方案；

（七）决定公司内部管理机构的设置；

（八）决定聘任或者解聘公司经理及其报酬事项，并根据经理的提名决定聘任或者解聘公司副经理、财务负责人及其报酬事项；

（九）制定公司的基本管理制度；

（十）公司章程规定或者股东会授予的其他职权。

公司章程对董事会职权的限制不得对抗善意相对人。

第六十八条 有限责任公司董事会成员为三人以上，其成员中可以有公司职工代表。职工人数三百人以上的有限责任公司，除依法设监事会并有公司职工代表的外，其董事会成员中应当有公司职工代表。董事会中的职工代表由公司职工通过职工代表大会、职工大会或者其他形式民主选举产生。

董事会设董事长一人，可以设副董事长。董事长、副董事长的产生办法由公司章程规定。

第七十三条 董事会的议事方式和表决程序，除本法有规定的外，由公司章程规定。

董事会会议应当有过半数的董事出席方可举行。董事会作出决议，应当经全体董事的过半数通过。

董事会决议的表决，应当一人一票。

董事会应当对所议事项的决定作成会议记录，出席会议的董事应当在会议记录上签名。

第七十六条 有限责任公司设监事会，本法第六十九条、第八十三条另有规定的除外。

监事会成员为三人以上。监事会成员应当包括股东代表和适当比例的公司职工代表，其中职工代表的比例不得低于三分之一，具体比例由公司章程规定。监事会中的职工代表由公司职工通过职工代表大会、职工大会或者其他形式民主选举产生。

监事会设主席一人，由全体监事过半数选举产生。监事会主席召集和主持监事会会议；监事会主席不能履行职务或者不履行职务的，由过半数的监事共同推举一名监事召集和主持监事会会议。

董事、高级管理人员不得兼任监事。

第七十七条 监事的任期每届为三年。监事任期届满，连选可以连任。

监事任期届满未及时改选，或者监事在任期内辞任导致监事会成员低于法定人数的，在改选出的监事就任前，原监事仍应当依照法律、行政法规和公司章程的规定，履行监事职务。

第七十八条 监事会行使下列职权：

（一）检查公司财务；

（二）对董事、高级管理人员执行职务的行为进行监督，对违反法律、行政法规、公司章程或者股东会决议的董事、高级管理人员提出解任的建议；

（三）当董事、高级管理人员的行为损害公司的利益时，要求董事、高级管理人员予以纠正；

（四）提议召开临时股东会会议，在董事会不履行本法规定的召集和主持股东会会议职责时召集和主持股东会会议；

（五）向股东会会议提出提案；

（六）依照本法第一百八十九条的规定，对董事、高级管理人员提起诉讼；

（七）公司章程规定的其他职权。

第七十九条 监事可以列席董事会会议,并对董事会决议事项提出质询或者建议。

监事会发现公司经营情况异常,可以进行调查;必要时,可以聘请会计师事务所等协助其工作,费用由公司承担。

第八十条 监事会可以要求董事、高级管理人员提交执行职务的报告。

董事、高级管理人员应当如实向监事会提供有关情况和资料,不得妨碍监事会或者监事行使职权。

第八十一条 监事会每年度至少召开一次会议,监事可以提议召开临时监事会会议。

监事会的议事方式和表决程序,除本法有规定的外,由公司章程规定。

监事会决议应当经全体监事的过半数通过。

监事会决议的表决,应当一人一票。

监事会应当对所议事项的决定作成会议记录,出席会议的监事应当在会议记录上签名。

第八十二条 监事会行使职权所必需的费用,由公司承担。

第八十三条 规模较小或者股东人数较少的有限责任公司,可以不设监事会,设一名监事,行使本法规定的监事会的职权;经全体股东一致同意,也可以不设监事。

第 7 问：什么是公司章程？

【问题解读】

公司章程，被喻为公司的"宪法"，体现了股东的共同意愿，规定了公司的组织结构和运营机制。公司章程不仅是公司治理的基石，也是公司对外关系的法律依据，对公司、股东、董事、监事及高级管理人员均具有约束力。

作为公司组织与行为的基本准则，公司章程对公司的成立及运营具有十分重要的意义，它既是公司成立的基础，也是公司赖以生存的灵魂。

有限责任公司的公司章程应当载明下列事项：公司名称和住所；公司经营范围；公司注册资本；股东的姓名或者名称；股东的出资额、出资方式和出资日期；公司的机构及其产生办法、职权、议事规则；公司法定代表人的产生、变更办法；股东会认为需要规定的其他事项。

股份有限公司的公司章程应当载明下列事项：公司名称和住所；公司经营范围；公司设立方式；公司注册资本、已发行的股份数和设立时发行的股份数，面额股的每股金额；发行类别股的，每一类别股的股份数及其权利和义务；发起人的姓名或者名称、认购的股份数、出资方式；董事会的组成、职权和议事规则；公司法定代表人的产生、变更办法；监事会的组成、职权和议事规则；公司利润分配办法；公司的解散事由与清算办法；公司的通知和公告办法；股东会认为需要规定的其他事项。

【律师建议】

1. 制定公司章程时，应确保其内容符合法律法规特别是《公司法》的规定。同时，应结合公司的实际情况，制定出符合公司实际需要的章程。

2. 公司章程应反映公司的个性化需求，如特殊的管理结构或业务模式，以适应公司的特定情况。

3. 公司章程中应明确股东、董事、监事及高级管理人员的权利与义务，避免因规定不清引起的争议。

4. 由于法律法规的变化以及公司处于发展的不同阶段，公司章程可能需要适时进行调整和更新。因此，建议公司定期审查章程内容，确保其与法律法规要求一致并适应公司需要。

5. 公司章程不仅是公司的规范性文件，也是公司股东、董事、监事及高级管理人员必须遵守的行为准则。因此，公司应确保章程内容得到严格执行，对于违反公司章程的行为应依法追究责任。

【案例解析】

甲、乙、丙三人共同出资成立了A公司，在制订公司章程时，三人对公司的经营范围、股东权利义务、利润分配等事项进行了详细约定。

公司成立后，甲、乙两人认为公司应该扩大经营范围，增加新的业务项目，但丙不同意。由于公司章程中明确规定了公司的经营范围，甲、乙两人无法单方面决定扩大经营范围，最终只能通过召开股东会进行表决。

在股东会表决时，甲、乙两人的意见得到了2/3以上表决权的支持获得通过，公司顺利扩大了经营范围。

【法律规定】

《公司法》

第四十五条 设立有限责任公司，应当由股东共同制定公司章程。

第四十六条 有限责任公司章程应当载明下列事项:

(一)公司名称和住所;

(二)公司经营范围;

(三)公司注册资本;

(四)股东的姓名或者名称;

(五)股东的出资额、出资方式和出资日期;

(六)公司的机构及其产生办法、职权、议事规则;

(七)公司法定代表人的产生、变更办法;

(八)股东会认为需要规定的其他事项。

股东应当在公司章程上签名或者盖章。

第九十四条 设立股份有限公司,应当由发起人共同制订公司章程。

第九十五条 股份有限公司章程应当载明下列事项:

(一)公司名称和住所;

(二)公司经营范围;

(三)公司设立方式;

(四)公司注册资本、已发行的股份数和设立时发行的股份数,面额股的每股金额;

(五)发行类别股的,每一类别股的股份数及其权利和义务;

(六)发起人的姓名或者名称、认购的股份数、出资方式;

(七)董事会的组成、职权和议事规则;

(八)公司法定代表人的产生、变更办法;

(九)监事会的组成、职权和议事规则;

(十)公司利润分配办法;

(十一)公司的解散事由与清算办法;

(十二)公司的通知和公告办法;

(十三)股东会认为需要规定的其他事项。

第8问：什么是股权代持？

【问题解读】

股权代持，俗称"隐名投资"或"委托持股"，指的是实际出资人（隐名股东）与他人（代持人或显名股东）之间约定：将代持人登记为公司的名义股东，实际出资人在幕后享有投资权益。虽然这种安排在某些情况下可以满足特定的商业或个人需求，如隐私保护、规避法律规定等，但也伴随着不少法律风险。

【律师建议】

1. 谨慎选择代持人和帮他人代持股权。在选择股权代持时，双方均应充分考虑对方的信誉、背景和能力。避免实际出资人丧失投资权益和代持人被迫承担股东责任。

2. 签订详细股权代持协议。双方应签订详细的股权代持协议，明确约定代持期限、权利义务、违约责任等关键条款。股权代持协议应充分保障双方的权益。

3. 关注法律风险。股权代持存在法律风险，应密切关注相关法律法规的变化，及时调整股权代持安排，确保合法合规。

【案例解析】

甲是一家公司的实际出资人，拥有该公司30%的股权。出于某些考虑，甲不希望将自己的名字显示在公司的股东名册上，于是与乙签订了一份股权代持协议。

根据该协议，乙以自己的名义持有甲的30%股权，并在公司的股东会会议上代表甲行使股东权利。甲则享有这部分股权带来的投资收益。

在这种情况下，乙是名义上的股东，而甲是实际的出资人。股权代持可以帮助甲隐藏自己的身份，也可以让乙在表面上拥有更多的股权。

然而，股权代持也存在一定的风险。如果乙违反股权代持协议，擅自处分甲的股权，或者乙自身出现债务问题，导致其名下的股权被查封、拍卖，甲的权益可能会受到损害。

【法律规定】

《公司法》

第一百四十条 上市公司应当依法披露股东、实际控制人的信息，相关信息应当真实、准确、完整。

禁止违反法律、行政法规的规定代持上市公司股票。

最高人民法院《关于适用〈中华人民共和国公司法〉若干问题的规定（三）》

第二十五条 有限责任公司的实际出资人与名义出资人订立合同，约定由实际出资人出资并享有投资权益，以名义出资人为名义股东，实际出资人与名义股东对该合同效力发生争议的，如无法律规定的无效情形，人民法院应当认定该合同有效。

前款规定的实际出资人与名义股东因投资权益的归属发生争议，实际出资人以其实际履行了出资义务为由向名义股东主张权利的，人民法院应予支持。名义股东以公司股东名册记载、公司登记机关登记为由否认实际出资人权利的，人民法院不予支持。

实际出资人未经公司其他股东半数以上同意，请求公司变更股东、签发出资证明书、记载于股东名册、记载于公司章程并办理公司登记机关登记的，人民法院不予支持。

第二十六条 名义股东将登记于其名下的股权转让、质押或者以其他方式处分，实际出资人以其对于股权享有实际权利为由，请求认定处分股权行为无效的，人民法院可以参照民法典第三百一十一条的规定处理。

名义股东处分股权造成实际出资人损失，实际出资人请求名义股东承担赔偿责任的，人民法院应予支持。

第二十七条 公司债权人以登记于公司登记机关的股东未履行出资义务为由，请求其对公司债务不能清偿的部分在未出资本息范围内承担补充赔偿责任，股东以其仅为名义股东而非实际出资人为由进行抗辩的，人民法院不予支持。

名义股东根据前款规定承担赔偿责任后，向实际出资人追偿的，人民法院应予支持。

第 9 问：公司的股东人数有限制吗？

【问题解读】

公司主要分为有限责任公司和股份有限公司两种形式。这两种公司对股东人数的限制各不相同。

1. 有限责任公司的股东人数要求：1人以上，50人以下。

该要求是为了确保有限责任公司的人合特性，有助于防止公司控制权的过度分散，保证公司决策的效率和一致性，增强股东之间的信任和合作。该要求也反映了有限责任公司人合性和封闭性特征，也是其区别于股份有限公司的核心特征。

2. 股份有限公司的股东人数不受限制。

股份有限公司更强调资合性，对股东人数并无上限要求，仅要求发起人为1人以上200人以下。

此外，与有限责任公司不同，股份有限公司半数以上的发起人应在中华人民共和国境内有住所。

【律师建议】

1. 了解并遵守法律规定。在设立或运营公司时，股东应充分了解并遵守《公司法》及相关法规关于股东人数的规定。确保公司股东人数符合法律要求，避免因违反规定而引发法律纠纷。

2. 合理规划股权结构。股东在设立公司时，应根据公司的实际情况和未来发展需求，合理规划股权结构，确保股东人数既能满足公司的运营需要，又能避免人数过多导致的决策效率低下和股权分散等问题。

3. 注意股东权益保障。在遵守法律规定和合理规划股权结构的同时，股东还应关注自身权益的保障，确保股东在公司的运营过程中能够充分行使自己的权利、参与公司的决策和管理，同时防范潜在的风险和纠纷。

【案例解析】

A公司是一家有限责任公司，由5名股东共同出资成立。在公司发展过程中，由于业务拓展需要，公司决定增加股东人数以筹集更多资金。经过协商，公司引入了3名新股东，使股东人数增加到8人。随后又做了员工股权激励，股东人数达到了49人。

B股份有限公司是一家在证券交易所上市的公司，其发起人有10人。公司通过公开发行股票的方式募集资金，吸引了大量投资者购买公司股票，成为公司的股东。随着公司的发展，股东人数不断增加，达到了300人。

A公司的股东人数在法律规定的有限责任公司的范围内，而法律对B公司的股东人数没有上限限制，但需要遵守发起人人数的下限规定。

【法律规定】

《公司法》

第四十二条　有限责任公司由一个以上五十个以下股东出资设立。

第九十二条　设立股份有限公司，应当有一人以上二百人以下为发起人，其中应当有半数以上的发起人在中华人民共和国境内有住所。

第10问：公司名称有什么要求？

【问题解读】

公司名称为公司设立时的登记事项之一，一个公司只能有一个名称。公司名称通常由公司所在地行政区划名称、字号或商号、行业或经营特点及公司的组织形式四部分组成。跨省、自治区、直辖市经营的公司，其名称可不含行政区划名称；跨行业综合经营的公司，其名称可不含行业或者经营特点。例如，广州（公司所在地）××（字号）生物科技（行业）有限公司（组织形式）。

1. 公司名称不得有以下情形：（1）损害国家尊严或者利益；（2）损害社会公共利益或者妨碍社会公共秩序；（3）使用或者变相使用政党、党政军机关、群团组织名称及其简称、特定称谓和部队番号；（4）使用外国国家（地区）、国际组织名称及其通用简称、特定称谓；（5）含有淫秽、色情、赌博、迷信、恐怖、暴力的内容；（6）含有民族、种族、宗教、性别歧视的内容；（7）违背公序良俗或者可能有其他不良影响；（8）可能使公众受骗或者产生误解；（9）法律、行政法规以及国家规定禁止的其他情形。

2. 公司名称的选用应当遵循以下原则：

（1）唯一性：一个公司只能有一个名称。

（2）合法性：不得违反国家法律法规的禁止性规定。

（3）真实性：应真实反映公司的经营范围和特点。

（4）显著性：有助于区分不同的市场主体。

【律师建议】

1. 在选择公司名称前，应通过企业信用信息公示系统或相关查询平台，对拟选名称进行查询和筛选，确保所选名称未被他人注册或预先核准。

2. 公司名称应能够突出企业的特色、优势或核心业务，有助于提升企业的知名度和品牌形象。

3. 在选择和注册公司名称时，务必遵守相关法律法规的规定，避免使用禁止或限制使用的词汇或表述方式。

4. 公司名称在不同文化和语言背景下可能产生不同的解读，应考虑其在不同语境中的含义。

5. 在注册过程中，可能需要调整名称，提前准备几个备选名称可以节省时间。

【案例解析】

甲大学毕业后决定自主创业，在做了大量的前期筹备后，准备以"资本家"为自己即将运作的公司的字号，并向当地公司登记机关申请注册。当地公司登记机关认为，"资本家"一词有特定的含义，用其作为企业名称有损国家、社会公众利益，易造成消极政治影响，并可能对公众造成误解，遂驳回了甲的申请。

甲不服并提起行政诉讼，法院经过审理，认为当地公司登记机关的处理合法，驳回了甲的诉讼请求。

【法律规定】

《公司法》

第六条 公司应当有自己的名称。公司名称应当符合国家有关规定。

公司的名称权受法律保护。

第七条 依照本法设立的有限责任公司，应当在公司名称中标明有限责任公司或者有限公司字样。

依照本法设立的股份有限公司，应当在公司名称中标明股份有限公司或者股份公司字样。

《市场主体登记管理条例》

第十条 市场主体只能登记一个名称,经登记的市场主体名称受法律保护。

市场主体名称由申请人依法自主申报。

《企业名称登记管理规定》

第六条 企业名称由行政区划名称、字号、行业或者经营特点、组织形式组成。跨省、自治区、直辖市经营的企业,其名称可以不含行政区划名称;跨行业综合经营的企业,其名称可以不含行业或者经营特点。

第七条 企业名称中的行政区划名称应当是企业所在地的县级以上地方行政区划名称。市辖区名称在企业名称中使用时应当同时冠以其所属的设区的市的行政区划名称。开发区、垦区等区域名称在企业名称中使用时应当与行政区划名称连用,不得单独使用。

第八条 企业名称中的字号应当由两个以上汉字组成。

县级以上地方行政区划名称、行业或者经营特点不得作为字号,另有含义的除外。

第九条 企业名称中的行业或者经营特点应当根据企业的主营业务和国民经济行业分类标准标明。国民经济行业分类标准中没有规定的,可以参照行业习惯或者专业文献等表述。

第十条 企业应当根据其组织结构或者责任形式,依法在企业名称中标明组织形式。

第十一条 企业名称不得有下列情形:

(一)损害国家尊严或者利益;

(二)损害社会公共利益或者妨碍社会公共秩序;

(三)使用或者变相使用政党、党政军机关、群团组织名称及其简称、特定称谓和部队番号;

(四)使用外国国家(地区)、国际组织名称及其通用简称、特定称谓;

(五)含有淫秽、色情、赌博、迷信、恐怖、暴力的内容;

(六)含有民族、种族、宗教、性别歧视的内容;

（七）违背公序良俗或者可能有其他不良影响；

（八）可能使公众受骗或者产生误解；

（九）法律、行政法规以及国家规定禁止的其他情形。

第十二条 企业名称冠以"中国"、"中华"、"中央"、"全国"、"国家"等字词，应当按照有关规定从严审核，并报国务院批准。国务院市场监督管理部门负责制定具体管理办法。

企业名称中间含有"中国"、"中华"、"全国"、"国家"等字词的，该字词应当是行业限定语。

使用外国投资者字号的外商独资或者控股的外商投资企业，企业名称中可以含有"（中国）"字样。

第二章

公司章程与股东协议

第11问：哪些人要遵守公司章程？

【问题解读】

公司章程作为公司的"宪法"，是设立公司时必不可少的文件，那么，哪些人有遵守公司章程的义务呢？

首先，公司股东应当遵守公司章程。公司章程是股东之间合伙协议的升级，既体现了股东间合伙设立公司的意志，也体现了股东设立公司参与市场经营必须遵守的法律规则。因此，不论是从合伙角度还是从市场经营参与者角度，股东都必须遵守公司章程。

其次，公司的董事和监事、高级管理人员应当遵守公司章程。作为公司治理机关的组成人员，公司董事和监事的职权来源于股东会的授权，而记载其职权的文件即为公司章程。因此，公司董事和监事必须根据公司章程行使自己的职权，否则，相应的董事会和监事会决议可能会被撤销，甚至决议不成立。可以说，脱离了公司章程，公司董事和监事就没有了工作的依据和标准。

公司的高级管理人员如总经理、财务负责人等应当遵守公司章程。实务中，公司的高级管理人员是最容易忽视公司章程的人员。他们可能觉得自己既不是股东，又不是董事、监事，自己只要做好日常工作就可以了。但是，这种观念大错特错。公司高级管理人员在履职过程中如果违反了公司章程对公司或其他第三方造成损失，有可能要承担赔偿责任。

最后，公司的员工应当遵守公司章程。公司的员工特别是涉及与公司经营管理相关的关键岗位员工应当遵守公司章程。公司的章程如果明确了员工的保密义务和竞业禁止条款，某员工违反了这些规定，则公司可以依法追究其责任。

总之，公司章程对公司内部的各类人员都具有约束力，以确保公司的正常运营和管理秩序。

【律师建议】

1. 公司股东应充分利用设立公司时确定章程内容的机会，争取对公司、对自己有利的公司治理机制。比如一票否决权、选任董事的权利等。

2. 公司的股东、董事、监事召开和参加股东会、董事会和监事会时，要遵守公司章程的议事规则和程序。否则，相应的决议可能会被撤销或不成立。

3. 公司的董事、监事及高级管理人员在日常行使职权时，要注意公司章程对自身职权的限制和行为的边界。如果违反公司章程给公司造成损失，公司的董事、监事及高级管理人员要承担赔偿责任。

【案例解析】

某科技有限责任公司的公司章程中明确规定，公司重大投资决策必须经过董事会超过2/3成员的同意。然而，公司的董事长在未经充分的董事会讨论和法定多数同意的情况下，擅自决定进行一项金额巨大的投资。

这一行为导致公司资金链紧张，业务运营受到严重影响，给公司造成了重大的经济损失。公司其他股东依据公司章程，对董事长提起诉讼。

法院经审理认为，董事长的行为违反了公司章程的明确规定，其擅自决策给公司带来损失，应当承担相应的赔偿责任。最终，法院判决董事长赔偿公司的部分损失。

【法律规定】

《公司法》

第五条 设立公司应当依法制定公司章程。公司章程对公司、股东、董事、监事、高级管理人员具有约束力。

第二十一条 公司股东应当遵守法律、行政法规和公司章程,依法行使股东权利,不得滥用股东权利损害公司或者其他股东的利益。

公司股东滥用股东权利给公司或者其他股东造成损失的,应当承担赔偿责任。

第二十六条第一款 公司股东会、董事会的会议召集程序、表决方式违反法律、行政法规或者公司章程,或者决议内容违反公司章程的,股东自决议作出之日起六十日内,可以请求人民法院撤销。但是,股东会、董事会的会议召集程序或者表决方式仅有轻微瑕疵,对决议未产生实质影响的除外。

第一百二十五条 董事会会议,应当由董事本人出席;董事因故不能出席,可以书面委托其他董事代为出席,委托书应当载明授权范围。

董事应当对董事会的决议承担责任。董事会的决议违反法律、行政法规或者公司章程、股东会决议,给公司造成严重损失的,参与决议的董事对公司负赔偿责任;经证明在表决时曾表明异议并记载于会议记录的,该董事可以免除责任。

第一百七十九条 董事、监事、高级管理人员应当遵守法律、行政法规和公司章程。

第一百八十二条第一款 董事、监事、高级管理人员,直接或者间接与本公司订立合同或者进行交易,应当就与订立合同或者进行交易有关的事项向董事会或者股东会报告,并按照公司章程的规定经董事会或者股东会决议通过。

第一百八十三条 董事、监事、高级管理人员,不得利用职务便利为自己或者他人谋取属于公司的商业机会。但是,有下列情形之一的除外:

(一)向董事会或者股东会报告,并按照公司章程的规定经董事会或者股东会决议通过;

(二) 根据法律、行政法规或者公司章程的规定，公司不能利用该商业机会。

第一百八十四条 董事、监事、高级管理人员未向董事会或者股东会报告，并按照公司章程的规定经董事会或者股东会决议通过，不得自营或者为他人经营与其任职公司同类的业务。

第一百八十八条 董事、监事、高级管理人员执行职务违反法律、行政法规或者公司章程的规定，给公司造成损失的，应当承担赔偿责任。

第一百九十条 董事、高级管理人员违反法律、行政法规或者公司章程的规定，损害股东利益的，股东可以向人民法院提起诉讼。

第12问：公司章程可以直接使用模板吗？

【问题解读】

公司章程是公司的必备文件，是公司的"宪法"。实务中，很多人在设立公司时会直接使用市场监督管理局提供或者网上检索的模板。这样做存在哪些问题或风险呢？要回答这个问题，我们需要知道公司章程的重要性。

首先，公司章程的内容与公司治理及经营息息相关，如股东的投票权、法定代表人和董事会的职权等。对于公司的控制权，公司章程既是纲领性的文件，还是实际操作手册。

其次，公司想要稳健运行，公司的治理和分红方案等一定要兼顾和平衡各方利益，这就有必要根据公司和股东的具体情况个性化地制定公司章程，以免公司章程不利于公司的发展。

最后，《公司法》中有大量"公司章程另有规定的除外"和"除本法有规定的外，由公司章程规定"的情形，这说明《公司法》给了公司大量的"自治"空间，使用模板就浪费了《公司法》送的"大礼"。

所以，公司章程可以使用模板，但不能照搬，需要根据公司的具体情况进行修改和完善，制订适用于公司的个性化章程。

【律师建议】

1. 在公司控制权方面，公司的控制权稳定，是公司稳健发展的基础。因此，在设计公司章程时，可在表决权比例、股权稀释、股权转让等方面作出有利于公司控制权稳定的机制。比如创始股东表决权倍数于财务投资人，创始股东在一定期限内限制通过股权转让退出等。

2. 在盈余分配制度方面，公司章程可通过设计分红权优先及劣后的分配制度，以稳定小股东和财务投资人。

3. 在公司经营管理权限方面，公司章程可对公司对外投资、对外或为股东提供担保、关联交易等方面进行专门的规定，以控制公司经营风险。

4. 在完善公司治理架构方面，公司章程可以在公司的股东会、董事会和监事会的会议召集程序和议事规则、董事会或董事的职权等方面，完善相应的规则和制度，尽量达到公司治理效率和风险控制的平衡，保证公司健康、可持续发展。

【案例解析】

案例1：某初创公司A，由于创始人对公司章程的重要性认识不足，直接使用了网上的通用模板，没有对公司的股权结构、决策机制等关键内容进行个性化的规定。随着公司的发展，股东之间在重大决策上产生了分歧，但由于章程中的规定模糊不清，无法有效地解决问题，公司内部矛盾激化，影响了公司的正常运营。

案例2：公司B在设立时，虽然参考了模板，但聘请了专业的法律顾问对模板进行了细致的修改和调整，根据公司的业务特点、股东的背景和期望，明确了股权的转让条件、董事会的构成和职权、利润分配方式等重要事项。在公司的运营过程中，当遇到一些潜在的纠纷和问题时，章程能够提供清晰明确的依据，有效地保障了公司的稳定发展和股东的权益。

案例3：公司C完全照搬了一个模板章程，没有考虑到公司所在行业的特殊监管要求。后来，公司C在进行一项重要的业务合作时，发现章程中的某些条款与行业法规冲突，导致合作无法顺利进行，公司遭受了巨大的经济损失。

【法律规定】

《公司法》

第十五条第一款 公司向其他企业投资或者为他人提供担保，按照公司章程的规定，由董事会或者股东会决议；公司章程对投资或者担保的总额及单项投资或者担保的数额有限额规定的，不得超过规定的限额。

第二十四条 公司股东会、董事会、监事会召开会议和表决可以采用电子通信方式，公司章程另有规定的除外。

第六十四条第一款 召开股东会会议，应当于会议召开十五日前通知全体股东；但是，公司章程另有规定或者全体股东另有约定的除外。

第六十五条 股东会会议由股东按照出资比例行使表决权；但是，公司章程另有规定的除外。

第六十六条第一款 股东会的议事方式和表决程序，除本法有规定的外，由公司章程规定。

第六十七条第一、二款 有限责任公司设董事会，本法第七十五条另有规定的除外。

董事会行使下列职权：

（一）召集股东会会议，并向股东会报告工作；

（二）执行股东会的决议；

（三）决定公司的经营计划和投资方案；

（四）制订公司的利润分配方案和弥补亏损方案；

（五）制订公司增加或者减少注册资本以及发行公司债券的方案；

（六）制订公司合并、分立、解散或者变更公司形式的方案；

（七）决定公司内部管理机构的设置；

（八）决定聘任或者解聘公司经理及其报酬事项，并根据经理的提名决定聘任或者解聘公司副经理、财务负责人及其报酬事项；

（九）制定公司的基本管理制度；

（十）公司章程规定或者股东会授予的其他职权。

第六十八条第二款 董事会设董事长一人,可以设副董事长。董事长、副董事长的产生办法由公司章程规定。

第六十九条 有限责任公司可以按照公司章程的规定在董事会中设置由董事组成的审计委员会,行使本法规定的监事会的职权,不设监事会或者监事。公司董事会成员中的职工代表可以成为审计委员会成员。

第七十三条第一款 董事会的议事方式和表决程序,除本法有规定的外,由公司章程规定。

第七十八条 监事会行使下列职权:

(一)检查公司财务;

(二)对董事、高级管理人员执行职务的行为进行监督,对违反法律、行政法规、公司章程或者股东会决议的董事、高级管理人员提出解任的建议;

(三)当董事、高级管理人员的行为损害公司的利益时,要求董事、高级管理人员予以纠正;

(四)提议召开临时股东会会议,在董事会不履行本法规定的召集和主持股东会会议职责时召集和主持股东会会议;

(五)向股东会会议提出提案;

(六)依照本法第一百八十九条的规定,对董事、高级管理人员提起诉讼;

(七)公司章程规定的其他职权。

第八十一条第二款 监事会的议事方式和表决程序,除本法有规定的外,由公司章程规定。

第八十四条第三款 公司章程对股权转让另有规定的,从其规定。

第九十条 自然人股东死亡后,其合法继承人可以继承股东资格;但是,公司章程另有规定的除外。

第一百一十条第二款 连续一百八十日以上单独或者合计持有公司百分之三以上股份的股东要求查阅公司的会计账簿、会计凭证的,适用本法第五十七条第二款、第三款、第四款的规定。公司章程对持股比例有较低规定的,从其规定。

第二章　公司章程与股东协议

第一百一十七条第一款　股东会选举董事、监事，可以按照公司章程的规定或者股东会的决议，实行累积投票制。

第二百一十九条第一、二款　公司与其持股百分之九十以上的公司合并，被合并的公司不需经股东会决议，但应当通知其他股东，其他股东有权请求公司按照合理的价格收购其股权或者股份。

公司合并支付的价款不超过本公司净资产百分之十的，可以不经股东会决议；但是，公司章程另有规定的除外。

第二百二十四条第三款　公司减少注册资本，应当按照股东出资或者持有股份的比例相应减少出资额或者股份，法律另有规定、有限责任公司全体股东另有约定或者股份有限公司章程另有规定的除外。

第二百三十二条第二款　清算组由董事组成，但是公司章程另有规定或者股东会决议另选他人的除外。

第13问：公司存在多份章程，应以哪份为准？

【问题解读】

公司章程是公司设立登记时的必备文件，也是公司经营管理中重大事项的决策依据。从某种意义上来讲，章程就是公司的"宪法"，公司、股东、董事、监事、高级管理人员等均应该按章程的规定履行职责。

现实中，公司可能制订了多份章程，而每份章程的内容又不尽相同，甚至针对同一事项，各份章程的约定也并不一致。比如，公司在创立之初因设立登记的需要，在公司登记机关备案了一份章程，后来在经营管理中，公司根据实际需要、遵循法定程序对公司章程进行了修改，修改后的章程也是股东真实意思的表示，但修改后的章程并未到公司登记机关进行备案更新。那么，当公司存在多份章程内容并不一致并产生争议时，应当以哪份章程为准呢？

实践中，由多份章程而引发的争议一般包括两种情形：一种是发生在股东与公司之间，股东与股东之间，股东与董事、监事、高级管理人员之间等，也就是发生在公司内部的纠纷；另一种则是发生在公司、股东与债权人或其他第三人之间，也就是发生在公司外部的纠纷。以上两种不同的情形，实际的处理原则和方式也存在差异。

【律师建议】

1. 根据法律规定，章程的约束力主要是针对公司、股东、董事、监事、高级管理人员，约束的范围并不包括债权人或其他的交易对象。因此，当同时存在多份不同的章程，且对同一事项约定内容不一致时，需要基于"内外有别"的区分原则进行分别适用。

对于公司内部的纠纷，如果多份章程都是经过法定程序进行修订，并且是股东真实意思的表示，则全体股东应遵照修订后的章程执行并受其约束。一般根据章程制订的时间进行判定，生效时间在后的章程优先适用。对于发生于公司、股东与债权人或其他第三人之间的争议或纠纷，基于商事外观主义和对外登记的公示效力，则需要优先适用经过公司登记机关备案的章程。

2.《公司法》虽然明确规定，公司变更登记事项涉及公司章程的，应当提交修改后的章程。但如果新章程没有进行备案，也不能据此便直接认定新章程无效，公司登记机关备案并非新章程的生效要件。也就是说，未备案的新章程经过了法定程序的修改，也不存在其他无效事由，则对内可以约束公司、股东、董事、监事、高级管理人员，但不能以此为由去对抗不知情的第三人。

因此，建议公司股东修改公司章程的时候，按照法定程序并遵照多数表决机制进行，修订后的章程应及时到公司登记机关进行备案，否则发生争议，很可能会引发纠纷。

【案例解析】

A公司在成立时，由全体股东甲、乙、丙三人共同制订了一份章程A，并提交到公司登记机关进行了备案。一年后，甲、乙、丙三人经讨论作出了《关于通过新的公司章程的决议》，对章程A进行了部分修订，三人均在股东决议上签字通过新章程B，但新章程B未经公司登记机关备案，只是作为公司文件存档。A公司章程修改历程如图2-1所示。

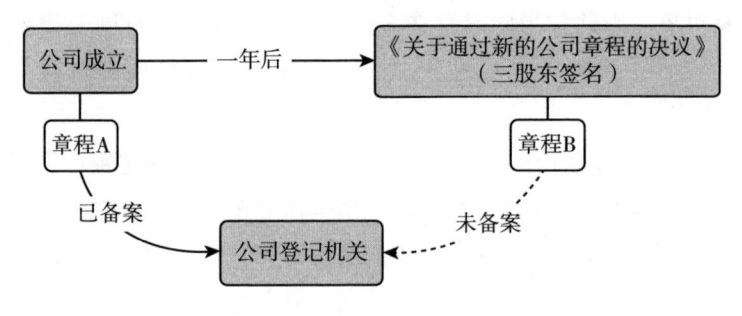

图 2-1　A 公司章程修改历程

后，甲、乙、丙三人因分红事项发生争议，又因对外担保事项，A 公司与债权人丁、债务人戊发生纠纷。

在处理上述不同的争议时，根据最终的裁判结果，对于甲、乙、丙三名股东之间因分红导致的公司盈余分配纠纷，适用新修订的章程 B；对于公司与债权人丁、债务人戊之间担保引起的担保合同纠纷，则适用公司登记机关备案的章程 A。（见图 2-2）

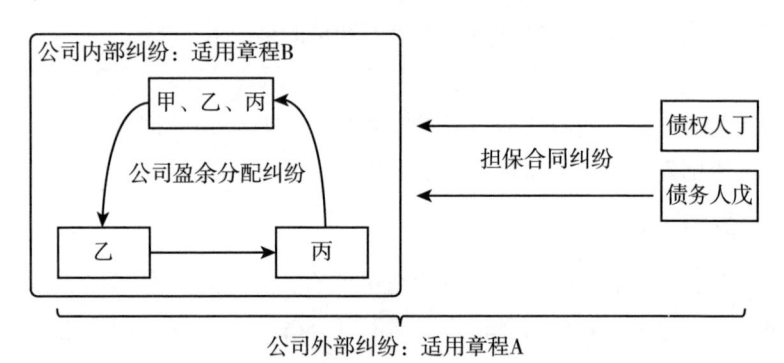

图 2-2　章程适用采用的"内外有别"区分原则

【法律规定】

《公司法》

第五条　设立公司应当依法制定公司章程。公司章程对公司、股东、董事、监事、高级管理人员具有约束力。

第三十条 申请设立公司，应当提交设立登记申请书、公司章程等文件，提交的相关材料应当真实、合法和有效。

申请材料不齐全或者不符合法定形式的，公司登记机关应当一次性告知需要补正的材料。

第三十五条 公司申请变更登记，应当向公司登记机关提交公司法定代表人签署的变更登记申请书、依法作出的变更决议或者决定等文件。

公司变更登记事项涉及修改公司章程的，应当提交修改后的公司章程。

公司变更法定代表人的，变更登记申请书由变更后的法定代表人签署。

第14问：大股东可以随意修改公司章程吗？

【问题解读】

大股东一般是指持股比例占多数（超过50%）的投资者。他们对企业经营事务有更大的话语权，但这并不意味着他们能不受限地对公司章程进行任意修改。公司章程不仅记载了公司的基本信息，更记载了公司议事规则、主要决策机构运行规则。大股东修改公司章程，需内容和程序均具有合法性。

根据《公司法》的规定，修改公司章程，必须通过股东会决议，且属于需要股东会多数表决通过的"七件大事"之一，如果缺乏内容、程序上的合法性，则可能面临修改行为被撤销、被认定无效或者不成立的结果。

【律师建议】

1. 确保章程修改内容不违反法律、行政法规或者公司章程的要求。大股东应当注意修改后的章程内容的合法性，如损害小股东权利（排除小股东参加股东会的权利等）的修改，即使程序再完善，也有被撤销、被认定无效或者不成立的风险。

2. 在合法形式下，应当通过股东会决议进行修改，确保股东会的召集方式、议事规则、表决方式等不违反法律规定或者章程约定，使公司股东的参与权、表决权均落实到位。

【案例解析】

案例1：2011年3月30日，A公司、B公司、C公司签订了《关于出资设立合资公司的协议书》，约定三方共同出资成立D公司。2011年4月20日，三公司共同签订了《D公司章程》。该章程约定：公司注册资本为5亿元，其中A公司出资比例为51%，B公司出资比例为40%，C公司出资比例为9%；董事会由7名董事组成，A公司4名，B公司2名，C公司1名。(见图2-3)

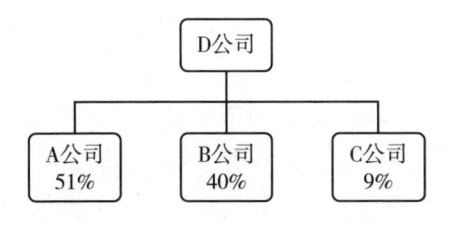

图2-3　D公司设立时股权架构

2012年9月17日，D公司召开股东会会议，一致同意减少注册资本，出资比例调整为：A公司出资比例为54.96%，B公司出资比例为43.10%，C公司出资比例为1.94%。

2013年6月25日，D公司再次召开股东会会议，并对章程进行了再次修改，修改内容为：董事会由5名董事组成，董事候选人名额分配为A公司3名，B公司2名；公司设总经理1人，副总经理若干人，总经理由A公司提名，董事会聘任或解聘。副总经理由总经理提名，董事会聘任或解聘。在表决时，A公司及B公司表决同意，占总持股比例98.06%，C公司表示反对，占总持股比例1.94%。股东会以少数服从多数的理由决议通过。

后，C公司向法院提起了诉讼。最终，法院认为：从形式上看，该股东会决议形式合法、程序没有瑕疵。但是实际上，该决议将小股东C公司踢出董事会，因此，该章程的修改，实质是剥夺股东对公司的经营状况进行了解并参加公司经营管理的权利的行为，该决议无效。

案例2：甲、乙、丙三人共同出资成立A公司，注册资本为100万元，其中甲出资占股40%，乙出资占股35%，丙出资占股25%。

章程约定，临时股东会会议应当于会议召开 7 日以前通知全体股东。

2018 年 10 月 16 日，A 公司召开了临时股东会会议，通知方式记载为 2018 年 9 月 20 日以电话方式通知全体股东，股东会决议决定：

（1）公司名称变更；

（2）免去原法定代表人、执行董事、经理、监事人员职务，选举新人员担任。

股东会决议通过后，A 公司根据该股东会决议，前往公司登记机关办理了相应变更登记手续以及章程的修改。

后，股东甲发现了公司登记信息的变更，遂向法院提起了诉讼。最终，法院认为，A 公司未按照原章程规定通知甲参与股东会会议，甲也当然无法在股东会决议上签字，故该股东会决议不成立。法院判决 A 公司应当向公司登记机关申请撤销根据该决议已办理的登记。

【法律规定】

《公司法》

第二十五条　公司股东会、董事会的决议内容违反法律、行政法规的无效。

第二十六条　公司股东会、董事会的会议召集程序、表决方式违反法律、行政法规或者公司章程，或者决议内容违反公司章程的，股东自决议作出之日起六十日内，可以请求人民法院撤销。但是，股东会、董事会的会议召集程序或者表决方式仅有轻微瑕疵，对决议未产生实质影响的除外。

未被通知参加股东会会议的股东自知道或者应当知道股东会决议作出之日起六十日内，可以请求人民法院撤销；自决议作出之日起一年内没有行使撤销权的，撤销权消灭。

第二十七条　有下列情形之一的，公司股东会、董事会的决议不成立：

（一）未召开股东会、董事会会议作出决议；

（二）股东会、董事会会议未对决议事项进行表决；

（三）出席会议的人数或者所持表决权数未达到本法或者公司章程规定的人数或者所持表决权数；

（四）同意决议事项的人数或者所持表决权数未达到本法或者公司章程规定的人数或者所持表决权数。

第二十八条 公司股东会、董事会决议被人民法院宣告无效、撤销或者确认不成立的，公司应当向公司登记机关申请撤销根据该决议已办理的登记。

股东会、董事会决议被人民法院宣告无效、撤销或者确认不成立的，公司根据该决议与善意相对人形成的民事法律关系不受影响。

第三十五条 公司申请变更登记，应当向公司登记机关提交公司法定代表人签署的变更登记申请书、依法作出的变更决议或者决定等文件。

公司变更登记事项涉及修改公司章程的，应当提交修改后的公司章程。

公司变更法定代表人的，变更登记申请书由变更后的法定代表人签署。

第五十九条第一款 股东会行使下列职权：

（一）选举和更换董事、监事，决定有关董事、监事的报酬事项；

（二）审议批准董事会的报告；

（三）审议批准监事会的报告；

（四）审议批准公司的利润分配方案和弥补亏损方案；

（五）对公司增加或者减少注册资本作出决议；

（六）对发行公司债券作出决议；

（七）对公司合并、分立、解散、清算或者变更公司形式作出决议；

（八）修改公司章程；

（九）公司章程规定的其他职权。

第六十六条 股东会的议事方式和表决程序，除本法有规定的外，由公司章程规定。

股东会作出决议，应当经代表过半数表决权的股东通过。

股东会作出修改公司章程、增加或者减少注册资本的决议，以及公司合并、分立、解散或者变更公司形式的决议，应当经代表三分之二以上表决权的股东通过。

第15问：股东协议和公司章程发生冲突时，以哪个为准？

【问题解读】

股东协议，即股东之间就公司发起设立、出资安排、股东权利义务、股权转让、决策机制、利润分配、退出机制等事项达成的共识。股东协议的内容由股东约定，不违法即可。股东协议是全体股东协商后签订的文件，它对签字确认的股东具有约束力。

公司章程，是根据《公司法》制订的规定公司的组织形式、经营范围、公司机构及其产生办法、议事规则、利润分配等重大事项的基本文件，也是公司最重要的法律文件，还是公司设立的必备文件之一。除了前述内容，公司章程还必须有《公司法》强制记载事项，它在公司设立时由全体股东通过后签字确认，后续的修订一般不需要全体股东通过。除了约束全体股东，公司的董事、监事和高级管理人员也必须遵守公司章程。

在公司治理过程中，股东协议和公司章程是两个非常重要的法律文件。股东协议是股东共同意志的体现，股东之间必须遵守股东协议；而公司章程对公司、股东、董事、监事及高级管理人员均具有约束力。在公司运营过程中，如果出现就同一事项股东协议约定与公司章程规定不一致的情况，可能会导致公司治理结构、公司经营等混乱，甚至引发法律纠纷。而股东协议与公司章程之间的冲突原因可能有多种，如股东之间就同一事项的约定与公司章程的规定不一致，或者公司章程的修改未能及时反映股东之间的共识等。因此，明确股东协议与公司章程的关系，以及在冲突发生时两者的效力，对于维护公司的正常运营和解决股东之间的争议有着非常重要的意义。

【律师建议】

在司法实践中，股东协议和公司章程发生冲突时，法院的裁判规则和裁判结果存在较大的不确定性。为了避免这种不确定性的风险，股东要高度重视两者之间的衔接问题。

1. 一般情况下，应保持股东协议与公司章程内容的一致性，即将股东协议的内容吸纳到公司章程中。股东协议与公司章程主要是在出资方式、出资期限等方面存在差异。即使都是"股东出资纠纷"，也因为有的法院认为出资问题涉及债权人的利益属于"外部纠纷"，有的法院认为属于"内部纠纷"，而产生不同的裁判结果。因此，为了避免股东协议与公司章程的冲突，在出资方式、出资时间、职务分工、盈余分配和亏损承担等重要事项上应当尽可能地保持二者的一致性。

2. 司法实践中，法院在审理相关案件时，通常按照"双重标准、内外有别"的裁判规则进行初步划分，如果仅涉及公司内部纠纷，还要再根据股东协议或公司章程中是否存在特别约定条款进行认定和审理，因此，建议在股东协议或公司章程中明确约定或规定，当作两者内容出现冲突时的解决条款。

3. 如果在公司运营过程中发现股东协议与公司章程确实存在冲突，建议根据公司或股东的真实意思修改文件，以确保它们之间的一致性。另外，如果股东协议的部分条款涉及对公司章程的实质修改，应在股东协议签署生效后尽快形成相关决议文件、章程修正案等，并尽快办理公司备案登记。

4. 鉴于股东协议仅在股东之间发生效力，如需约束后续通过增资扩股或股权转让等形式进入公司的股东，也可要求该新股东通过签署补充协议等方式对原股东协议予以确认。

【案例解析】

案例1：甲公司的两名股东A和B于2015年3月21日签订《投资合作协议》，约定甲公司的注册资本为200万元，分期缴付，其中股东A出资180万元（对应出资额102万元），占甲公司51%股份，股东B出资20万元（对应出资额98万元）占甲公司49%股份，其中15%为股东B个人享有，另外34%为公司合作伙伴和专业人才所持有，出资期限为2017年12月31日。

甲公司章程规定由股东B出资98万元，出资期限为2027年12月31日，最终股东A实际出资102万元，股东B实际出资48万元。

2015年6月1日，因公司经营恶化，无法持续经营，全体股东一致同意公司解散，甲公司清算组诉至法院要求股东B履行出资义务。

法院最终判决股东B应按公司章程规定补足出资。法院认为，公司登记的注册资本数额具有公示效力，股东出资不实会直接影响包括公司债权人在内的第三人的合法权益，股东与股东的约定、名义股东与实际出资人之间的约定，均不足以作为股东不履行出资义务的抗辩依据。在公司章程内容与股东协议约定不一致时，应按照"内外有别"的原则确定两者的适用，即在处理股东之间内部权责问题时，适用股东协议相关约定；否则应优先考虑适用公司章程相关规定。

案例2：乙公司成立于2017年4月13日，公司章程载明公司注册资本为500万元，股东A认缴出资300万元，股东B认缴出资200万元，出资期限均为2018年6月30日。

乙公司两名股东A、B曾于2017年1月15日签订了《合作协议》，协议约定由A、B联合成立乙公司，注册资本为500万元，由股东 A 以货币方式出资 500 万元，占乙公司 70% 的股份，B 则以某专利技术出资，占乙公司 30% 的股份。另外，双方还在协议中约定，本项目的其他规定，由乙公司章程规定，如公司章程没有《合作协议》约定内容，或与《合作协议》约定内容相冲突，以《合作协议》约定为准。

在乙公司后续经营过程中，两名股东因股东 B 是否应当按公司章程规定履行出资义务发生争议，乙公司将股东 B 诉至法院。法院审理后认为：案涉纠纷实质上是股东之间内部纠纷，股东 A、B 在成立乙公司前签订了《合作协议》，约定成立公司的出资方式和出资金额，并且特别约定《公司章程》的内容与协议内容不一致的，以协议内容为准，故本案应当以《合作协议》约定的内容确定双方的出资额、出资方式和出资时间，最终判决股东 B 仅负责管理和运营，无须向乙公司缴纳出资。

【法律规定】

《公司法》

第五条 设立公司应当依法制定公司章程。公司章程对公司、股东、董事、监事、高级管理人员具有约束力。

第二十五条 公司股东会、董事会的决议内容违反法律、行政法规的无效。

《民法典》

第五条 民事主体从事民事活动，应当遵循自愿原则，按照自己的意思设立、变更、终止民事法律关系。

第一百一十九条 依法成立的合同，对当事人具有法律约束力。

第四百六十五条 依法成立的合同，受法律保护。

依法成立的合同，仅对当事人具有法律约束力，但是法律另有规定的除外。

第 *16* 问：公司章程中必须记载的和可以自由约定的内容分别有哪些？

【问题解读】

公司章程是成立公司的必备材料之一，但具体要怎么写、写什么、有多重要，很多人不清楚。因此，我们经常看到使用章程模板的情形，殊不知你以为很简单的章程，其实是公司的"定海神针"，里面承载了公司的重大事项，一旦章程有事项写漏了或者写错了，后果可是非常严重的。

那到底章程要怎么写，什么内容是必须写的，以及哪些内容可以按照自己的意愿确定呢？《公司法》对此有明确的规定，下面以最常见的有限责任公司为例进行介绍。

有限责任公司章程必须记载的内容《公司法》第46条中已经一一列明，诸如公司名称、住所、经营范围、注册资本、股东的姓名以及出资额、出资方式和出资日期等，只需要按实记载在章程中即可。其他必须记载的内容，诸如公司的机构及其产生办法、职权、议事规则和公司法定代表人的产生、变更办法，需要各位股东慎重考虑并根据实际需求和目的来确定。公司章程既要符合自己成立公司的初衷，也要维护股东自己的利益，还要考虑到今后公司发展的规划，不是简单的套用模板就能解决的。

因此，一份公司章程，必须充分考虑公司的经营管理需要，平衡各股东的意见，并进行专业严谨的设置才可以。

【律师建议】

在设立公司时应尽量根据自身的需求对章程进行设置，特别是要充分利用《公司法》允许自由约定的内容，形成适合自己公司的公司治理机制，必要时应寻求专业人士的帮助。

1. 公司章程必须依据《公司法》规定记载必备内容，有限责任公司章程必须记载以下内容：

（1）公司名称和住所；

（2）公司经营范围；

（3）公司注册资本；

（4）股东的姓名或者名称；

（5）股东的出资额、出资方式和出资日期；

（6）公司的机构及其产生办法、职权、议事规则；

（7）公司法定代表人的产生、变更办法；

（8）股东会认为需要规定的其他事项。

2. 有限责任公司章程可以自由约定以下重要内容：

（1）法定代表人。法定代表人是代表公司进行民事活动的负责人，其重要性不言而喻。公司章程可以自由约定法定代表人是由执行公司事务的董事或是经理担任，但建议不要直接把法定代表人的名字写到公司章程中，以免变更法定代表人还需要变更公司章程，不但增加工作量，还可能带来不必要的麻烦。

公司章程还可约定法定代表人因执行职务造成他人损害的，公司在承担民事责任后可以向有过错的法定代表人追偿。

（2）股东会会议召开、表决方式及职权。公司章程可以自由约定股东会定期会议的召开时间、通知时间、议事方式和表决程序，还可约定如何行使表决权，比如是否按照股东出资比例行使表决权。

股东会的职权也可由公司章程进行约定，除了《公司法》中已经规定的法定职权外，还可将比如购买出售重大资产、股权激励、员工持股计划等事项约定为股东会的职权范围。

（3）董事会议事、表决程序和职权。董事会是公司重要的决策和议事机构，公司章程可以对董事的任职期限、董事人数及董事长、副董事长的产生办法进行约定，还可约定董事会的议事方式和表决程序。

除授予董事会法定职权外，公司章程也可根据自身需求增加或减少董事会的职权，比如考虑增加董事会对公司收购出售资产、委托理财、关联交易等事项的决策权，以便提高公司决策的效率。

（4）审计委员会与监事会。《公司法》规定，公司可以选择不设监事会或监事，也可以选择设置由董事组成的审计委员会，即审计委员会和监事会可以二选一。如设立监事会或监事，则可以自由约定监事的职权，以及监事会的议事方式和表决程序。

（5）经理职权。《公司法》中的经理是指公司的首席执行官。《公司法》删掉了经理的法定职权，故经理的职权由公司章程的规定及董事会的授权组成。这就赋予了公司治理更大的自治空间，公司章程可以根据公司具体情况进行自治性规定。

（6）注册资本和出资。《公司法》规定，注册资本的认缴期限最长为5年，公司章程需要对认缴期限进行明确的约定，但必须小于或等于5年。

（7）对外投资或担保。公司章程可以对公司向其他企业投资或为他人提供担保的决策机构和限额进行规定，对于对外投资或担保的决策机构，一般情况下由股东会决策较稳妥，当然如果董事会能够充分体现各股东意志，通过董事会决议则更加高效。

站在小股东的角度，为了防止控股股东、实际控制人、法定代表人等任意对外投资担保，有必要在公司章程中对于担保机制作出特别规定。比如规定法定代表人代表公司对外担保其决策数额不超过某个金额，超过的必须经股东会决议通过方可生效等。

（8）股权转让。公司的股权转让规则或限制性条件可以由公司章程自由约定。公司章程规定优先于法律规定，给予了公司章程充分的自治空间。

关于公司章程是否能绝对禁止股权转让，实践中绝对禁止股权转让因限制了股东股权交易的处分权，往往被认定为无效，但是可以进行相对的限制，即在多长期限内不得转让股权，也可以约定股权的受让方的标准和条件等。

（9）股东资格的继承。自然人股东死亡后，其股权是否能被继承也可以由公司章程约定。例如，设置限制股权继承条款，约定继承股权的股东需满足相应的标准；有多名继承人的情况下应协商一致，由一人继承股东资格，以免影响股东决策效率和超过有限责任公司股东人数上限等。

（10）利润分配。公司可以通过章程规定不按出资比例分配利润，如基于特定股东的贡献和公司发展需要，在章程中规定给予特定股东多分利润，优先或劣后分配利润的权利等。

【案例解析】

以股权转让为例，公司章程是否进行个性化的约定分为两种情况（见图2-4）：

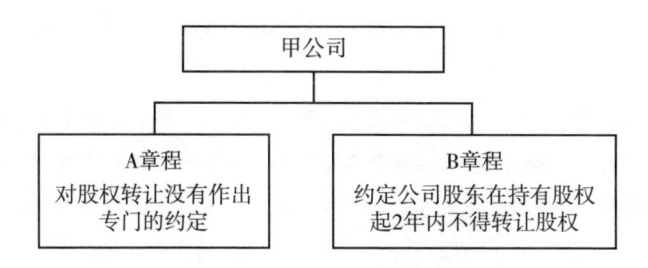

```
                    甲公司
                   /      \
            A章程            B章程
     对股权转让没有作出    约定公司股东在持有股权
        专门的约定       起2年内不得转让股权
```

图2-4　公司章程个性化约定

A章程情况下：公司章程没有对股权转让进行约定，则按照《公司法》的规定转让股权，即股东对外转让股权的时间没有限制，随时可以向其他股东或第三人转让其持有的公司股权。

B 章程情况下：因公司章程约定不得在 2 年内转让股权，且公司章程约定不违反法律法规的规定，则股东在持有公司股权后 2 年内转让股权的，公司和其他股东可以不同意，此时不发生股权转让的效果。

从上述示例可以看出，只要不违反法律法规的强制性规定，公司章程具有强大的自治力，公司股东完全可以依据自身的需求进行约定。如希望公司股权架构长期稳定，则可以约定几年内不得转让股权；如希望公司股东具有较强实力，则可以约定股权受让方在达到一定的条件才可受让公司股权。

【法律规定】

《公司法》

第十条 公司的法定代表人按照公司章程的规定，由代表公司执行公司事务的董事或者经理担任。

担任法定代表人的董事或者经理辞任的，视为同时辞去法定代表人。

法定代表人辞任的，公司应当在法定代表人辞任之日起三十日内确定新的法定代表人。

第十一条 法定代表人以公司名义从事的民事活动，其法律后果由公司承受。

公司章程或者股东会对法定代表人职权的限制，不得对抗善意相对人。

法定代表人因执行职务造成他人损害的，由公司承担民事责任。公司承担民事责任后，依照法律或者公司章程的规定，可以向有过错的法定代表人追偿。

第十五条 公司向其他企业投资或者为他人提供担保，按照公司章程的规定，由董事会或者股东会决议；公司章程对投资或者担保的总额及单项投资或者担保的数额有限额规定的，不得超过规定的限额。

公司为公司股东或者实际控制人提供担保的，应当经股东会决议。

前款规定的股东或者受前款规定的实际控制人支配的股东，不得参加前款规定事项的表决。该项表决由出席会议的其他股东所持表决权的过半数通过。

第二十四条 公司股东会、董事会、监事会召开会议和表决可以采用电子通信方式,公司章程另有规定的除外。

第四十六条 有限责任公司章程应当载明下列事项:

(一)公司名称和住所;

(二)公司经营范围;

(三)公司注册资本;

(四)股东的姓名或者名称;

(五)股东的出资额、出资方式和出资日期;

(六)公司的机构及其产生办法、职权、议事规则;

(七)公司法定代表人的产生、变更办法;

(八)股东会认为需要规定的其他事项。

股东应当在公司章程上签名或者盖章。

第四十七条 有限责任公司的注册资本为在公司登记机关登记的全体股东认缴的出资额。全体股东认缴的出资额由股东按照公司章程的规定自公司成立之日起五年内缴足。

法律、行政法规以及国务院决定对有限责任公司注册资本实缴、注册资本最低限额、股东出资期限另有规定的,从其规定。

第五十九条 股东会行使下列职权:

(一)选举和更换董事、监事,决定有关董事、监事的报酬事项;

(二)审议批准董事会的报告;

(三)审议批准监事会的报告;

(四)审议批准公司的利润分配方案和弥补亏损方案;

(五)对公司增加或者减少注册资本作出决议;

(六)对发行公司债券作出决议;

(七)对公司合并、分立、解散、清算或者变更公司形式作出决议;

(八)修改公司章程;

(九)公司章程规定的其他职权。

股东会可以授权董事会对发行公司债券作出决议。

对本条第一款所列事项股东以书面形式一致表示同意的，可以不召开股东会会议，直接作出决定，并由全体股东在决定文件上签名或者盖章。

第六十二条 股东会会议分为定期会议和临时会议。

定期会议应当按照公司章程的规定按时召开。代表十分之一以上表决权的股东、三分之一以上的董事或者监事会提议召开临时会议的，应当召开临时会议。

第六十四条 召开股东会会议，应当于会议召开十五日前通知全体股东；但是，公司章程另有规定或者全体股东另有约定的除外。

股东会应当对所议事项的决定作成会议记录，出席会议的股东应当在会议记录上签名或者盖章。

第六十五条 股东会会议由股东按照出资比例行使表决权；但是，公司章程另有规定的除外。

第六十六条 股东会的议事方式和表决程序，除本法有规定的外，由公司章程规定。

股东会作出决议，应当经代表过半数表决权的股东通过。

股东会作出修改公司章程、增加或者减少注册资本的决议，以及公司合并、分立、解散或者变更公司形式的决议，应当经代表三分之二以上表决权的股东通过。

第六十七条 有限责任公司设董事会，本法第七十五条另有规定的除外。

董事会行使下列职权：

（一）召集股东会会议，并向股东会报告工作；

（二）执行股东会的决议；

（三）决定公司的经营计划和投资方案；

（四）制订公司的利润分配方案和弥补亏损方案；

（五）制订公司增加或者减少注册资本以及发行公司债券的方案；

（六）制订公司合并、分立、解散或者变更公司形式的方案；

（七）决定公司内部管理机构的设置；

（八）决定聘任或者解聘公司经理及其报酬事项，并根据经理的提名决定聘任或者解聘公司副经理、财务负责人及其报酬事项；

（九）制定公司的基本管理制度；

（十）公司章程规定或者股东会授予的其他职权。

公司章程对董事会职权的限制不得对抗善意相对人。

第六十八条第二款 董事会设董事长一人，可以设副董事长。董事长、副董事长的产生办法由公司章程规定。

第六十九条 有限责任公司可以按照公司章程的规定在董事会中设置由董事组成的审计委员会，行使本法规定的监事会的职权，不设监事会或者监事。公司董事会成员中的职工代表可以成为审计委员会成员。

第七十条第一款 董事任期由公司章程规定，但每届任期不得超过三年。董事任期届满，连选可以连任。

第七十三条 董事会的议事方式和表决程序，除本法有规定的外，由公司章程规定。

董事会会议应当有过半数的董事出席方可举行。董事会作出决议，应当经全体董事的过半数通过。

董事会决议的表决，应当一人一票。

董事会应当对所议事项的决定作成会议记录，出席会议的董事应当在会议记录上签名。

第七十四条 有限责任公司可以设经理，由董事会决定聘任或者解聘。

经理对董事会负责，根据公司章程的规定或者董事会的授权行使职权。经理列席董事会会议。

第七十六条 有限责任公司设监事会，本法第六十九条、第八十三条另有规定的除外。

监事会成员为三人以上。监事会成员应当包括股东代表和适当比例的公司职工代表，其中职工代表的比例不得低于三分之一，具体比例由公司章程规定。监事会中的职工代表由公司职工通过职工代表大会、职工大会或者其他形式民主选举产生。

监事会设主席一人，由全体监事过半数选举产生。监事会主席召集和主持监事会会议；监事会主席不能履行职务或者不履行职务的，由过半数的监事共同推举一名监事召集和主持监事会会议。

董事、高级管理人员不得兼任监事。

第七十七条 监事的任期每届为三年。监事任期届满，连选可以连任。

监事任期届满未及时改选，或者监事在任期内辞任导致监事会成员低于法定人数的，在改选出的监事就任前，原监事仍应当依照法律、行政法规和公司章程的规定，履行监事职务。

第七十八条 监事会行使下列职权：

（一）检查公司财务；

（二）对董事、高级管理人员执行职务的行为进行监督，对违反法律、行政法规、公司章程或者股东会决议的董事、高级管理人员提出解任的建议；

（三）当董事、高级管理人员的行为损害公司的利益时，要求董事、高级管理人员予以纠正；

（四）提议召开临时股东会会议，在董事会不履行本法规定的召集和主持股东会会议职责时召集和主持股东会会议；

（五）向股东会会议提出提案；

（六）依照本法第一百八十九条的规定，对董事、高级管理人员提起诉讼；

（七）公司章程规定的其他职权。

第八十一条 监事会每年度至少召开一次会议，监事可以提议召开临时监事会会议。

监事会的议事方式和表决程序，除本法有规定的外，由公司章程规定。

监事会决议应当经全体监事的过半数通过。

监事会决议的表决，应当一人一票。

监事会应当对所议事项的决定作成会议记录，出席会议的监事应当在会议记录上签名。

第八十四条 有限责任公司的股东之间可以相互转让其全部或者部分股权。

股东向股东以外的人转让股权的,应当将股权转让的数量、价格、支付方式和期限等事项书面通知其他股东,其他股东在同等条件下有优先购买权。股东自接到书面通知之日起三十日内未答复的,视为放弃优先购买权。两个以上股东行使优先购买权的,协商确定各自的购买比例;协商不成的,按照转让时各自的出资比例行使优先购买权。

公司章程对股权转让另有规定的,从其规定。

第九十条 自然人股东死亡后,其合法继承人可以继承股东资格;但是,公司章程另有规定的除外。

第二百一十条第四款 公司弥补亏损和提取公积金后所余税后利润,有限责任公司按照股东实缴的出资比例分配利润,全体股东约定不按照出资比例分配利润的除外;股份有限公司按照股东所持有的股份比例分配利润,公司章程另有规定的除外。

第17问：公司章程可以约定股东不按出资比例分红吗？

【问题解读】

分红权，即利润分配请求权。它是股东的核心财产性权利，也是股东实现投资收益的重要路径。

通常情况下，若无特别约定，公司一般是按照股东实缴出资比例或所持股份比例进行分红。但有些股东并不看重对公司的实际控制，而是愿意让渡一部分公司治理的权利，但希望在红利分配上得到一定的倾斜。

为了充分尊重上述股东的意思自治，《公司法》规定，允许股东以约定的方式改变红利的分配规则。所以股东在设立公司时，当然可以通过公司章程来约定股东分红的具体程序和条件。

【律师建议】

《公司法》规定，股东可以不按照出资比例分红。故公司在设立时或在经营过程中可以充分利用该原则对特殊的股东或者投资人约定一个合适的分红比例。

对于有限责任公司，法律要求这种分红比例的约定必须经全体股东同意。也就是说，既可以通过公司章程约定，也可以通过股东会决议等形式。若是通过股东会决议的形式来决定分红比例，就不能适用公司章程对股东会决议的通常约定，譬如，一般公司决议应当经过半数表决权的股东通过，特殊决议应当经代表2/3以上表决权的股东通过。

对于股份有限公司，这种分红比例则可以在公司章程中直接作出特殊约定，或者通过章程约定的股东会决议的表决形式来确定。

【案例解析】

A公司拟与自然人甲合作设立一家有限责任公司，注册资本为100万元。拟设立的公司将主要依托自然人甲的优质社会资源及其在该行业丰富的从业经验发展。但甲所拥有的资源明显不属于《公司法》第48条规定的"可以用货币估价并可以依法转让的非货币财产"，该部分资源的价值无法在公司注册资本中体现。故A公司同意在甲货币出资20万元占比20%的情况下，未来在公司盈利分红时，按照40%的比例分红。

上述约定在法律上是可行的。A公司与甲可以通过以下方式操作：

1. 双方签订《发起人协议》或《合作协议》，将上述约定进行明确。

2. 在公司设立时，双方应将上述约定写入公司章程，即股东分红比例与出资比例不一致。

3. 为了维护小股东甲的表决权，双方也可以约定可以不按出资比例行使表决权，从而确保甲在公司经营过程中的发言权。

【法律规定】

《公司法》

第四十八条　股东可以用货币出资，也可以用实物、知识产权、土地使用权、股权、债权等可以用货币估价并可以依法转让的非货币财产作价出资；但是，法律、行政法规规定不得作为出资的财产除外。

对作为出资的非货币财产应当评估作价，核实财产，不得高估或者低估作价。法律、行政法规对评估作价有规定的，从其规定。

第二百一十条　公司分配当年税后利润时，应当提取利润的百分之十列入公司法定公积金。公司法定公积金累计额为公司注册资本的百分之五十以上的，可以不再提取。

公司的法定公积金不足以弥补以前年度亏损的，在依照前款规定提取法定公积金之前，应当先用当年利润弥补亏损。

公司从税后利润中提取法定公积金后，经股东会决议，还可以从税后利润中提取任意公积金。

公司弥补亏损和提取公积金后所余税后利润，有限责任公司按照股东实缴的出资比例分配利润，全体股东约定不按照出资比例分配利润的除外；股份有限公司按照股东所持有的股份比例分配利润，公司章程另有规定的除外。

公司持有的本公司股份不得分配利润。

第18问：公司章程可以限制股东进行股权转让吗？

【问题解读】

很多人因为相熟而一起设立公司，所以有限责任公司往往具有封闭性和人合性。为了防止股东将股权转让给外部第三人，或者小股东为了防止大股东或者实际控制人恶意转让股权，很多人在设立公司时会在公司章程中对股权转让作出限制。有的公司章程会规定，"股东在公司设立后5年内不得对外转让股权""未经公司全部股东同意，任一股东不得对外转让股权"等。这类规定是否合法有效呢？限制股东进行股权转让是否有边界呢？

答案是肯定的。股东可以在公司章程中对股权转让进行限制，但限制也应该有一定的边界，否则发生争议时相关合同可能会被认定为无效。

【律师建议】

1. 股东在制订或修订章程时，可以对股权转让进行合理的限制，譬如，可以对以下情形作出适当限制：

（1）约定股权转让需要经过公司所有股东的同意或需要经公司股东会决议等。

（2）要求股东在一定合理期限内不得对外转让股权，此种情形，通常发生在公司引进外部投资人的情况下，是投资人为了防止一定期限内实际控制人发生变化所作出的限制。

（3）基于劳动关系规定"人走股留"，即约定员工股东在辞职、辞退、退休、死亡等情况下，其应转让其股权或由公司回购其股权。

公司章程中,可以限制上述情形下股权受让的对象和股权转让价格。

(4) 对股权的受让方及优先购买权进行限制。譬如,当股东准备转让其股权时,先由公司按一定的价格回购,只有在公司决定不回购时,方可向股东或者股东之外的人转让其股权。

2. 公司章程如果规定绝对禁止或通过其他约定变相禁止股权转让,甚至实质上禁止股权转让,则需要增设股东救济或退出途径的安排。

有的公司章程约定,"公司股东持有的股权不允许对外转让,对外转让行为无效,但经本公司持有股权100%比例同意的除外"。在发生纠纷时,前述条款之所以很容易被法院认定为无效,是因为无法达到100%股东同意的条件下,公司禁止股东对外转让股权,且没有给予股东其他救济途径。以上情形下,最好在公司章程中给股东保留股权回购请求权、公司解散等退出方式。

综上,公司章程存在的必要性,就是当公司运营出现僵局或者股东间产生矛盾时,股东可以通过提前设定好的退出路径选择退出,从而降低自己的损失。

【案例解析】

案例1:A公司章程规定"公司股权不向公司以外的任何团体和个人出售、转让。公司改制一年后,经董事会批准可在公司内部赠与、转让和继承。持股人死亡或退休经董事会批准方可继承、转让或由企业收购,持股人若辞职、调离或被辞退、解除劳动合同的,人走股留,所持股份由企业收购"。该章程对股权转让的限制是有效的,因为它是公司自治的体现,符合有限责任公司封闭性和人合性的特点,也没有违反《公司法》的禁止性规定。

案例2:B公司的章程规定,股东向股东以外的人转让股权,应当经其他股东过半数同意。这意味着股东在转让股权时需要获得其他股东中超过半数的同意。如果其他股东的同意比例不足，股东可能无法转让股权。

该章程对股权转让的限制是有效的，因为它符合《公司法》的规定，也没有损害股东的合法权益。

案例3：C公司的章程规定，股东向股东以外的人转让股权，应当经董事会批准。这意味着股东在转让股权时需要获得董事会的批准。如果董事会不同意，股东可能无法转让股权。

该章程对股权转让的限制是无效的，因为它违反了《公司法》的规定，限制了股东转让股权的基本权利。

总之，公司章程对股权转让的限制是否有效，需要根据具体情况进行分析。如果章程对股权转让的限制符合《公司法》的规定，也没有损害股东的合法权益，那么，这种限制就是有效的。如果章程对股权转让的限制违反了《公司法》的规定，或者损害了股东的合法权益，那么，这种限制就是无效的。

【法律规定】

《公司法》

第八十四条　有限责任公司的股东之间可以相互转让其全部或者部分股权。

股东向股东以外的人转让股权的，应当将股权转让的数量、价格、支付方式和期限等事项书面通知其他股东，其他股东在同等条件下有优先购买权。股东自接到书面通知之日起三十日内未答复的，视为放弃优先购买权。两个以上股东行使优先购买权的，协商确定各自的购买比例；协商不成的，按照转让时各自的出资比例行使优先购买权。

公司章程对股权转让另有规定的，从其规定。

第一百五十七条　股份有限公司的股东持有的股份可以向其他股东转让，也可以向股东以外的人转让；公司章程对股份转让有限制的，其转让按照公司章程的规定进行。

第 19 问：是否可以通过公司章程对法定代表人的权限进行限制？

【问题解读】

公司章程是公司重大事项的决策依据，也是股东意思自治的产物。但能够代表公司意志的，除了公司章程，还有公司的法定代表人。

法定代表人是指依照法律或公司章程的规定，代表公司从事民事活动的负责人，是公司对外意思表示的法定机关。根据《民法典》的规定，法定代表人以公司名义从事的民事活动，法律后果由公司承担，因此，法定代表人的选任对公司十分重要。

但是，实践中有些公司在选定法定代表人时并没有经过谨慎考虑，或者没有对法定代表人的权限进行限定，这便导致法定代表人的越权行为甚至违法行为所引发的纠纷屡见不鲜。这类纠纷往往因为相对方是不知情的善意第三人而使公司承担义务，甚至连累股东。

那么，是否有办法防范此类风险呢？答案是肯定的。我们可以通过公司章程对法定代表人的相关责任进行明确，从而限制法定代表人权限，或尽量降低法定代表人的个人行为对公司的不利影响。

【律师建议】

1. 可以通过公司章程对法定代表人的产生和变更进行明确。关于法定代表人的人选，《公司法》规定由代表公司执行公司事务的董事或者经理担任，同时也进一步明确，公司章程中可以记录法定代表人的产生、变更方法。这也意味着，公司可以就法定代表人的资格和选定方法自行作出设计或限制，法定代表人并非选定后就不能更换,而是只要符合公司章程规定的法定代表人变更方法,后续即便变更了法定代表人,也不用因此而必须变更公司章程。

2. 可以通过公司章程对法定代表人的权限进行限制。虽然法律规定公司对法定代表人权限的限制不得对抗善意相对人,但是这并不意味着公司章程不能对法定代表人的职权或行为进行限制。相反,从公司治理和风险防范的角度,则建议公司对此进行限定。比如,对法定代表人可以直接对外签订合同的金额进行限制,要求超过一定金额的合同必须经过董事会或股东会的决议,否则法定代表人无权直接签署。即便该权限的限制不能对抗善意相对人,也可以对法定代表人的行为进行规范和约束,从而防止相关法律风险的发生,也可以为后续公司向法定代表人的追偿奠定基础。

3. 可以通过公司章程对法定代表人的追偿原则进行细化。根据法律规定,法定代表人对外以公司名义从事的民事活动,法律后果由公司承担,但公司承担民事责任后,仍可以依照公司章程的规定,向有过错的法定代表人进行追偿。为了避免法定代表人在做出损害公司利益的行为后逃避责任,建议公司在章程中专门设定关于向法定代表人进行追偿的条款,明确追偿原则和赔偿方式,进一步督促法定代表人履职尽责。

【案例解析】

A公司在公司章程中规定,公司对外签订合同金额在400万元及以下的,由公司法定代表人签字批准,对外签订合同金额超过400万元的,需要董事会表决通过,对外签订合同金额超过1000万元的,则由股东会表决通过。后,A公司与B公司签订了买卖合同,约定A公司向B公司购买总金额为800万元的货物,并由A公司的法定代表人甲直接签字盖章后生效。但B公司按合同约定发货后,A公司未按合同要求支付货款,双方发生争议。A公司辩称,根据公司章程的规定，合同金额超过 400 万元的需要董事会表决，但该合同并未经过董事会表决通过，因此，法定代表人甲越权代表签订的买卖合同应无效。

在上述案例中，最终法院判决 A 公司履行向 B 公司支付货款的义务，并承担逾期支付的违约责任。同时，因公司章程中明确规定了法定代表人的签字权限，故法定代表人甲的越权或违规行为给公司造成的损失，公司也可以依据公司章程规定或其他内部约定另行向甲追偿。

【法律规定】

《公司法》

第十条 公司的法定代表人按照公司章程的规定，由代表公司执行公司事务的董事或者经理担任。

担任法定代表人的董事或者经理辞任的，视为同时辞去法定代表人。

法定代表人辞任的，公司应当在法定代表人辞任之日起三十日内确定新的法定代表人。

第十一条 法定代表人以公司名义从事的民事活动，其法律后果由公司承受。

公司章程或者股东会对法定代表人职权的限制，不得对抗善意相对人。

法定代表人因执行职务造成他人损害的，由公司承担民事责任。公司承担民事责任后，依照法律或者公司章程的规定，可以向有过错的法定代表人追偿。

第四十六条 有限责任公司章程应当载明下列事项：

（一）公司名称和住所；

（二）公司经营范围；

（三）公司注册资本；

（四）股东的姓名或者名称；

（五）股东的出资额、出资方式和出资日期；

（六）公司的机构及其产生办法、职权、议事规则；

（七）公司法定代表人的产生、变更办法；

（八）股东会认为需要规定的其他事项。

股东应当在公司章程上签名或者盖章。

《民法典》

第六十二条 法定代表人因执行职务造成他人损害的，由法人承担民事责任。

法人承担民事责任后，依照法律或者法人章程的规定，可以向有过错的法定代表人追偿。

第20问：如何通过公司章程对董事会的权限进行规定？

【问题解读】

公司章程是公司的基本准则，其对董事会权限的规定具有法律效力。若公司章程规定不详细，可能会导致以下问题：

（1）权限不清。董事会成员对自身权限理解不一致，影响决策效率。

（2）内部冲突。容易引发董事会与其他治理主体之间的权限冲突。

（3）决策风险。可能产生不适当或错误的决策，给公司带来损失。

总之，公司章程对董事会权限的详细规定是公司治理的关键环节，需要认真对待和妥善处理。

【律师建议】

1. 公司章程应明确规定董事会对公司重大战略决策的决定权，包括但不限于公司的长期发展规划、业务转型方向等。具体规定董事会在投资决策方面的权限：规定董事会对一定金额以上的投资项目有审批权；规定"董事会有权决定公司金额超过×万元的投资项目，对公司年度财务预算和决算进行审议和批准"；规定"董事会对涉及公司重大利益的关联交易拥有最终审核权"。通过这些具体而明确的规定，能够清晰界定董事会的权限范围。

2. 对于财务和人事方面，公司章程应明确董事会对财务预算、决算的审议和批准权限，以及对重大财务支出的决策权；规定董事会在人事方面的权力，如高级管理人员的任免、薪酬政策的制定等。例如，规定"董事会负责选拔和任命公司总经理及以上级别管理人员，对其薪酬进行审议和确定"。

3. 赋予董事会对公司风险管理和内部控制体系的监督与完善职责。明确董事会在公司治理结构调整、组织架构设计方面的主导权。规定董事会对关联交易的审核权限，确保交易的公平性和合理性。给予董事会在特定重大事项上的一票否决权，以保障公司利益。规定董事会在危机应对和突发事件处理方面的职责和权限。例如，公司章程里可以明确对"股东失权"制度董事会的操作流程，确保程序合法、公正，避免因失权问题引发纠纷。

【案例解析】

A公司的公司章程规定股东会的职权包括：审议批准公司对股东或对股东以外的第三人提供抵押、质押等担保，审议批准公司的重大资产处置和负债行为。董事会的职权包括董事会有权审议批准公司的重大事项，包括但不限于人民币1000万元以上的对外投资、担保、负债、资产或股权收购、出售、人事任免等。全体股东均在公司章程上签名或加盖公章。

公司股东甲认为公司章程分别将审议公司对外担保、负债、人事任免的权限赋予董事会、股东会，权限相抵触，会导致公司董事会越权行使股东会的法定权利，损害股东利益，破坏公司法人治理制度。甲诉讼请求确认公司章程中约定上述董事会的职权的条款无效。

法院经审理认为，董事会职权是公司章程内容之一，公司章程有权规定董事会的其他职权，公司章程经全体股东签字并在公司登记机关进行了登记，并不违反法律规定，依法有效，对全体股东依法有约束力。法院判决驳回甲的诉讼请求。

【法律规定】

《公司法》

第六十七条第二、三款　董事会行使下列职权：

（一）召集股东会会议，并向股东会报告工作；

（二）执行股东会的决议；

（三）决定公司的经营计划和投资方案；

（四）制订公司的利润分配方案和弥补亏损方案；

（五）制订公司增加或者减少注册资本以及发行公司债券的方案；

（六）制订公司合并、分立、解散或者变更公司形式的方案；

（七）决定公司内部管理机构的设置；

（八）决定聘任或者解聘公司经理及其报酬事项，并根据经理的提名决定聘任或者解聘公司副经理、财务负责人及其报酬事项；

（九）制定公司的基本管理制度；

（十）公司章程规定或者股东会授予的其他职权。

公司章程对董事会职权的限制不得对抗善意相对人。

第21问：是否可以通过公司章程限制或者排除股权继承？

【问题解读】

近年来，我国有关股权继承的纠纷呈上升趋势。为避免纠纷，在制定公司章程时对股权继承进行限制或者排除，有其必要性。

首先，这有助于维护公司的稳定和持续经营。股权继承可能会引发新股东的加入，进而影响公司的治理结构和决策机制。如果新股东与公司原有的经营理念、发展战略等存在较大差异，可能会对公司的经营产生不利影响。通过公司章程对股权继承进行限制或者排除，可以在一定程度上保障公司的稳定发展。

其次，公司章程对股权继承的限制或者排除还可以避免纠纷。股权继承涉及多方利益关系，如果没有明确的规则和程序，很容易引发纠纷。通过公司章程对股权继承进行限制或者排除，可以减少纠纷，降低公司的法律风险。

【律师建议】

1. 明确股权继承的条件和程序。在公司章程中明确规定股权继承的条件，如继承人的资格、继承的方式等，以及继承的程序，如通知、登记等。

2. 限制多名继承人继承股东资格。可以根据公司的实际情况，在公司章程中限制股权继承的范围，如只允许特定的继承人继承股权等。在发生股东资格继承时，能够行使继承权的可能有多人，此时这些主体可以依照继承享有股东资格。然而，如果各继承人均取得股东资格，则可能导致有限责任公司的股东人数超过50人。因此，可以在公司章程中约定只能由继承人中的一人或几人继承股东资格，既维护了有限责任公司的人合性，又可避免公司形态的变更。

3. 限制不符合股东标准的继承人继承股东资格。例如，约定无民事行为能力人或者限制民事行为能力人，不具备基本的对公司经营决策和管理监督能力的继承人不得继承股东资格；也可以约定如果股东欠缴公司出资，公司有权限制股东资格的继承。

4. 排除继承人继承股东资格。公司章程明确规定股东死亡时，继承人不得继承股东资格，只能继承股权的财产性权益，同时明确规定股东死亡时股权的处理方式，如做减资处理、公司回购、股东收购等。

需要注意的是，公司章程只能限制股东资格的继承，不能否定继承人获得股权财产性权利的继承；在股东死亡后修改公司章程对继承人继承的限制，不当然发生效力。

【案例解析】

A 公司的章程规定："自然人股东死亡后，其合法继承人不得继承股东资格，公司将对其股权进行回购。"

股东甲因病离世，其继承人乙主张继承甲在公司的股权。然而，A 公司以章程的上述规定为由，拒绝了乙的继承请求，并表示将按照公司的估值对甲的股权进行回购。

乙对此表示不满，认为自己作为合法继承人有权继承甲的股权。于是，乙向法院提起诉讼，要求确认自己的股东资格。

法院经审理认为，虽然自然人股东死亡后，其合法继承人可以继承股东资格，但是，公司章程可以对股权继承作出一定的排除或限制。在本案中，A 公司的章程明确规定了自然人股东死亡后其合法继承人不得继承股东资格，且该章程是经过全体股东共同商议并合法制定的，对全体股东具有约束力。因此，乙不能继承甲在公司的股东资格，但乙有权获得公司按照章程规定对甲股权进行回购所对应的合理价款。

【法律规定】

《公司法》

第九十条 自然人股东死亡后，其合法继承人可以继承股东资格；但是，公司章程另有规定的除外。

第22问：公司章程是否可以对股东的表决权作出特殊约定？

【问题解读】

大部分公司的股东会的表决比例一般是按照股东出资比例确定，但是，这样会失去灵活性和对市场经济的适应性。因此，很多人提出疑问：能否对股东表决权比例进行更符合公司实际的调整？能否不按照股东出资额而是进行特殊约定？股东能否约定股东会决议通过比例高于或低于法定的"二分之一"和"三分之二"？

对于有限责任公司来说，股东的表决权可以按照股东意思自治另外约定，可以不与出资比例保持一致，实现"同股不同权"。

【律师建议】

1. 股东如果想约定"同股不同权"，需要满足"全体股东一致同意"的条件，那么最好是在公司设立之初的章程中明确约定各股东的表决比例，并由全体股东一致签字认可。

2. 在公司设立后，如果全体股东达成采用特殊表决比例的共识，则可以共同出具决定文件，并由全体股东签字及捺印（或盖章）；该共同约定可以通过召开股东会并以股东会决议的形式产生，但必须满足"全体股东一致同意"的条件。同时，应注意确保股东会召开和表决程序的合法性。

3. 关于股东会表决通过的比例是否可以突破法律的规定，一般认为，涉及公司的重大事项，"三分之二"多数是对表决比例的最低要求，是"资本多数决"原则的体现。该原则旨在管控分歧，帮助公司快速作出决策，适应讲究效率的商业环境，实质上对投资人利益是积极正面的。因此，如果股东另行约定的表决通过比例高于2/3，则不违背"资本多数决"的精神，同时又照顾了有限责任公司人合性的特征，一般认定为有效。如果股东的另行约定是降低对重大事项的"三分之二"法定表决比例，则一般不被接受。

【案例解析】

案例1：A公司由甲、乙、丙三人共同创立，主要从事互联网广告业务。公司注册资本为100万元，其中甲出资40万元，乙出资30万元，丙出资30万元。

在制定公司章程时，三人共同约定实行"同股不同权"。甲的40万元股权被设定为"超级股权"，每股拥有2票表决权；乙和丙的股权则为普通股权，每股拥有1票表决权。

在公司的运营过程中，遇到了一项重大决策，比如是否要与一家大型企业签订长期合作协议。在股东会表决时，甲持赞成意见，乙和丙持反对意见。由于甲的股权拥有更高的表决权，最终该项合作协议得以通过。

案例2：A公司中，有三位股东甲、乙和丙。甲股东拥有公司60%的股权，乙股东拥有公司30%的股权，丙股东拥有公司10%的股权。

公司章程中规定了特殊的表决权约定：对于某些重大决策事项，如公司的合并、分立、重大资产出售等，需要获得全体股东的一致同意方可通过。这意味着，即使甲股东拥有超过50%的股权，也不能单独决定这些重大事项，必须得到乙股东和丙股东的同意。

有一天，甲股东提出了一项重大资产出售的议案，认为这将为公司带来巨大的利益。然而，乙股东和丙股东对该议案表示担忧，认为这可能对公司的长期发展产生不利影响。

在股东会会议上，甲股东按照其股权比例行使表决权，支持该议案。但乙股东和丙股东则行使了公司章程中规定的特殊表决权，投了反对票。由于未能获得全体股东的一致同意，该议案最终未能通过。

【法律规定】

《公司法》

第六十五条 股东会会议由股东按照出资比例行使表决权；但是，公司章程另有规定的除外。

第六十六条 股东会的议事方式和表决程序，除本法有规定的外，由公司章程规定。

股东会作出决议，应当经代表过半数表决权的股东通过。

股东会作出修改公司章程、增加或者减少注册资本的决议，以及公司合并、分立、解散或者变更公司形式的决议，应当经代表三分之二以上表决权的股东通过。

《民法典》

第一百三十四条 民事法律行为可以基于双方或者多方的意思表示一致成立，也可以基于单方的意思表示成立。

法人、非法人组织依照法律或者章程规定的议事方式和表决程序作出决议的，该决议行为成立。

第23问：公司章程可以限制公司对外提供担保吗？

【问题解读】

在公司治理的过程中，有一类纠纷经常出现，那就是公司股东或者法定代表人擅自以公司的名义对外提供担保，该行为未经过董事会或股东会决议，严重损害了公司利益以及其他股东利益，甚至会影响公司的存续经营。

司法实践中，公司对外提供担保的，需要区分订立合同时相对人是否善意来分别认定合同效力：相对人善意的，合同有效，该担保合同对公司有效；反之，合同无效，该担保合同对公司不发生法律效力。因此，为了限制公司对外担保的行为，十分有必要在公司章程中制定对外担保的规范，以更有利于公司的发展并保障公司股东的权益。

【律师建议】

1. 根据《公司法》的规定，公司提供担保的行为分为对内和对外两种情况：公司为股东或者实际控制人提供担保的，应当经股东会决议；公司向非股东和非实际控制人的其他人提供担保的，按照公司章程的规定，由董事会或者股东会决议。同时，法律还规定公司章程可以对担保的总额及担保的单次数额进行限制和规定。

2. 为了避免给公司的日常经营造成不必要的损失，建议公司全体股东对公司章程作出以下规定，限制公司对外担保：

（1）程序限制。将公司对外担保的程序进行明确，如规定必须经过董事会或股东会1/2以上表决通过，并写进公司章程。

（2）数额限制。将公司对外担保的最高数额和单次数额的要求写进公司章程，超过限额的则必须经过股东会决议。

【案例解析】

A 公司的公司章程规定，公司对外担保必须经过股东会决议，且担保总额不得超过公司净资产的 50%。

2023 年 3 月，A 公司的董事长未经股东会决议，擅自以公司名义为 B 公司的 1000 万元贷款提供担保。A 公司的股东发现后，认为该担保行为违反了公司章程的规定，向法院提起诉讼，要求确认该担保行为无效。

法院经审理认为，A 公司的公司章程对公司对外担保作出了明确限制，该限制对公司及股东具有约束力。A 公司的董事长未经股东会决议，擅自以公司名义为 B 公司提供担保，违反了公司章程的规定。因此，法院判决确认该担保行为无效。

【法律规定】

《公司法》

第十五条 公司向其他企业投资或者为他人提供担保，按照公司章程的规定，由董事会或者股东会决议；公司章程对投资或者担保的总额及单项投资或者担保的数额有限额规定的，不得超过规定的限额。

公司为公司股东或者实际控制人提供担保的，应当经股东会决议。

前款规定的股东或者受前款规定的实际控制人支配的股东，不得参加前款规定事项的表决。该项表决由出席会议的其他股东所持表决权的过半数通过。

第三章

公司顶层股权架构设计

第 24 问：提前设计股权架构的优势有哪些？

【问题解读】

股权架构是指公司根据不同的投资主体、投入要素，结合股权或财产份额在公司中所占的比例、层级及相互关系所作出的不同安排。股权架构对于公司实现稳定的业务发展、融资、进入资本市场等至关重要。

提前设计股权架构有以下几个方面的优势：

1. 明确控制权。通过合理的股权架构设计，创始人或核心团队可以保持对公司的控制权，防止股权分散导致决策困难。控制权是公司治理的核心，控制权不明确，容易造成公司的经营决策能力低下，股东矛盾频发，甚至会产生公司僵局，不利于公司的治理。因此，通过股权架构设计，运用股东持股比例、类别股、有限合伙持股等方法，对公司股权事先作出安排，明确公司的控制权，则可解决许多公司治理上的难题。

2. 激励员工。21世纪公司的竞争就是人才的竞争，优秀的人才是公司创造财富的源泉。因此，在公司的股权配置中，合理安排员工持股，让员工成为股东，员工就有了归属感，员工会与老板目标一致，从而稳定公司的人才队伍。

3. 便利资本运作。合理的股权架构有助于引入外部投资，为公司的融资和发展提供支持。同时，便于进行股权重组、并购等资本运作，为公司的扩张提供基础。例如：夫妻公司不会得到投资人的青睐，因为其股权架构不利于外部投资人。而间接持股的方式可以在上层架构中完成股权的转让，而不需要改变主体公司的股权比例，因此便于进行股权重组、并购等资本运作。控股公司资金实力就更加雄厚，增强了公司的银行征信，便于贷款融资及引入战略投资人。

4. 避免股权纠纷。提前进行股权架构设计，明确股权分配，减少潜在的纠纷和矛盾。如果股权架构是稳定的，控制权不易变动，股东的心理预期能得到满足，则股权纠纷便会减少。

5. 规划长远发展。根据公司战略规划提前设计股权架构，为未来的扩张、并购等提供基础，才能实现长远的发展。

6. 隔离风险。提前设计股权架构的显著优势在于充分利用公司的独立人格与有限责任，将不同风险分配在不同的公司架构中，有利于风险隔离。

7. 优化税收。合理设计股权架构，可实现税收筹划的目的。如希望短期持有并获利离场，投资人宜用自然人直接持股架构；而希望持续经营，继续投资的投资人宜用间接持股架构，以达到税收筹划的目的。在必要时，将公司设计成小额纳税人，以便享受税收优惠。

8. 提升公司价值。良好的股权架构有助于提升公司的市场价值和竞争力。合适的股权架构不但能满足股东的日常资金需求，还能为公司的灵活经营、人事安排、公司文化、生产效率构建牢固的制度基础。

【律师建议】

即使初创公司，提前设计股权架构也是非常必要的。以下是律师对提前设计股权架构的一些建议，供大家参考。

1. 合理分配股权。在分配股权时，应该充分考虑各方的贡献和利益，制订公平合理的分配方案。可以根据员工的工作表现、投资者的投资额度和风险承担程度等因素来确定股权比例，同时需要考虑股权的流动性和退出机制。

2. 合理安排权益。在安排权益时，需要充分平衡各方的利益。例如，可以制定不同的投票权、分红权和优先购买权等权益安排，以满足各方的需求。

3. 建立完善的公司治理机制。建立有效的公司治理机制可以保障股东对公司的控制权，也可以提高公司的透明度和信任度。例如，可以制定有效的决策流程和管理制度，以确保公司的长期稳定发展。

4. 合理规划退出机制。在股权设计中，退出机制是一个重要的考虑因素。股东需要考虑如何在未来某个时点退出公司，并获得合理的回报。例如，可以规划首次公开募股或者并购等退出方式，以确保股东的权益和收益。

5. 综合考虑多种因素。在进行股权设计时，需要综合考虑多种因素，包括公司的战略目标、未来发展方向、股东之间的关系、法律法规等。只有充分考虑多种因素，才能真正实现股权设计的目标。

总之，提前设计股权架构具有明确控制权、激励员工、资本运作便利、避免股权纠纷、规划长远发展、风险隔离、税收优化和提升公司价值等优势。在进行股权设计时，需要综合考虑多种因素，制订合理的方案，以实现公司的长期稳定发展。

【案例解析】

下面就以D公司的股权架构为例（见图3-1），看看自然人甲是如何运用股权架构设计的优势来实现风险隔离、保持控制权、聚集投资人等多重目的的。

```
          ┌─────────────┐
          │ 甲（自然人） │
          └──────┬──────┘
                 │ 100%
                 ▼
┌──────────┐ ┌──────────┐ ┌──────────┐
│乙（自然人）│ │ A有限公司 │ │丙（自然人）│
│(有限合伙人)│ │(普通合伙人)│ │(有限合伙人)│
└────┬─────┘ └─┬──────┬─┘ └─────┬────┘
     │         │      │         │
     ▼         ▼      ▼         ▼
  ┌─────────────┐   ┌─────────────┐
  │ B有限合伙企业│   │ C有限合伙企业│
  └──────┬──────┘   └──────┬──────┘
         │                 │
         └────────┬────────┘
                  ▼
             ┌────────┐
             │ D公司  │
             └────────┘
```

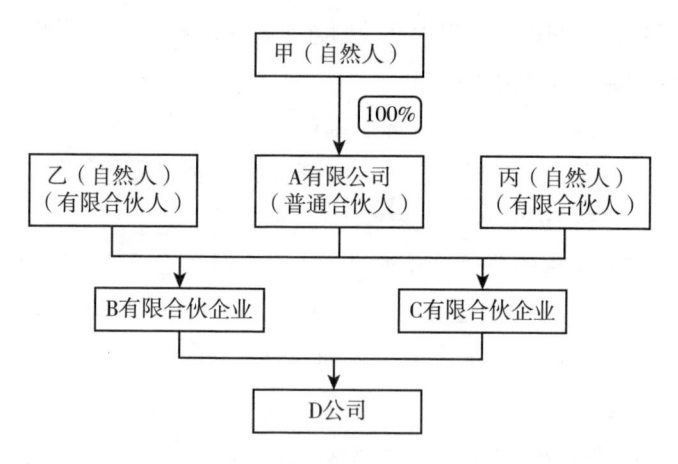

图 3-1 D 公司的股权架构

从 D 公司股权架构可知，甲自然人设立了 A 公司，再通过 A 公司作为普通合伙人，实际控制了 B 有限合伙企业和 C 有限合伙企业。然后，又通过 B 有限合伙企业、C 有限合伙企业控制了 D 公司。甲还可以通过 B 有限合伙企业和 C 有限合伙企业吸收众多投资人或员工担任有限合伙人，聚集巨量的运营资金，最终实现以小搏大的目的。在这种股权架构中，甲的控制权是稳定的，不因以后加入多少个有限合伙人而改变。

但这种股权架构并不是完美的，虽可以实现风险隔离、保持控制权、聚集投资人的目的，但如果考虑节税等目标，还需要进一步完善。

第25问：股权设计要考虑哪些因素？

【问题解读】

股权设计方案是指在企业股权架构设计中，为了实现股东对公司的控制和管理，保障公司长期稳定发展，充分保护股东权益，对公司股权结构、股权比例、分红安排、公司治理权限等进行规划和安排形成的一整套制度和文件。

股权设计需要考虑的因素主要有创始人或者核心团队对公司的控制权、管理权、风险隔离及财税合规等，包括规划和安排公司的股权结构、股权比例、股权分配方式等。

1. 股权设计要考虑公司的控制权。公司是拟制的独立法人，虽然公司的责任由法人独立承担，但公司的意思表示及公司的行为要通过自然人才能表达和行使，且往往取决于实际控制人。换句话说，谁控制公司，谁就能主宰公司的行为。如何保障创始人或者核心团队对公司的决策控制权是不能回避的问题，在股权架构设计时，首先要考虑的因素就是控制权。

公司的控制权与公司的股权结构密切相关，包括股权的比例、股权的种类及架构的形式等。在同股同权时，对股东会的控制权取决于股权比例。而同股不同权，一般是表决权的差异设计，即通常所说的AB股安排。表决权必须基于股权比例进行放大，而不能脱离股权本身，表决权能放大到什么程度取决于原股权比例的多少，比如A拥有的5%股权表决权放大120倍，则A拥有5%股权的表决权为60%，与其他股东拥有的10%股权（表决权未放大）最终的表决权显然是不一样的。

另外，不同的股权种类适用于不同的企业发展阶段和业务模式，需要根据实际情况选择合适的股权种类。股权架构设计需要考虑各股东的背景、持股比例、股权分配方式、公司的发展阶段等各种因素。如在有限合伙间接控股的架构中，创业者持有少量的股权却能实现控制公司的目的，起到四两拨千斤的效果。

企业的控制权既要考虑当下也要考虑长远。当下能够控制公司并不意味着能够长远控制公司，如融资就意味着股权可能会被稀释。股权被稀释后，是否还能控制公司？现在的一致行动人以后是否会变卦？这些都需要考虑。

合理的股权设计可以规避上述隐患，让控制权保持稳定。

2. 股权设计要考虑经营管理的有效性、便利性。公司是高度自治的组织，稳定的团队与高效的经营管理都是公司持续经营的基础。因此，股权设计必须考虑公司的经营管理问题，股权架构设计的目的是公司的长期稳定发展和特定股东对公司的控制权。投资人考察一个公司是否值得投资，必定会考察该公司的股权结构是否科学、在该股权结构下公司是否能高效地运转，经营管理是否便利。

3. 股权设计要考虑法律风险。从法律风险的角度出发对股权架构进行全面考量。一是要把握股权设计是否符合规定，确保所设计的股权架构不因违反法律法规的强制性规定而无效或不可实施；二是要考虑如何实施风险隔离，俗称防火墙，将个人的资产与公司的资产隔离，母公司的资产与子公司隔离，兄弟公司的资产相互隔离。

从理论上讲，公司的财产各自独立，但一人公司、夫妻公司或关联公司，在未做好合规经营或风险隔离时，有可能被法院认为财产混同或丧失独立性，进而通过纵向穿透和横向穿透否定公司法人人格，要求股东或者公司之间彼此承担连带责任。

另外，在合伙企业的组织形式下，还要进行普通合伙人股权层次和法律形式的设计，以避免自然人股东承担无限连带责任。

4. 股权设计要考虑财税因素。在股权架构设计中需要考虑的财税因素更为具体和多样，核算独立性、融资估值、股权转让、个人所得税、企业所得税等都需要统筹考虑。

核算独立性可防止业绩平摊，吃大锅饭。融资是企业发展到一定规模后的必经之路，如果设计得当，有利于银行贷款和引入新的投资方。而股东设立公司的最终目的是获得收益，股东的收益主要是通过分红和股权转让获得溢价款。因此，在设计股权架构时，股权转让的便利性或者分红时避免多重征税便是需要重点考量的因素。比如，在合伙企业间接持股的架构中，有限合伙人间接持有主体公司的股份，其股权转让只需在合伙企业层面转让合伙企业的份额即可，无须经过主体公司股东决议；在有限责任公司多重持股的金字塔间接持股架构中，股东也可以通过转让上层的股权达到转让主体公司股权的目的。

税务方面主要是将纳税义务与业务本身的收益和风险相结合，对业务进行合理组合或者拆分，搭建出最适合企业的股权结构，充分利用不同组织形式享受税收优惠。比如，相较于个人股东分红后再投资，个人通过公司持股获得的分红直接再投资，则节省了个人所得税。

5. 股权设计要考虑权变因素。权变因素主要是股东资源与贡献的变化。各股东同是投资人，有的股东直接参与公司的经营管理，既出钱又出力；有的股东只是财务投资人，只出钱不出力；有的股东有社会资源，对公司的发展帮助很大。但随着企业的发展，股东的贡献和地位也在不断发生变化。这些变化可能会造成股东心理不平衡，进一步激发股东之间的矛盾。这就需要在股权设计时提前作出安排以适应未来可能发生的这种变化。

6. 股权设计要考虑的其他因素。包括未来发展规划、行业特点、资金需求、风险承受能力等。

【律师建议】

股权设计是一项复杂的工作,需要综合考虑多种因素。

1. 在设计股权结构之前,应该明确公司的长期目标和战略。这将有助于确定需要哪些类型的股东和股权结构来支持公司的长期发展。

2. 评估合伙人的能力和资源,以确定他们在公司中的角色和股权分配。这将有助于股权结构的公平合理,并激励合伙人为公司的发展作出贡献。

3. 确保创始人或者核心团队保持对公司的控制权,以避免股权过于分散。除持股比例外,还可以考虑签订一致行动人协议或者设立投票权委托。

4. 通过股权激励吸引和留住关键人才,以激发核心人才的能力和创造力,并提升其对公司的忠诚度。

5. 考虑公司的融资需求和资本结构,以确定股权分配对融资的影响。需要在股权结构中预留一定比例的股权用于应对未来的融资需求。

6. 考虑到股权设计的复杂性和专业性,建议公司最好寻求专业股权律师和财税人士的帮助和指导。

总之,股权设计是公司成功的关键因素之一。合理的股权结构能保障公司持续稳定发展,帮助公司吸引优秀人才,激励合伙人的积极性,提高公司的决策效率。所有公司都应该重视股权设计。

第26问：9种常见持股比例有哪些含义？

【问题解读】

股东的持股比例涉及认缴出资额，不仅直接影响着股东的权利，决定股东在公司的控制权和财产利益，还对公司的发展有着至关重要的影响。投资人在设立公司或者投资入股前，应当对持股比例进行仔细推敲（见表3-1）。

表3-1 9种常见的持股比例

持股比例/%	俗称	详解（均以公司章程无特别约定为前提）
100	一人公司线	一个股东持有公司100%股权
67	完美控制线	持有67%股权的股东可绝对控制股东会所有事项的决策结果
51	相对控股线	除7类事项外，持有51%股权的股东对公司股东会的其他事项拥有决策权
34	股东捣蛋线	持有34%股权的股东对股东会的7类事项拥有一票否决权
20	重大影响线	股东需用"权益法"对该投资进行会计核算
10	申请解散线	持有10%股权的股东拥有提议召开临时股东会和申请法院解散公司的权利
5	重要股东判断线	持股5%是认定上市公司关联方、内幕知情人以及股东披露的标准
3	会计账簿、会计凭证查阅资格线	股份有限公司持股3%的股东有权查阅公司的会计账簿、会计凭证

续表

持股比例/%	俗称	详解（均以公司章程无特别约定为前提）
1	股东代表诉讼和临时提案资格线	持股1%的股东有临时提案权，以及当董事、高管侵害公司利益时，有权代表公司提起诉讼

1. 一人公司线。

设立一人公司要注意三点。一是经营时公司财产与个人财产相分离，公司经营的收付款要走公账，杜绝使用股东本人、配偶、亲属的银行账户进行收付款；二是公司治理严格遵从《公司法》的规定，股东会决议、董事会决议采用书面形式，即使是单独决策，也要留档备查，建议聘请会计师事务所对公司的年度财务报表出具审计报告等；三是公司在日常经营中要严格遵守《会计法》等财务规范的规定，公私财产要分明，切不可将公司的财产当成自己的一样随意挪用、借用。简而言之，要做到公司与个人财产严格分离。

2. 完美控制线。

除非公司章程另有约定，否则拥有公司67%股权的股东，拥有对公司的绝对控制权。持有67%股权的股东，无论其他股东意见如何，均可以对公司的一切事项作出决议，包括但不限于修改公司章程、增加或者减少注册资本、公司合并或者分立、公司解散、变更公司形式等。同时，由于公司控制权明确，其他股东无法通过法律手段争夺，公司也可以保持稳定发展，且公司意志与控股股东保持高度一致。其劣势在于控股股东出资负担比较重，公司的大部分出资都由该控股股东负担，其他股东参与决策的意愿不高（反正无法影响最终决策），不利于集思广益。

3. 相对控股线。

大股东拥有51%的持股比例，是比较适中的一个持股状态，除了修改公司章程、增加或者减少注册资本、公司合并或者分立、公司解散、变更公司形式之外，公司的其他事项持有51%股权的股东有决策权。大股东持股51%的股权结构优势是公司的控制权相对明确稳定，公司日常的经营管理决策高效，且其他股东对于公司的重大事项有话语权，有利于团结创业伙伴共同为公司的发展建言献策。其劣势是大股东出资占比相对较多，难以聚集更多的投资人，如因发展需要增资扩股，大股东的股权被稀释后，有可能失去控制权。

4. 股东捣蛋线。

这是非控股股东的一个重要控制线。某一股东持股34%，则意味着其他股东不可能持股超过67%。在公司章程无特别约定的情况下，该持股比例使股东至少对修改公司章程、增加或者减少注册资本、公司合并或者分立、公司解散、变更公司形式拥有一票否决权。公司其他股东单一持股比例不超过51%时，该股东可通过与其他股东联合，从而达到控制公司的目的。

5. 申请解散线。

为了保护小股东利益，《公司法》赋予了小股东在某些情形下享有的救济手段。比如持有公司10%以上表决权的股东，在满足特定条件时，可以请求人民法院解散公司，以防止股东损失进一步扩大。因此建议投资人尤其是参与公司运营的投资人，拥有表决权的比例尽量不要低于10%。

6. 重要股东判断线。

如果是上市公司或者是拟上市公司，5%是一个很重要的持股比例，实务中将持股达到5%以上的股东称为"重要股东"。其"重要性"主要体现在一旦持股达到5%，就会被认定为关联方和内幕知情人，而且需要在股东信息中进行公开披露。

7. 会计账簿、会计凭证查阅资格线。

股份有限公司的会计账簿与会计凭证涉及公司的商业秘密，而股份有限公司股东人数众多,如果允许所有股东查阅会计账簿和会计凭证,则将会对公司造成更重困扰,因此,《公司法》规定,只有连续180日以上单独或者合计持有公司3%以上股份的股东才有权要求查阅公司的会计账簿与会计凭证。

8. 股东代表诉讼和临时提案资格线。

当控股股东或公司的董事、监事、高级管理人员侵害公司的利益,且公司实际上也为他们所操控时,指望他们代表公司起诉自己是不可能的事情。因此法律赋予其他股东提起代表诉讼的权利,但需要注意的是,有限责任公司的股东均有权提起股东代表诉讼,而股份有限公司连续180日以上单独或者合计持有公司1%以上股份的股东,才有资格提起股东代表诉讼。单独或者合计持有1%以上股份的股东,可以在股东会会议召开10日前提出临时提案并书面提交董事会。

以上8种是常见持股比例,现实中还有很多种其他类型的持股比例。需要注意的是,除持股比例对股东权利有影响外,类别股及合伙企业普通合伙人、有限合伙人的不同规定也会对股东权利产生重要影响。

【律师建议】

1. 选择合适的持股比例。持股比例没有好坏之分,只有是否适合之别。哪个持股比例适合自己和公司,需要股东根据自己的个人需求及未来的目标确定。当自己财力充足、对公司的业务熟悉且希望对公司有绝对的控制时,建议选择高比例的股权。当自己财力有限或者只希望获得投资回报时,则不必追求过高的持股比例,只要持有适当的股权,则可达到降低投资风险的目的。

2. 注意法律法规和公司章程的规定。《公司法》及相关法律法规对股东的某项权利有持股比例的限制,达不到相应的持股比例则无法行使相应的权利,如股东希望自己拥有某项权利,则需要达到相应的持股比例。

公司是高度自治的组织,法律允许公司章程对某些事项作出特别的规定。因此,应注意公司章程的规定,以确保股东的持股比例符合公司章程对表决权的要求。

3. 注重股权结构的稳定性。稳定的股权结构是公司长期发展的重要保障,在设计持股方案时,应避免出现股权结构不稳定的情况。

4. 避免公司僵局。在设计持股方案时,应尽量避免股权均分。如甲、乙股东各持股50%,当双方意见不同时,则公司无法形成有效的决议,从而陷入公司僵局,不利于公司的长期经营和发展。

上述只是基于法律规定而作出的一些初步建议,实践中需根据具体问题具体分析,灵活运用。

【法律规定】

《公司法》

第二十三条 公司股东滥用公司法人独立地位和股东有限责任,逃避债务,严重损害公司债权人利益的,应当对公司债务承担连带责任。

股东利用其控制的两个以上公司实施前款规定行为的,各公司应当对任一公司的债务承担连带责任。

只有一个股东的公司,股东不能证明公司财产独立于股东自己的财产的,应当对公司债务承担连带责任。

第六十六条 股东会的议事方式和表决程序,除本法有规定的外,由公司章程规定。

股东会作出决议,应当经代表过半数表决权的股东通过。

股东会作出修改公司章程、增加或者减少注册资本的决议,以及公司合并、分立、解散或者变更公司形式的决议,应当经代表三分之二以上表决权的股东通过。

第一百一十条 股东有权查阅、复制公司章程、股东名册、股东会会议记录、董事会会议决议、监事会会议决议、财务会计报告,对公司的经营提出建议或者质询。

连续一百八十日以上单独或者合计持有公司百分之三以上股份的股东要求查阅公司的会计账簿、会计凭证的,适用本法第五十七条第二款、第三款、第四款的规定。公司章程对持股比例有较低规定的,从其规定。

股东要求查阅、复制公司全资子公司相关材料的,适用前两款的规定。

上市公司股东查阅、复制相关材料的,应当遵守《中华人民共和国证券法》等法律、行政法规的规定。

第一百三十五条 上市公司在一年内购买、出售重大资产或者向他人提供担保的金额超过公司资产总额百分之三十的,应当由股东会作出决议,并经出席会议的股东所持表决权的三分之二以上通过。

第一百八十九条 董事、高级管理人员有前条规定的情形的,有限责任公司的股东、股份有限公司连续一百八十日以上单独或者合计持有公司百分之一以上股份的股东,可以书面请求监事会向人民法院提起诉讼;监事有前条规定的情形的,前述股东可以书面请求董事会向人民法院提起诉讼。

监事会或者董事会收到前款规定的股东书面请求后拒绝提起诉讼,或者自收到请求之日起三十日内未提起诉讼,或者情况紧急、不立即提起诉讼将会使公司利益受到难以弥补的损害的,前款规定的股东有权为公司利益以自己的名义直接向人民法院提起诉讼。

他人侵犯公司合法权益,给公司造成损失的,本条第一款规定的股东可以依照前两款的规定向人民法院提起诉讼。

公司全资子公司的董事、监事、高级管理人员有前条规定情形,或者他人侵犯公司全资子公司合法权益造成损失的,有限责任公司的股东、股份有限公司连续一百八十日以上单独或者合计持有公司百分之一以上股份的股东,可以依照前三款规定书面请求全资子公司的监事会、董事会向人民法院提起诉讼或者以自己的名义直接向人民法院提起诉讼。

第二百三十一条 公司经营管理发生严重困难,继续存续会使股东利益受到重大损失,通过其他途径不能解决的,持有公司百分之十以上表决权的股东,可以请求人民法院解散公司。

第27问：一人投资的公司，如何设计股权架构？

【问题解读】

很多人都有一个误区，以为一人投资的公司不需要进行股权架构设计，直接注册一人公司即可，实则不然。

一人公司有优点，但也有先天不足。实务中，一人公司的风险很大，即如果股东不能证明公司财产与股东个人财产相互独立，股东需要对公司债务承担连带责任。实践中，即使是管理相对规范的国有资本出资设立的一人公司，国有资本出资人也会被列为被告，被要求其对公司的债务承担连带责任。

另外，即使一人公司运行规范，最终股东不必对公司债务承担连带责任，股东也要承担举证责任。

所以，为了降低股东的风险和减少不必要的工作，一人投资的公司进行股权架构设计，就显得非常必要。

【律师建议】

1. 非必要不设立一人公司，争取将一个股东的公司利用合法方法转化为二个股东以上的普通公司。

2. 可以找近亲属或信得过的朋友与自己一起作为公司股东，成立非一人公司。

3. 可以先成立一个一人公司，然后由该一人公司作为股东之一，与其他股东一起成立普通有限责任公司。

4. 可以先由该一人股东成立两个不同的一人公司，然后由该两个一人公司共同作为股东，成立非一人公司（此种方式依然有被认定为一人公司的风险）。

5. 对于已经注册为一人公司的，建议尽快转让部分股权给第三人，增加其他股东，但不建议转让给原股东的配偶，或者逐步将该一人公司转化为持股平台，即只负责投资和收取分红，不进行对外经营。

6. 如果确需设立一人公司，则要提高公司经营管理的合规性，注意在日常的经营管理过程中，严格区分公司财产与股东个人财产，并保留股东财产和公司财产相互独立的证据材料，避免一人公司被否定独立法人人格。

【案例解析】

自然人甲准备成立公司，他有几种选择，首先是成立一人公司（见图3－2）。

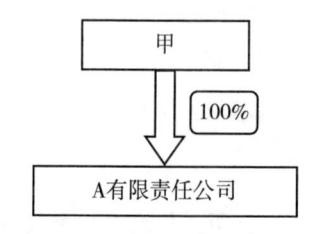

图3－2 成立一人有限责任公司

咨询律师后，甲了解到一人公司的风险较大，他还可以有以下三种选择：

1. 找近亲属或信得过的朋友与其一起作为公司股东，成立非一人公司（见图3－3）。

```
    ┌─────┐        ┌─────┐
    │ 甲  │        │ 乙  │
    └──┬──┘        └──┬──┘
     ┌─┴─┐          ┌─┴─┐
     │90%│          │10%│
     └─┬─┘          └─┬─┘
       └──────┬───────┘
              ▼
       ┌─────────────┐
       │ A有限责任公司 │
       └─────────────┘
```

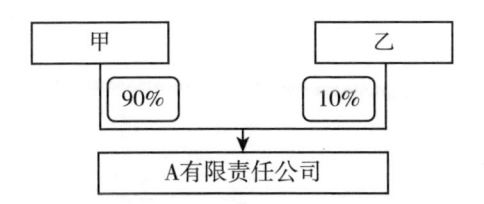

图 3-3　成立有限责任公司

2. 先成立一个一人公司，然后由该一人公司作为股东之一，与其他股东一起成立普通有限责任公司（见图 3-4）。

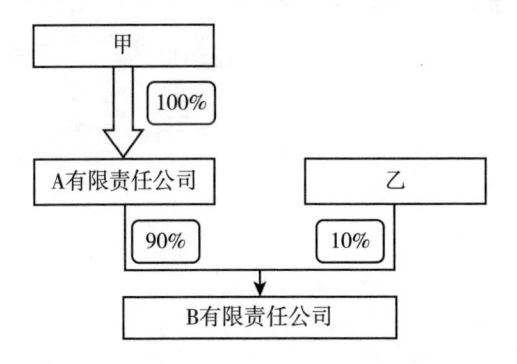

```
      ┌─────┐
      │ 甲  │
      └──┬──┘
       ┌─┴──┐
       │100%│
       └─┬──┘
         ▼
  ┌─────────────┐       ┌─────┐
  │ A有限责任公司 │       │ 乙  │
  └──────┬──────┘       └──┬──┘
       ┌─┴─┐             ┌─┴─┐
       │90%│             │10%│
       └─┬─┘             └─┬─┘
         └────────┬────────┘
                  ▼
         ┌─────────────┐
         │ B有限责任公司 │
         └─────────────┘
```

图 3-4　先成立一人公司

3. 成立两个不同的一人公司，然后由该两个一人公司共同作为股东，成立非一人公司（见图 3-5）。

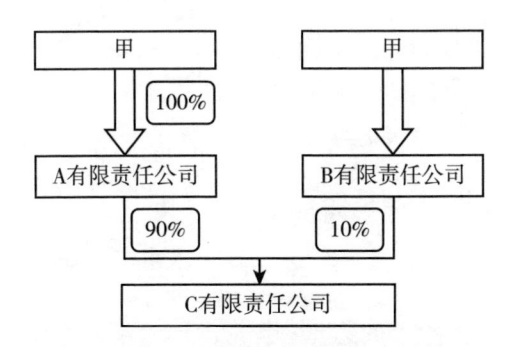

```
      ┌─────┐             ┌─────┐
      │ 甲  │             │ 甲  │
      └──┬──┘             └──┬──┘
       ┌─┴──┐             ┌─┴──┐
       │100%│             │100%│
       └─┬──┘             └─┬──┘
         ▼                   ▼
  ┌─────────────┐     ┌─────────────┐
  │ A有限责任公司 │     │ B有限责任公司 │
  └──────┬──────┘     └──────┬──────┘
       ┌─┴─┐               ┌─┴─┐
       │90%│               │10%│
       └─┬─┘               └─┬─┘
         └────────┬──────────┘
                  ▼
         ┌─────────────┐
         │ C有限责任公司 │
         └─────────────┘
```

图 3-5　成立有限责任公司

【法律规定】

《公司法》

第二十三条第三款 只有一个股东的公司,股东不能证明公司财产独立于股东自己的财产的,应当对公司债务承担连带责任。

第六十条 只有一个股东的有限责任公司不设股东会。股东作出前条第一款所列事项的决定时,应当采用书面形式,并由股东签名或者盖章后置备于公司。

第一百一十二条第二款 本法第六十条关于只有一个股东的有限责任公司不设股东会的规定,适用于只有一个股东的股份有限公司。

第28问：夫妻一起创业，如何设计公司的股权结构？

【问题解读】

实践中，夫妻共同出资、分别持股设立的公司被称为夫妻公司。夫妻公司大多是夫妻婚姻关系存续期间以夫妻共同财产出资设立的，司法实践中存在大量将夫妻公司认定为实质上的一人公司的情形。这一认定的法律后果是，夫妻公司的独立性被否定，夫妻股东要对公司债务承担连带责任。

因此，夫妻共同创业时，要特别重视股权结构设计。

【律师建议】

非必要不设立夫妻公司，即夫妻最好不要在婚姻关系存续期间仅由两人共同出资设立公司。对于确需夫妻双方共同持股设立夫妻公司的，可考虑从以下方面做好筹划和安排。

1. 夫妻股东在出资时可向公司登记机关提交婚内财产协议或者证明，证明以各自的个人财产进行出资，并通过书面协议约定夫妻二人出资的财产来源、持股比例及登记在各自名下的股权分别归各自所有。

2. 健全夫妻公司的管理和内部监督机制，包括但不限于：（1）完善股东会、董事会、监事（会）的设置，就夫妻公司各项决策形成书面记录；（2）制定规范的财务会计制度，聘任独立的财务工作人员，建立规范的会计账簿，保留完整的会计凭证；（3）每一个会计年度终了时编制财务会计报告。

3. 规范夫妻公司财务管理，做好财产隔离。股东个人账户与公司账户不得混用。不可避免地使用个人账户进行公司经营时,财务处理上要符合会计规范,避免被认定为股东与公司存在财产混同。

【案例解析】

某夫妻准备一起创业成立公司,有三种选择。

第一种选择是由夫妻一方持股100%设立公司(见图3-6)。

这种公司属于《公司法》规定的一个股东的公司,即一人公司,这并非一个好的选择。详见本书第27问"一人投资的公司,如何设计股权架构?"相关内容。

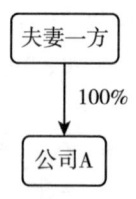

图3-6 夫妻一方成立公司

第二种选择是由夫妻双方分别持股设立公司(见图3-7)。这种公司即夫妻公司,本书不推荐以此种方式设立公司。

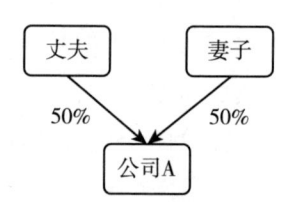

图3-7 夫妻共同成立公司

第三种选择是由夫妻双方或者一方和第三人(可以是公司,也可以是自然人)共同设立公司(见图3-8)。这种公司可以有效避免被认定为夫妻公司。

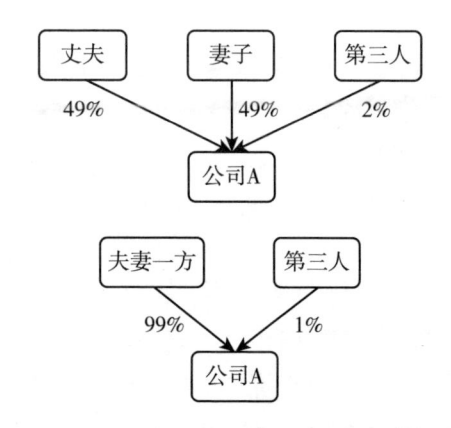

```
    丈夫          妻子         第三人
    49%          49%          2%
             ↓    ↓    ↓
                 公司A

       夫妻一方         第三人
        99%            1%
             ↓    ↓
                公司A
```

图3-8　夫妻双方或一方与第三人成立公司

【法律规定】

《民法典》

第一千零六十二条　夫妻在婚姻关系存续期间所得的下列财产，为夫妻的共同财产，归夫妻共同所有：

（一）工资、奖金、劳务报酬；

（二）生产、经营、投资的收益；

（三）知识产权的收益；

（四）继承或者受赠的财产，但是本法第一千零六十三条第三项规定的除外；

（五）其他应当归共同所有的财产。

夫妻对共同财产，有平等的处理权。

第一千零六十三条　下列财产为夫妻一方的个人财产：

（一）一方的婚前财产；

（二）一方因受到人身损害获得的赔偿或者补偿；

（三）遗嘱或者赠与合同中确定只归一方的财产；

（四）一方专用的生活用品；

（五）其他应当归一方的财产。

第一千零六十五条 男女双方可以约定婚姻关系存续期间所得的财产以及婚前财产归各自所有、共同所有或者部分各自所有、部分共同所有。约定应当采用书面形式。没有约定或者约定不明确的，适用本法第一千零六十二条、第一千零六十三条的规定。

夫妻对婚姻关系存续期间所得的财产以及婚前财产的约定，对双方具有法律约束力。

夫妻对婚姻关系存续期间所得的财产约定归各自所有，夫或者妻一方对外所负的债务，相对人知道该约定的，以夫或者妻一方的个人财产清偿。

《公司法》

第二十三条 公司股东滥用公司法人独立地位和股东有限责任，逃避债务，严重损害公司债权人利益的，应当对公司债务承担连带责任。

股东利用其控制的两个以上公司实施前款规定行为的，各公司应当对任一公司的债务承担连带责任。

只有一个股东的公司，股东不能证明公司财产独立于股东自己的财产的，应当对公司债务承担连带责任。

第 *29* 问：公司创始人在融资时如何保持控制权？

【问题解读】

创始人是公司的创建者，掌控整个公司的发展。公司往往按照创始人的想法慢慢长大，但在成长的过程中，创始人的股权可能会随着不断的融资被慢慢稀释，创始人也可能逐渐丧失话语权甚至将公司拱手相让。控制权对创始人而言至关重要，应及早规划确保公司即便经过多轮融资，仍能保障创始人对公司的控制权。

【律师建议】

本书简要介绍以下五种创始人保持控股权的方式。

1. 设定特定的持股比例。

（1）持股67%及以上的股东，除公司章程另有约定外，对公司拥有绝对的控制权，对公司所有事项均具有决定权。

（2）持股50%以上的股东，对公司拥有相对控制权，除修改公司章程，增加或减少注册资本，公司合并、分立、解散或者变更公司形式等重大事项外，对公司的其他事务享有决定权。

2. 设立有限合伙架构控制。有限合伙企业由普通合伙人和有限合伙人组成，法律赋予其灵活的利益分配、管理权限分配机制。合伙企业不以出资大小论表决权，是理想的"钱权分离"模式。合伙企业各合伙人通过合伙协议对企业经营管理权等事项进行约定，有限合伙人可以享有优先财产收益权，而普通合伙人对合伙企业的经营享有完全的决策权，因此公司在融资的过程中，创始人可以通过设立有限合伙架构，由自己做普通合伙人，担任执行事务合伙人，从而牢牢把握公司的控制权。

但同时要提醒注意的是:(1)有限合伙企业中,普通合伙人需要承担无限连带责任,因此建议设立一个创始人控股的有限责任公司作为普通合伙人;(2)由于一人有限责任公司的股东需要就自己财产与公司财产互相独立承担举证责任,而实务中往往难以达到法律要求的证明标准,因此,建议为创始人控股的有限责任公司安排两个以上股东,以实现风险隔离。

3. 签署一致行动人协议。一致行动人的概念及规定主要集中在上市公司相关的规范性文件中,随着市场和企业的发展,很多非上市公司内部也开始采用一致行动人的相关制度。

公司发展过程中,创始人可能会面临股权被稀释、对公司的控制权减弱的境地,为提高可支配的表决权,创始人可以与关系良好、利益契合的股东或投资人签署一致行动人协议,提前约定各方同意在公司召开股东会时采取一致行动,发表相同意见,以保证创始人的话语权。例如,在张某庆、周某康诉江西华电电力有限责任公司决议撤销纠纷案(2017)赣民申367号中,相关方违反一致行动人协议擅自在决议中投了反对票,江西省高级人民法院最后支持了根据协议约定将张某庆反对票统计为同意票并形成相关股东会决议的做法。

4. 签署投票权委托协议。根据《公司法》的规定,股东可以委托代理人出席股东会,并在授权范围内行使表决权。对于发展前景较好的公司,创始人可以与股东和投资人协商并签署协议,要求其将投票权委托给创始人,这样创始人可在授权范围内直接代表相关股东行使投票权。例如,京东集团公司在上市前,刘强东与投资人签署投票权委托协议,使得刘强东拥有较高的投票权从而控制京东。

5. 设计一票否决权。持股比例低于1/3的创始人,可能很难对股东会表决产生明显影响,甚至连公司合并、分立、解散之类的重大事项都无法把控。创始人可考虑争取或提前设计对某些甚至全部的公司议案享有一票否决权。一票否决权通常有两种形式：一是所有股东协商同意或通过章程规定公司股东会在决议某些事项时必须经过创始人的同意，不管创始人的股权比例大小，对相关事项均有否决的权利；二是提高某些决议事项的表决权比例从而实质上享有一票否决权。例如，任正非目前持有华为科技有限公司股权比例不足1%，但仍拥有对该公司的控制权，一个重要原因就是任正非对该公司的重大决策拥有一票否决权。

需要注意的是，有限责任公司人合性较强，法律赋予公司治理和股东意思自治较多的空间，内部约定一票否决权具有相应的法律基础；而股份有限公司基于资合性的特点，资本平等，股东权利受到平等的保护，实务中一般认为股份有限公司内部不能约定一票否决权。

【案例解析】

公司控制权工具和有限合伙架构分别见图3-9和图3-10。

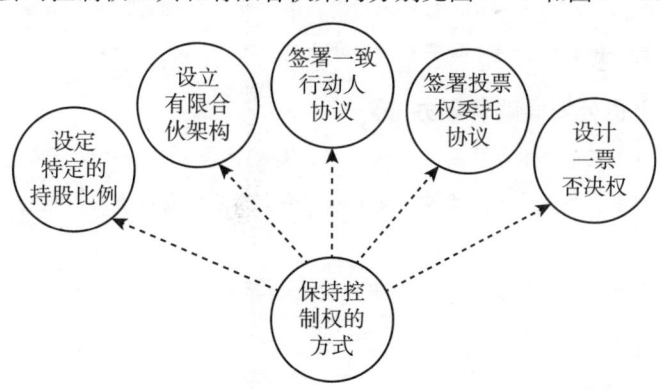

图3-9 公司控制权工具

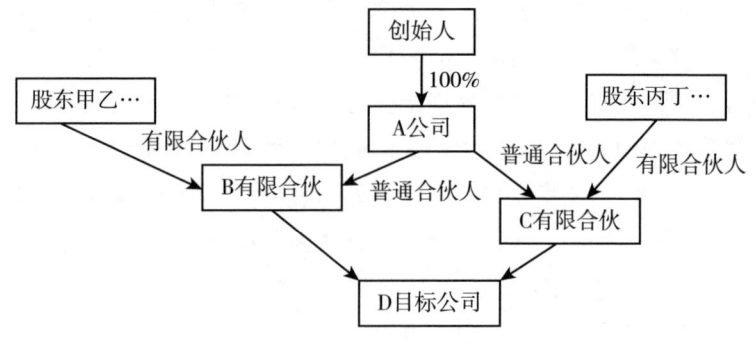

```
                    ┌─────┐
                    │创始人│
                    └─────┘
                      │100%
                      ▼
┌────────┐         ┌─────┐         ┌────────┐
│股东甲乙…│         │A公司│         │股东丙丁…│
└────────┘         └─────┘         └────────┘
    │ 有限合伙人   ╱       ╲  普通合伙人  │ 有限合伙人
    ▼            ╱ 普通合伙人╲            ▼
┌────────┐    ╱               ╲    ┌────────┐
│B有限合伙│◄──                  ──►│C有限合伙│
└────────┘                          └────────┘
      ╲                            ╱
        ╲                        ╱
          ▼   ┌──────────┐    ▼
              │D目标公司 │
              └──────────┘
```

图 3–10　有限合伙架构

【法律规定】

《合伙企业法》

第二十六条第二款　按照合伙协议的约定或者经全体合伙人决定，可以委托一个或者数个合伙人对外代表合伙企业，执行合伙事务。

第三十条第一款　合伙人对合伙企业有关事项作出决议，按照合伙协议约定的表决办法办理。合伙协议未约定或者约定不明确的，实行合伙人一人一票并经全体合伙人过半数通过的表决办法。

《上市公司收购管理办法》

第八十三条　本办法所称一致行动，是指投资者通过协议、其他安排，与其他投资者共同扩大其所能够支配的一个上市公司股份表决权数量的行为或者事实。

在上市公司的收购及相关股份权益变动活动中有一致行动情形的投资者，互为一致行动人……

《公司法》

第六十六条　股东会的议事方式和表决程序，除本法有规定的外，由公司章程规定。

股东会作出决议，应当经代表过半数表决权的股东通过。

股东会作出修改公司章程、增加或者减少注册资本的决议,以及公司合并、分立、解散或者变更公司形式的决议,应当经代表三分之二以上表决权的股东通过。

第一百一十六条 股东出席股东会会议,所持每一股份有一表决权,类别股股东除外。公司持有的本公司股份没有表决权。

股东会作出决议,应当经出席会议的股东所持表决权过半数通过。

股东会作出修改公司章程、增加或者减少注册资本的决议,以及公司合并、分立、解散或者变更公司形式的决议,应当经出席会议的股东所持表决权的三分之二以上通过。

第一百一十八条 股东委托代理人出席股东会会议的,应当明确代理人代理的事项、权限和期限;代理人应当向公司提交股东授权委托书,并在授权范围内行使表决权。

第 30 问：如何在股权设计中提前安排投资人的进入渠道？

【问题解读】

一般公司会在两种情况下引入投资人。一是公司发展不错，但也需要扩大公司规模，让公司越来越值钱；二是公司资金周转困难，需要引入投资，增加公司资金，让公司正常运转。

投资人进入公司的方式一般有两种，即股权转让和增资扩股。股权转让是指投资人受让原股东的股权，原股东获得股权转让款，投资人投入的资金进入原股东个人口袋，增值部分原股东需要缴纳20%的个人所得税。增资扩股的资金一部分作为公司注册资本，一部分计入公司资本公积金，原有股东的股份同比例稀释。

投资人进入公司的两种方式各有优劣，如果不在公司股权架构中提前进行规划和设计，不仅可能会影响投资人的顺利进入，而且可能会增加成本和税负。

【律师建议】

1. 在股权架构设计中提前预留投资人的进入渠道。如预先设置一家有限合伙，由创始股东作为普通合伙人间接持有其部分股权。在投资人进入时，投资人可以以有限合伙人的身份进入有限合伙，将资金先投入有限合伙，然后由有限合伙投入公司。这样既可以保障创始合伙人的控制权，又可以使投资人顺利投入资金。

2. 在股权架构设计中提前让创始股东个人持有部分股权。在投资人进入公司时，创始股东以股权转让的方式转让部分股权给投资人,这样既可以让创始股东变现部分股权,又可以实现投资人的顺利进入。

3. 将股权转让和增资扩股相结合,既预留有限合伙,也让创始股东个人持有部分股权,投资人可以同时以两种方式进入公司。

【案例解析】

甲和乙合伙开一家公司,为了方便以后投资人顺利进入,提前设计股权架构(见图3-11)。

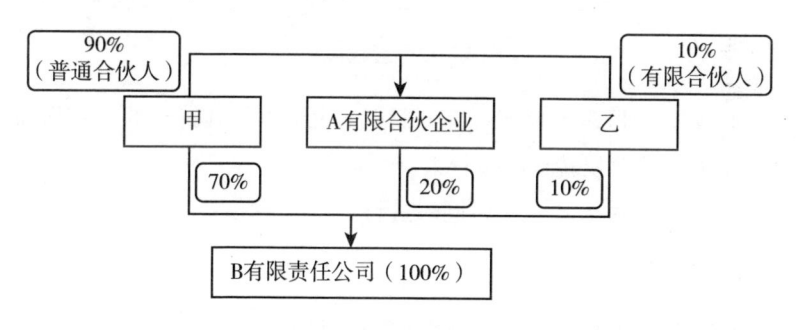

```
90%                                    10%
(普通合伙人)                         (有限合伙人)
    |                                     |
    甲          A有限合伙企业           乙
    |                |                    |
   70%             20%                  10%
                    ↓
          B有限责任公司(100%)
```

图 3-11 股权架构

1. 甲和乙预先成立一家 A 有限合伙企业,持有主体公司 B 有限责任公司 20% 股权。甲作为 A 有限合伙企业的普通合伙人,占合伙企业 90% 份额,乙作为有限合伙人,占 10% 份额。

2. 甲持有 B 有限责任公司 70% 股权,乙持有 B 有限责任公司 10% 股权。

3. 在投资人进入 B 有限责任公司时,可以先成为 A 有限合伙企业的有限合伙人,将资金投入 A 有限合伙企业。同时,乙可以转换为 A 有限合伙企业的普通合伙人之一。然后 A 有限合伙企业向 B 有限责任公司增资,将投资人的投资以 A 有限合伙企业增资款的形式投入 B 有限责任公司(见图 3-12)。

```
                    ┌─────────────┐
                    │ 丙投资人80%  │
┌──────────┐        └──────┬──────┘        ┌──────────┐
│   10%    │               │               │   10%    │
│(普通合伙人)│               │               │(普通合伙人)│
└────┬─────┘        ┌──────▼──────┐        └─────┬────┘
     │              │ A有限合伙企业 │              │
  ┌──▼──┐           └──────┬──────┘           ┌──▼──┐
  │ 甲  │                  │                  │ 乙  │
  └──┬──┘                  │                  └──┬──┘
   70%                   20%                   10%
     └──────────────────┐ │ ┌──────────────────┘
                        ▼ ▼ ▼
                ┌───────────────────┐
                │ B有限责任公司(100%) │
                └───────────────────┘
```

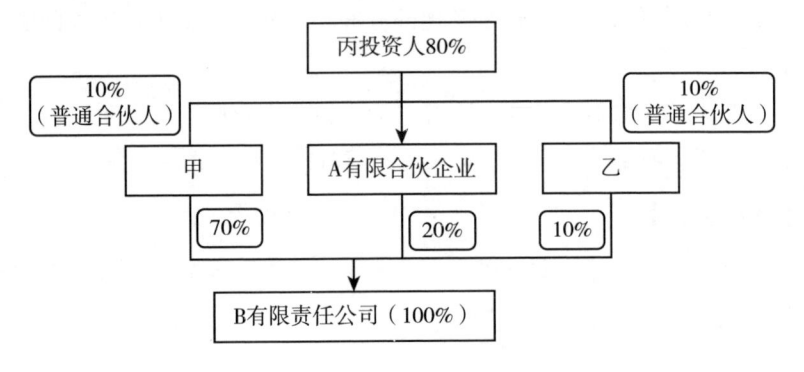

图 3-12 股权架构

4. 如果甲股东想要变现部分股权，也可以将其持有的 B 有限责任公司的部分股权转让给投资人。

5. 上述两种方式也可以同时进行。

【法律规定】

《合伙企业法》

第三十四条 合伙人按照合伙协议的约定或者经全体合伙人决定，可以增加或者减少对合伙企业的出资。

第三十九条 合伙企业不能清偿到期债务的，合伙人承担无限连带责任。

第六十四条 有限合伙人可以用货币、实物、知识产权、土地使用权或者其他财产权利作价出资。

有限合伙人不得以劳务出资。

第七十三条 有限合伙人可以按照合伙协议的约定向合伙人以外的人转让其在有限合伙企业中的财产份额，但应当提前三十日通知其他合伙人。

第七十七条 新入伙的有限合伙人对入伙前有限合伙企业的债务，以其认缴的出资额为限承担责任。

《公司法》

第八十四条第一款 有限责任公司的股东之间可以相互转让其全部或者

部分股权。

第八十六条 股东转让股权的,应当书面通知公司,请求变更股东名册;需要办理变更登记的,并请求公司向公司登记机关办理变更登记。公司拒绝或者在合理期限内不予答复的,转让人、受让人可以依法向人民法院提起诉讼。

股权转让的,受让人自记载于股东名册时起可以向公司主张行使股东权利。

第八十七条 依照本法转让股权后,公司应当及时注销原股东的出资证明书,向新股东签发出资证明书,并相应修改公司章程和股东名册中有关股东及其出资额的记载。对公司章程的该项修改不需再由股东会表决。

第八十八条 股东转让已认缴出资但未届出资期限的股权的,由受让人承担缴纳该出资的义务;受让人未按期足额缴纳出资的,转让人对受让人未按期缴纳的出资承担补充责任。

未按照公司章程规定的出资日期缴纳出资或者作为出资的非货币财产的实际价额显著低于所认缴的出资额的股东转让股权的,转让人与受让人在出资不足的范围内承担连带责任;受让人不知道且不应当知道存在上述情形的,由转让人承担责任。

第31问：家族企业如何在股权设计中运用钱包公司、防火墙公司、主体公司？

【问题解读】

家族企业是指公司的股权主要控制在家族成员手中，或者家族成员出任公司主要领导职务的企业。家族企业是世界上最普遍的企业组织形态。据统计，世界500强企业中有40%左右为家族企业或者类家族企业。

我国的很多民营企业也是家族企业。都说"创业容易、守成难"，在家族企业发展壮大后，都可能会出现控制权与经营权相分离的情况。在这种情况下，既保持家族的控制权，又减少家族的风险，就显得尤为重要。

在股权架构设计中合理运用钱包公司、防火墙公司、主体公司，就成为解决这一问题的关键。那么什么是钱包公司、防火墙公司、主体公司呢？

钱包公司，不是一个法律用语，主要作用是收取利润，而不对外经营或者负债，也叫钱袋子公司。防火墙公司，也不是一个法律用语，意思是在股东和股东的主务公司之间加一堵"墙"，隔离股东个人与公司的责任。主体公司，也称业务公司，是指具体负责对外运营赚取利润，发生债权债务关系的公司。

【律师建议】

首先，由家族成员设立钱包公司，该公司只负责对外投资和对外收取利润，不负责对外经营。

其次，将钱包公司作为股东，出资设立防火墙公司，该公司也可以作为集团公司和管理平台公司使用，只负责下属公司的管理和投资，不负责具体的对外经营。

最后，将防火墙公司作为股东，出资设立主体公司，负责对外经营赚取利润。

【案例解析】

甲乙二人为亲兄弟，合伙成立公司，其股权架构可以做以下设计（见图3–13）。

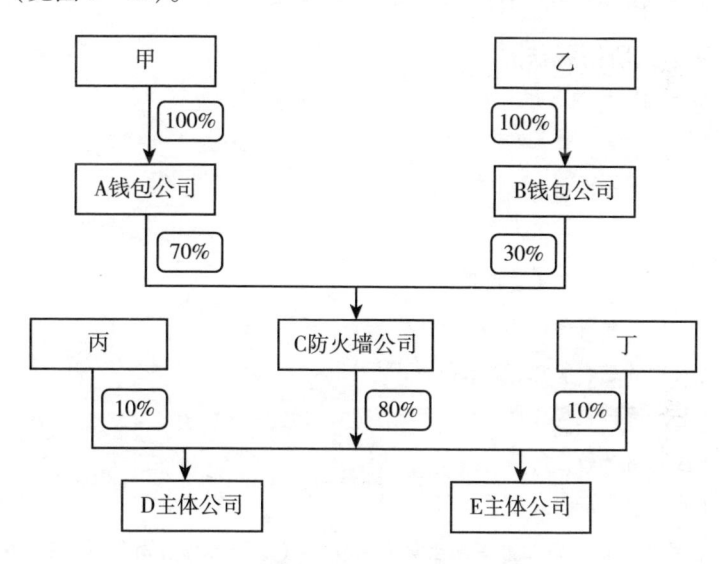

```
        甲                          乙
        │100%                       │100%
        ▼                           ▼
     A钱包公司                   B钱包公司
        │70%                        │30%
        └──────────┬────────────────┘
                   ▼
     丙        C防火墙公司         丁
      │10%         │80%          │10%
      ▼            │              ▼
   D主体公司       │           E主体公司
                  (至D、E主体公司)
```

图3–13 股权架构

1. A钱包公司的股东可以是甲一人，也可以是甲和其亲属多人。B钱包公司是乙，或者是乙和乙的亲属。

2. 主体公司的股东，建议不要由防火墙公司一人担任，否则会因为系一人公司而面临与主体公司一起承担连带责任的风险。

3. 主体公司的股东，最好是防火墙公司与实际的合作伙伴，或者是股权激励的员工或者主体公司的上下游企业。

【法律规定】

《公司法》

第四条 有限责任公司的股东以其认缴的出资额为限对公司承担责任；股份有限公司的股东以其认购的股份为限对公司承担责任。

公司股东对公司依法享有资产收益、参与重大决策和选择管理者等权利。

第十四条第一款 公司可以向其他企业投资。

《个人所得税法》

第二条 下列各项个人所得，应当缴纳个人所得税：

（一）工资、薪金所得；

（二）劳务报酬所得；

（三）稿酬所得；

（四）特许权使用费所得；

（五）经营所得；

（六）利息、股息、红利所得；

（七）财产租赁所得；

（八）财产转让所得；

（九）偶然所得。

居民个人取得前款第一项至第四项所得（以下称综合所得），按纳税年度合并计算个人所得税；非居民个人取得前款第一项至第四项所得，按月或者按次分项计算个人所得税。纳税人取得前款第五项至第九项所得，依照本法规定分别计算个人所得税。

第三条 ……（三）利息、股息、红利所得，财产租赁所得，财产转让所得和偶然所得，适用比例税率，税率为百分之二十。

第十二条第二款 纳税人取得利息、股息、红利所得，财产租赁所得，财产转让所得和偶然所得，按月或者按次计算个人所得税，有扣缴义务人的，由扣缴义务人按月或者按次代扣代缴税款。

《企业所得税法》

第二条第一、二款　企业分为居民企业和非居民企业。

本法所称居民企业,是指依法在中国境内成立,或者依照外国(地区)法律成立但实际管理机构在中国境内的企业。

第四条第一款　企业所得税的税率为25%。

第二十六条　……(二)符合条件的居民企业之间的股息、红利等权益性投资收益……

第32问：不同的股权结构对税收负担的影响有什么不同？

【问题解读】

节税是公司永远绕不过去的话题，虽然很多公司聘请专业税务筹划顾问帮助合法节税，但是，每年都有大量因为所谓的税务筹划而被税务处罚的案例，那么节税到底该怎么做？

我国的税种按征税对象分为以下五大类：

（1）流转税（商品和劳务税）：包括增值税、消费税、关税。

（2）所得税（收益税）：包括企业所得税、个人所得税。

（3）资源类税：包括资源税、城镇土地使用税、土地增值税。

（4）财产税：包括房产税、契税、车辆购置税、车船使用税。

（5）行为税：包括印花税、烟叶税、环保税、船舶吨税、耕地占用税、城市维护建设税。

对于公司来说，最重要和占比最大的税种为增值税和企业所得税；对于个人股东来说，最大的税种为个人所得税。其他税种占比相对较小，节税的必要性不大。所以，可以做到合法降低增值税和企业所得税、个人所得税的，就是优质的节税方案。股权架构设计恰好能做到节税。

【律师建议】

1. 公司节税要重点放在利用规则合法节省增值税、企业所得税和个人所得税上，不能为了节税违反法律规定。

2. 股权架构的科学设计，可以最大程度上节省企业所得税和个人所得税，属于合法利用规则，是科学的节税方法。

3. 自然人直接持股的股权架构，有利于股权转让时合法降低个人所得税。但是收取被投资企业分红时，则需要缴纳20%的个人所得税。因此，股权方案各有利弊，需要结合具体需求使用。

4. 公司持股的股权架构，在收取被投资公司分红时，无须缴纳企业所得税。但是转让股权时，则需要缴纳25%的企业所得税。

5. 自然人通过合伙企业持股，合伙企业不需缴纳企业所得税，分红和股权转让直接由自然人缴纳个人所得税。

6. 股权架构设计需要综合上述股权架构的优缺点，根据股东成立公司的目的，达到一种税负平衡，从而实现节税的目的。

【案例解析】

甲、乙、丙三人合伙成立一家公司，三人采用不同的持股方式（见图3-14）：

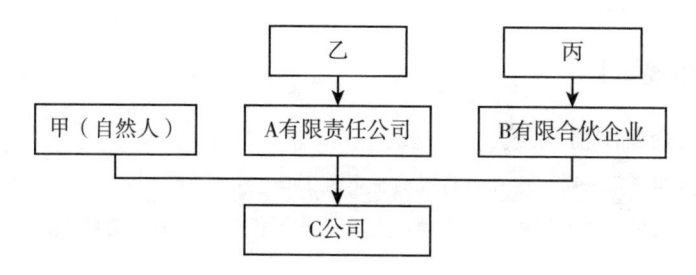

图3-14 不同的持股方式

1. 甲、乙、丙在收取C公司分红时，三人的税负见表3-2。

表3-2 收取C公司分红时三人税负

股权架构	甲（自然人直接持股）	乙（通过公司持股）	丙（通过合伙企业持股）
税负	C公司分红×20%	0	C公司分红×20%

2. 甲、乙、丙在转让 C 公司股权时，三人的税负见表 3-3。

表 3-3　转让 C 公司股权时三人税负

股权架构	甲（自然人直接持股）	乙（通过公司持股）	丙（通过合伙企业持股）
所得税	个人所得税（增值额×20%）	企业所得税（增值额×25%）	个人所得税［经营所得×（5%至35%）］

所以，甲以自然人直接持股，在后期进行股权转让时，税负较低，在收取分红时，税负较高；乙通过公司持股，在收取分红时，税负较低，在股权转让时，税负较高；丙通过有限合伙企业持股，在分红时与甲自然人直接持股税负相同，在股权转让时，税负低于乙通过公司持股。

【法律规定】

《企业所得税法》

第四条第一款　企业所得税的税率为 25%。

第六条　企业以货币形式和非货币形式从各种来源取得的收入，为收入总额。包括：

（一）销售货物收入；

（二）提供劳务收入；

（三）转让财产收入；

（四）股息、红利等权益性投资收益；

（五）利息收入；

（六）租金收入；

（七）特许权使用费收入；

（八）接受捐赠收入；

（九）其他收入。

第二十六条 企业的下列收入为免税收入：

（一）国债利息收入；

（二）符合条件的居民企业之间的股息、红利等权益性投资收益；

（三）在中国境内设立机构、场所的非居民企业从居民企业取得与该机构、场所有实际联系的股息、红利等权益性投资收益；

（四）符合条件的非营利组织的收入。

《个人所得税法》

第二条 下列各项个人所得，应当缴纳个人所得税：

（一）工资、薪金所得；

（二）劳务报酬所得；

（三）稿酬所得；

（四）特许权使用费所得；

（五）经营所得；

（六）利息、股息、红利所得；

（七）财产租赁所得；

（八）财产转让所得；

（九）偶然所得。

居民个人取得前款第一项至第四项所得（以下称综合所得），按纳税年度合并计算个人所得税；非居民个人取得前款第一项至第四项所得，按月或者按次分项计算个人所得税。纳税人取得前款第五项至第九项所得，依照本法规定分别计算个人所得税。

第三条 个人所得税的税率：

（一）综合所得，适用百分之三至百分之四十五的超额累进税率（税率表附后）；

（二）经营所得，适用百分之五至百分之三十五的超额累进税率（税率表附后）；

（三）利息、股息、红利所得，财产租赁所得，财产转让所得和偶然所得，适用比例税率，税率为百分之二十。

第十二条第二款 纳税人取得利息、股息、红利所得，财产租赁所得，财产转让所得和偶然所得，按月或者按次计算个人所得税，有扣缴义务人的，由扣缴义务人按月或者按次代扣代缴税款。

《合伙企业法》

第六条 合伙企业的生产经营所得和其他所得，按照国家有关税收规定，由合伙人分别缴纳所得税。

《企业所得税法实施条例》

第八十三条 企业所得税法第二十六条第（二）项所称符合条件的居民企业之间的股息、红利等权益性投资收益，是指居民企业直接投资于其他居民企业取得的投资收益。企业所得税法第二十六条第（二）项和第（三）项所称股息、红利等权益性投资收益，不包括连续持有居民企业公开发行并上市流通的股票不足12个月取得的投资收益。

《股权转让所得个人所得税管理办法（试行）》

第二条 本办法所称股权是指自然人股东（以下简称个人）投资于在中国境内成立的企业或组织（以下统称被投资企业，不包括个人独资企业和合伙企业）的股权或股份。

第三条 本办法所称股权转让是指个人将股权转让给其他个人或法人的行为，包括以下情形：

（一）出售股权；

（二）公司回购股权；

（三）发行人首次公开发行新股时，被投资企业股东将其持有的股份以公开发行方式一并向投资者发售；

（四）股权被司法或行政机关强制过户；

（五）以股权对外投资或进行其他非货币性交易；

（六）以股权抵偿债务；

（七）其他股权转移行为。

第四条 个人转让股权，以股权转让收入减除股权原值和合理费用后的余额为应纳税所得额，按"财产转让所得"缴纳个人所得税。

合理费用是指股权转让时按照规定支付的有关税费。

第五条 个人股权转让所得个人所得税,以股权转让方为纳税人,以受让方为扣缴义务人。

财政部、国家税务总局《关于合伙企业合伙人所得税问题的通知》(财税〔2008〕159号)

二、合伙企业以每一个合伙人为纳税义务人。合伙企业合伙人是自然人的,缴纳个人所得税;合伙人是法人和其他组织的,缴纳企业所得税。

三、合伙企业生产经营所得和其他所得采取"先分后税"的原则。具体应纳税所得额的计算按照《关于个人独资企业和合伙企业投资者征收个人所得税的规定》(财税〔2000〕91号)及《财政部 国家税务总局关于调整个体工商户个人独资企业和合伙企业个人所得税税前扣除标准有关问题的通知》(财税〔2008〕65号)的有关规定执行。

前款所称生产经营所得和其他所得,包括合伙企业分配给所有合伙人的所得和企业当年留存的所得(利润)。

# 第四章

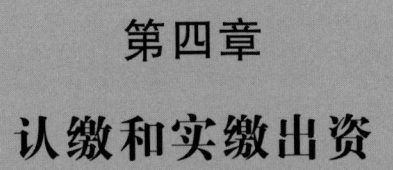

认缴和实缴出资

第33问：股东如何完成出资？

【问题解读】

很多人对于成立公司应如何出资，采取哪些出资方式存在误解，总认为只有货币方式才能出资，对于非货币出资的方式、形态，以及怎么操作往往知之甚少。

【律师建议】

成立公司，股东出资涉及以下几个关键步骤：

1. 各股东要明确自己用什么财产出资。《公司法》第48条第1款明确了股东可以用货币出资，也可以用实物、知识产权、土地使用权、股权、债权等可以用货币估价并可以依法转让的非货币财产作价出资；但是，法律、行政法规规定不得作为出资的财产除外。不能作为出资的财产包括劳务、信用、自然人姓名、商誉以及特许经营权。

2. 股东要办理权属转移手续。以非货币财产出资的，必须依法完成财产权转移手续和实际交付公司使用。两个环节缺一不可。

3. 公司要进行合法性审核。必须保证用于出资的财产是合法有效的，不存在法律上的障碍和权利瑕疵。例如，土地出资应是使用权出资而非所有权；出资的生产设备、生产工具等应当评估作价，核实的价格不能高于或者低于本来的价值。

4. 股东要在认缴的出资期限内履行出资义务。《公司法》规定，通常情况下的有限责任公司应当自成立或增资后的5年内完成相应注册资本的实缴（意思就是把认缴的资本金存入公司账户或者办理相关产权转移手续），具体的缴纳日期由公司章程规定。

这要求股东在章程规定的时间内履行出资义务，以维护公司的稳定发展。

5. 2024年7月1日之前设立的公司，需要在规定的过渡期内调整出资期限，具体以相关司法解释和国务院规定为准。本书不予赘述。

6. 全体股东应当按照投资协议书约定的出资额度和出资时间，将自己认缴的出资额足额缴纳到公司账户或者办理相关产权转移手续。

7. 全部股东完成出资后，需要在公司登记机关进行登记，并将出资信息予以公示。

8. 股东完成出资后，如果出资不足或虚假出资可能导致相应的法律责任。

【案例解析】

A公司注册资本为1000万元，股东甲认缴出资700万元，准备以货币出资700万元。

甲以货币出资流程为：

1. 开设银行账户。

A公司在银行开设专门用于接收甲股东出资款的账户。

2. 办理汇款手续。

股东甲按照公司提供的账户信息，通过银行转账的方式将700万元出资款一次性或分批次汇入A公司的验资账户。在汇款时，务必在汇款用途中明确注明"股东甲实缴出资款"，以便公司和银行准确识别和记录。

3. 获取出资凭证。

汇款完成后，股东甲妥善保存银行出具的转账回单、电汇凭证等汇款凭证，这些凭证将作为其实缴出资的重要证明文件。

4. 财务记账。

A公司财务部门根据股东甲实缴出资的情况进行财务记账处理。将700万元货币出资款计入公司的实收资本账户,确保记账准确、规范。

5. 存档备查。

A公司将股东甲实缴出资的相关文件和资料存档备查,包括公司章程、股东出资协议、财务记账凭证以及银行汇款凭证等。这些文件和资料将作为公司股东实缴出资的重要历史记录,以备日后查询和审计。

【法律规定】

《公司法》

第四十八条 股东可以用货币出资,也可以用实物、知识产权、土地使用权、股权、债权等可以用货币估价并可以依法转让的非货币财产作价出资;但是,法律、行政法规规定不得作为出资的财产除外。

对作为出资的非货币财产应当评估作价,核实财产,不得高估或者低估作价。法律、行政法规对评估作价有规定的,从其规定。

第34问：股东认缴注册资本过高，对公司和股东有何影响？

【问题解读】

有的人认为把公司的注册资本做得很高可以对外展示公司的强大实力，实际上注册资本应根据公司的实际经营需求和股东的出资能力来决定。

过高的认缴注册资本可能会给公司和股东带来一系列的影响，包括加大股东出资压力、影响公司信誉、税务影响以及潜在的法律风险等。因此，在设定注册资本时，应充分考虑公司的长期发展规划和股东的实际情况，避免因过高的注册资本而带来不必要的风险和负担。

【律师建议】

股东可以参考如下因素确定公司的注册资本数额。

1. 所处行业。

若公司所处行业频繁涉及招投标活动，那么应将注册资金设定在招投标常用的入围门槛之上。诚然，较高的注册资金会带来一定风险，但开公司的核心目的在于运营业务，不可因过度担忧风险而错失业务拓展的机会。需要明确的是，在追求业务发展的同时，也应充分认识到潜在风险，并通过合理的风险管理措施加以应对，以实现业务拓展与风险控制的平衡。

2. 公司定位审视。

注册公司的目的各异，可能是为了对外运营做业务，也可能作为持股平台、投资平台，或是家族公司、防火墙公司等。不同的定位对注册资本的要求各不相同。例如，作为对外运营做业务的公司，可能需要根据业务规模和市场竞争情况来确定注册资本；而持股平台等类型的公司则可根据其特定的功能和风险承受能力来设定注册资本。在注册公司之前，务必深入思考公司的定位，以便确定最为合适的注册资本额度。

3. 股东实力评估。

尽管注册资本与公司实力并非必然关联，但如果股东具备雄厚实力，可适当提高注册资本。并且，若能够直接实缴，那将更为理想。对于创业者而言，在注册公司前，若自身实力强劲，可适度增加注册资本，以彰显公司的实力和潜力。然而，在作出决策时，仍需综合考虑各种因素，避免盲目追求高注册资本而带来不必要的风险。

4. 公司规划前瞻。

股东在注册公司时，需警惕另一个极端，即把注册资本设定得过小。若后期公司发展态势良好，可能需要不断增加注册资本。而注册资本的变动属于企业重大变动，会在营业执照上有所体现，且需到市场监督管理部门进行变更。频繁变动注册资本不仅耗费时间和精力，还会对企业的正常发展和经营产生不良影响。

因此，为确保企业的稳定发展，建议企业在确定注册资本时，充分考虑至少三至五年的发展规划。依据规划进行注册，既能满足企业的发展需求，又能避免注册资本盲目过大或过小，为企业的可持续发展奠定坚实基础。

5. 其他因素综合考虑。

此外，还有一些其他因素也会对注册资本大小产生影响。例如，是否要入驻电商平台，不同的电商平台可能对入驻企业的注册资本有特定要求；公司名称是采用省份还是城市名称，也可能在一定程度上影响注册资本的设定。在注册公司时，应全面综合考虑这些因素,以作出最为合理的决策。

【案例解析】

甲、乙、丙三人共同成立了一家 A 科技有限公司,在注册公司时,为了显示公司的实力和规模,他们将认缴注册资本设定为10000 万元。

过高的认缴注册资本带来了一系列问题。

首先,对于公司而言,按照认缴资本金额计算印花税,使公司在成立初期就面临着较高的税费负担。同时,公司在寻求合作伙伴或融资时,潜在的合作方或投资方对公司过高的认缴资本产生了疑虑,担心公司存在虚高资本、运营不规范等问题,从而影响了合作和融资的进程。

其次,对于股东来说,甲、乙、丙三人需要在公司章程规定的期限内足额缴纳认缴资本,但公司的业务发展不如预期,股东无法按时履行出资义务。此外,由于公司经营不善,产生了债务纠纷。债权人在追讨债务时,发现公司的认缴资本未实缴到位,于是要求股东在未出资范围内对公司债务承担补充赔偿责任。这使得甲、乙、丙三人的个人财产面临着被强制执行的风险。

【法律规定】

《公司法》

第四十八条 股东可以用货币出资,也可以用实物、知识产权、土地使用权、股权、债权等可以用货币估价并可以依法转让的非货币财产作价出资;但是,法律、行政法规规定不得作为出资的财产除外。

对作为出资的非货币财产应当评估作价,核实财产,不得高估或者低估作价。法律、行政法规对评估作价有规定的,从其规定。

第35问：注册资本"五年内缴足"规定下，未实缴注册资本的公司应当怎么办？

【问题解读】

要弄清楚这个问题，我们首先要清楚注册资本"五年内缴足"针对的是哪些公司？注册资本"五年内缴足"的起算时间、截止时间是何时？最后才能有针对性地为未实缴注册资本的公司提供有效、可行的解决方案。

注册资本"五年内缴足"针对的是有限责任公司，股份有限公司在设立登记时就必须实缴全部股款，而个体工商户、个人独资企业、合伙企业等暂时不受影响。

应实缴注册资本的公司不仅包括在《公司法》2023年修订、2024年7月1日施行后新设立的公司，也包括其施行前已设立的存量公司。

对于新设立的有限责任公司，全体股东认缴的出资额由股东按照公司章程的规定自公司成立之日起5年内缴足；存量公司，应当在3年过渡期内（自2024年7月1日至2027年6月30日）将剩余出资期限调整至5年内并完成实缴，即最晚不超过2032年6月30日。法律、行政法规以及国务院决定对注册资本实缴另有规定的，可以不适用5年内缴足的规定。

【律师建议】

无法在期限内缴足出资的公司，可进行减资、非货币出资、股权转让或注销公司。

1. 若公司有实际业务经营，但之前设立时认缴注册资本过高且到期不能缴纳,可以选择减资。

一般减资程序大致为:

(1)董事会制订减资方案;

(2)股东会作出减资决议;

(3)编制资产负债表和财产清单;

(4)通知债权人并公告(公司自作出减资决议之日起10日内通知债权人,30日内通过报纸或国家企业信用信息公示系统发布减资公告,公告期为45日。债权人有权要求清偿债务或提供担保);

(5)修改公司章程;

(6)向公司登记机关申请办理减资登记;

(7)办理减资的税务变更登记。

简易减资程序主要包括股东会作出减资决议、决议后登报公告或在国家企业信用信息公示系统进行公告,未规定通知债权人和对债权人进行债务清偿或提供担保的程序,但简易减资仅在公司需要通过减资弥补亏损时适用,且减资时不得向股东分配,不得免除股东出资义务。

2. 股东的货币资金不足,难以完成实缴出资的,股东可以用实物、知识产权、土地使用权、股权、债权等可评估可依法转让的非货币财产出资,但对作为出资的非货币财产应当评估作价,不得虚高作价。

3. 若股东无法通过货币或其他非货币财产实缴出资,可以考虑将股权转让给其他股东或对外转让。但转让时要审慎考虑受让方的资金状况和信赖利益,因为如果受让方无法完成实缴,转让人对受让人未按期缴纳的出资承担补充责任。

4. 若公司没有实际业务经营或者已经失去了价值,可以注销公司。如果公司存续期间未产生债务或已清偿全部债务,可以通过简易程序注销公司,否则应按普通程序进行清算后注销。

【案例解析】

案例1：A有限责任公司在新《公司法》实施前已设立，当时认缴注册资本为1000万元，股东约定在未来10年内缴足。新《公司法》实施后，根据规定，A公司需在5年内完成实缴，但公司目前经营状况一般，股东难以在规定时间内缴足这么高的出资额。

此时，A公司可以选择减资。首先，董事会制订减资方案，比如将注册资本减至500万元。然后，股东会作出减资决议。接着，公司编制资产负债表和财产清单，以准确反映公司的财务状况。之后，公司在作出减资决议之日起10日内通知债权人，并在30日内通过报纸或国家企业信用信息公示系统发布减资公告，公告期为45日。在此期间，债权人有权要求公司清偿债务或提供担保。公告期满后，公司修改公司章程，向公司登记机关申请办理减资登记，并办理减资的税务变更登记。

通过减资，A公司降低了股东的出资压力，使其更符合公司的实际经营状况和股东的出资能力。

案例2：B有限责任公司是新《公司法》实施后新设立的公司，股东认缴注册资本为800万元，约定5年内缴足。然而，随着时间推移，部分股东发现货币资金不足，难以完成实缴出资。

此时，股东可以考虑使用非货币财产出资。比如，某股东拥有一项专利技术，经专业评估机构评估作价200万元。该股东将这项专利技术转让给公司作为出资，完成了部分实缴出资。在这个过程中，必须确保对作为出资的非货币财产进行准确评估作价，不得虚高作价，同时要保证该非货币财产可依法转让。

案例3：C有限责任公司在新《公司法》实施后成立，股东甲认缴出资为300万元，但由于个人资金问题无法实缴出资。此时，股东甲可以考虑将股权转让给其他股东或对外转让。

如果股东甲将股权转让给股东乙，双方需签订股权转让协议，明确转让价格、出资义务的转移等事项。但股东甲要审慎考虑受让方股东乙的资金状况和信赖利益，因为如果股东乙无法完成实缴，股东甲对股东乙未按期缴纳的出资承担补充责任。

案例4：D有限责任公司在新《公司法》实施前设立，一直没有实际业务经营，且股东也无法在规定时间内完成实缴出资。此时，D公司可以考虑注销。

如果D公司存续期间未产生债务，可以通过简易程序注销公司。股东召开股东会作出注销决议，然后在国家企业信用信息公示系统进行公告，公告期满后向登记机关申请注销登记。如果公司有债务未清偿，则应按普通程序进行清算后注销，即成立清算组，对公司资产进行清算，清偿债务后再办理注销登记。

【法律规定】

《公司法》

第四十七条 有限责任公司的注册资本为在公司登记机关登记的全体股东认缴的出资额。全体股东认缴的出资额由股东按照公司章程的规定自公司成立之日起五年内缴足。

法律、行政法规以及国务院决定对有限责任公司注册资本实缴、注册资本最低限额、股东出资期限另有规定的，从其规定。

第四十八条 股东可以用货币出资，也可以用实物、知识产权、土地使用权、股权、债权等可以用货币估价并可以依法转让的非货币财产作价出资；但是，法律、行政法规规定不得作为出资的财产除外。

对作为出资的非货币财产应当评估作价，核实财产，不得高估或者低估作价。法律、行政法规对评估作价有规定的，从其规定。

第八十八条 股东转让已认缴出资但未届出资期限的股权的，由受让人承担缴纳该出资的义务；受让人未按期足额缴纳出资的，转让人对受让人未按期缴纳的出资承担补充责任。

未按照公司章程规定的出资日期缴纳出资或者作为出资的非货币财产的实际价额显著低于所认缴的出资额的股东转让股权的，转让人与受让人在出资不足的范围内承担连带责任；受让人不知道且不应当知道存在上述情形的，由转让人承担责任。

第二百二十四条 公司减少注册资本，应当编制资产负债表及财产清单。

公司应当自股东会作出减少注册资本决议之日起十日内通知债权人，并于三十日内在报纸上或者国家企业信用信息公示系统公告。债权人自接到通知之日起三十日内，未接到通知的自公告之日起四十五日内，有权要求公司清偿债务或者提供相应的担保。

公司减少注册资本，应当按照股东出资或者持有股份的比例相应减少出资额或者股份，法律另有规定、有限责任公司全体股东另有约定或者股份有限公司章程另有规定的除外。

第二百四十条 公司在存续期间未产生债务，或者已清偿全部债务的，经全体股东承诺，可以按照规定通过简易程序注销公司登记。

通过简易程序注销公司登记，应当通过国家企业信用信息公示系统予以公告，公告期限不少于二十日。公告期限届满后，未有异议的，公司可以在二十日内向公司登记机关申请注销公司登记。

公司通过简易程序注销公司登记，股东对本条第一款规定的内容承诺不实的，应当对注销登记前的债务承担连带责任。

第36问：股东未按时足额出资，需要承担哪些责任？

【问题解读】

所谓股东未按时足额出资，是指股东没有在法律规定的时间内缴纳出资。包括以下情形：（1）股东未按照公司章程或股东会、董事会决议足额缴纳出资，包括全部未出资或仅部分出资；（2）股东以非货币财产出资时，该非货币财产的实际价值显著低于公司章程所定价额，比如股东可能通过虚高非货币财产的价值进行出资，导致公司实际收到的资产价值低于应出资额；（3）股东在足额出资后又以各种方式抽逃出资，将其已足额缴纳的出资全部或部分撤回。

股东未按时足额出资的情况下，需要承担以下责任：

（1）向公司补足出资，造成公司损失的，还应承担赔偿责任。

（2）向其他股东承担违约责任。具体的违约责任根据公司章程或股东协议约定确定。

（3）可能丧失未缴纳出资的股权。股东未按时足额缴纳出资经公司催告在宽限期满仍未履行出资义务的，公司向该股东发出书面失权通知后，该股东丧失其未缴纳出资的股权。

（4）可能面临行政机关的罚款。

（5）设立时的其他股东承担连带责任。发起人股东未按时足额缴纳出资的，其他发起人股东对该发起人股东的出资承担连带补足责任。

（6）出资期限加速到期。在公司不能清偿到期债务的情况下，即使股东的出资期限未届满，公司或者债权人也可以要求未出资股东提前缴纳出资。

【律师建议】

1. 根据自身实际经济情况合理确定出资金额和时间以确保按时足额出资。

2. 通过法定减资程序进行减资，将注册资本调整至可以承受的合理范围。

3. 货币资金不足的，可以通过实物、知识产权、土地使用权、股权、债权等非货币财产出资。

4. 股东可以考虑转让股权，但如果受让方也无法完成实缴，转让人对受让人未按期缴纳的出资也需承担补充责任。

5. 可以设立一定的保证金制度，要求股东在出资前缴纳一定比例的保证金，如果股东未按时足额缴纳出资，可以用保证金进行抵扣，减少公司的损失。

6. 健全公司监管体系，对股东的出资缴纳情况进行定期检查和监督，对有出资义务的股东及时进行书面催缴。

7. 加强法律宣传和培训，让股东了解不按时足额缴纳出资的法律责任和后果，增强股东的法律意识和风险意识。

【案例解析】

A 有限责任公司成立时，股东甲认缴出资为 200 万元，约定在公司成立后一年内缴足。然而，一年期限届满后，甲仅缴纳了 150 万元出资。公司在后续经营中，因资金短缺导致一个重要项目未能顺利推进，遭受了 50 万元的损失。

在此情况下，甲首先需要向公司补足未缴纳的 50 万元出资。同时，由于其未按时足额出资导致公司遭受损失，甲还应承担赔偿责任，赔偿公司因项目未能顺利推进而产生的损失。

【法律规定】

《公司法》

第四十九条第三款 股东未按期足额缴纳出资的，除应当向公司足额缴纳外，还应当对给公司造成的损失承担赔偿责任。

第五十条 有限责任公司设立时，股东未按照公司章程规定实际缴纳出资，或者实际出资的非货币财产的实际价额显著低于所认缴的出资额的，设立时的其他股东与该股东在出资不足的范围内承担连带责任。

第五十二条第一款 股东未按照公司章程规定的出资日期缴纳出资，公司依照前条第一款规定发出书面催缴书催缴出资的，可以载明缴纳出资的宽限期；宽限期自公司发出催缴书之日起，不得少于六十日。宽限期届满，股东仍未履行出资义务的，公司经董事会决议可以向该股东发出失权通知，通知应当以书面形式发出。自通知发出之日起，该股东丧失其未缴纳出资的股权。

第五十四条 公司不能清偿到期债务的，公司或者已到期债权的债权人有权要求已认缴出资但未届出资期限的股东提前缴纳出资。

第二百五十二条 公司的发起人、股东虚假出资，未交付或者未按期交付作为出资的货币或者非货币财产的，由公司登记机关责令改正，可以处以五万元以上二十万元以下的罚款；情节严重的，处以虚假出资或者未出资金额百分之五以上百分之十五以下的罚款；对直接负责的主管人员和其他直接责任人员处以一万元以上十万元以下的罚款。

第37问：一元转让未实缴股权，有哪些法律风险？

【问题解读】

根据现行法律法规除对国有控股企业股权、资产转让有特别规定外，对其他公司主体的股东转让股权并未做过多限制。

在股东可以自由转让股权权利的情形下，一元转让未实缴的股权是存在的，但这容易引发较多争议。为规范股东进入、退出公司，保障公司的稳健发展，一元转让未实缴股权应当合法合规。

法院生效裁判通常认为，股权转让行为是双方真实意思表示，股权转让款的金额是双方协商确定的，应充分尊重双方意思表示，股东转让股权后可无须再承担出资义务，转让的双方应受公司法和转让合同的约束。

【律师建议】

1. 应避免以一元的形式转让未实缴股权，建议转让股权时聘请会计师事务所、审计事务所等第三方机构根据公司股权价值、公司资产、持股风险并综合考虑公司现阶段状况及未来前景，结合验资报告、审计报告等书面材料，确定股权转让价格。

2. 转让未实缴的股权涉及后续注册资本缴纳事宜，为避免后续争议，在股权转让合同中，明确转让后的受让方承担认缴的实缴义务，股权转让协议应明确约定转让前后各方的债务承担范围，对转让的风险责任进行划分。若转让方在未实缴范围内对公司的出资义务承担连带责任或对债权承担补充赔偿责任后，可向受让方追偿。

3. 如实向税务机关申报税务，及时办理公司变更登记。

4. 修改、变更公司章程。

【案例解析】

案例1：A公司的股东甲认缴出资100万元，但在出资期限届满前，甲以一元的价格将其股权转让给了乙。之后，A公司因经营不善，无法清偿到期债务。债权人起诉A公司及甲、乙，要求甲在未出资的100万元范围内对公司债务承担补充赔偿责任，乙对此承担连带责任。

法院经审理认为，甲在出资期限届满前转让股权，不属于未履行或者未全面履行出资义务的情形，不应再对公司承担出资责任。但乙作为股权受让方，知道或者应当知道甲未实缴出资的情况，应当对甲的出资义务承担连带责任。最终，法院判决甲在未出资的100万元范围内对公司债务承担补充赔偿责任，乙对此承担连带责任。

案例2：甲与乙签订股权转让协议，将其持有的公司35%的股权转让给乙，《股权转让协议书》约定1元转让价格，并办理变更登记。税务机关经查询甲银行账号，发现甲收到乙银行转账款30万元，结合其他资料认定的事实，税务机关确认股权转让实际价格为30万元，并非1元转让股权，故税务机关向甲追缴少缴的"财产转让所得"个人所得税。

"金税四期"的推广，使税务部门对于企业的监控更为严格，税务合规要求更高。1元转让股权的行为，在办理股权变更登记时，容易被税务机关认定为属于股权转让价格明显不合理、不符合正常状态的情形，从而引起税务机关的重点关注，如果该行为确实存在偷税漏税，则需征收、补缴巨额税款和罚款。

【法律规定】

最高人民法院《关于适用〈中华人民共和国公司法〉若干问题的规定（三）》

第十三条　股东未履行或者未全面履行出资义务，公司或者其他股东请求其向公司依法全面履行出资义务的，人民法院应予支持。

公司债权人请求未履行或者未全面履行出资义务的股东在未出资本息范围内对公司债务不能清偿的部分承担补充赔偿责任的，人民法院应予支持；未履行或者未全面履行出资义务的股东已经承担上述责任，其他债权人提出相同请求的，人民法院不予支持。

股东在公司设立时未履行或者未全面履行出资义务，依照本条第一款或者第二款提起诉讼的原告，请求公司的发起人与被告股东承担连带责任的，人民法院应予支持；公司的发起人承担责任后，可以向被告股东追偿。

股东在公司增资时未履行或者未全面履行出资义务，依照本条第一款或者第二款提起诉讼的原告，请求未尽公司法第一百四十七条第一款规定的义务而使出资未缴足的董事、高级管理人员承担相应责任的，人民法院应予支持；董事、高级管理人员承担责任后，可以向被告股东追偿。

第十八条 有限责任公司的股东未履行或者未全面履行出资义务即转让股权，受让人对此知道或者应当知道，公司请求该股东履行出资义务、受让人对此承担连带责任的，人民法院应予支持；公司债权人依照本规定第十三条第二款向该股东提起诉讼，同时请求前述受让人对此承担连带责任的，人民法院应予支持。

受让人根据前款规定承担责任后，向该未履行或者未全面履行出资义务的股东追偿的，人民法院应予支持。但是，当事人另有约定的除外。

第 38 问：如何以非货币财产出资？

【问题解读】

股东"可以用实物、知识产权、土地使用权、股权和债权"等非货币财产出资，但法律、行政法规规定不得作为出资的财产除外。

因此，可以用来出资的非货币财产应当具备以下条件：

（1）能够用货币进行估价。股东应当对作为出资的非货币财产进行评估作价，不得高估或者低估作价。如果非货币财产无法用货币进行估价，则无法确定公司的注册资本，也无法明确股东实缴的出资金额，交易安全无法得到保证。

（2）依法可以登记、转让。股东向公司出资，其目的在于公司获得股东出资的财产。出资的财产需要办理登记的，应当依法办理产权转移登记，同时应当办理交付手续；出资的财产不需要办理登记的，应当依法办理交付手续。

（3）不存在法律、行政法规禁止的情形。股东不得以劳务、信用、自然人姓名、商誉、特许经营权或者设定担保的财产等作价出资。

股东以非货币财产出资，其价值显著偏低的界定需要考虑时间因素、程度因素。时间因素，即该非货币财产出资价值的评判时间应当以股东实际出资的时间为准；程度因素，是指"非货币财产出资实际价额显著低于所认缴的出资额"中的"显著低于"法律并没有明确规定，属于司法自由裁量范围，一般认为，该非货币财产的实际价值低于所认缴出资额的 70% 的，可以认定为"显著偏低"。对于非货币财产出资价值显著低于股东认缴出资额的，发起人与该股东在出资不足的范围内承担连带责任。

【律师建议】

1. 股东以非货币财产出资，首先，要辨析股东用以出资的非货币财产是否符合法律法规要求，若为法律法规禁止出资的财产，则不应作为股东出资财产；若该财产不具有可评估作价的可能以及可转让等特征，则不应作为股东出资财产。其次，要考虑该非货币财产出资和公司经营的关联性问题，即该非货币财产是否为公司生产经营所必需的生产资料。

2. 股东以非货币财产出资，公司与股东应履行评估作价程序，建议聘请具有资质的第三方评估机构对非货币财产价值进行评估，不得高估或低估，真实反映非货币财产在出资时的真实价值，避免以非货币财产出资股东承担出资不足责任的风险和其他股东对此承担连带责任的风险。

3. 建议全体股东就某一股东以非货币财产出资形成决议。决议主要包括以下内容：一是同意某一股东以非货币财产进行出资；二是同意非货币财产资产评估报告确认的财产价格作为股东认缴出资额；三是确认非货币财产产权转移登记的办理时间；四是确认非货币财产交付使用时间。

4. 公司和股东按照股东会决议确定的非货币财产产权转移登记时间及交付使用时间，及时完成非货币财产产权转移登记手续及交付使用手续，同时在公司资产清单中登记并进行相关的账务处理。

【法律规定】

《公司法》

第四十八条　股东可以用货币出资，也可以用实物、知识产权、土地使用权、股权、债权等可以用货币估价并可以依法转让的非货币财产作价出资；但是，法律、行政法规规定不得作为出资的财产除外。

对作为出资的非货币财产应当评估作价，核实财产，不得高估或者低估作价。法律、行政法规对评估作价有规定的，从其规定。

第四十九条 股东应当按期足额缴纳公司章程规定的各自所认缴的出资额。

股东以货币出资的，应当将货币出资足额存入有限责任公司在银行开设的账户；以非货币财产出资的，应当依法办理其财产权的转移手续。

股东未按期足额缴纳出资的，除应当向公司足额缴纳外，还应当对给公司造成的损失承担赔偿责任。

第五十条 有限责任公司设立时，股东未按照公司章程规定实际缴纳出资，或者实际出资的非货币财产的实际价额显著低于所认缴的出资额的，设立时的其他股东与该股东在出资不足的范围内承担连带责任。

第八十八条 股东转让已认缴出资但未届出资期限的股权的，由受让人承担缴纳该出资的义务；受让人未按期足额缴纳出资的，转让人对受让人未按期缴纳的出资承担补充责任。

未按照公司章程规定的出资日期缴纳出资或者作为出资的非货币财产的实际价额显著低于所认缴的出资额的股东转让股权的，转让人与受让人在出资不足的范围内承担连带责任；受让人不知道且不应当知道存在上述情形的，由转让人承担责任。

《市场主体登记管理条例》

第十三条 除法律、行政法规或者国务院决定另有规定外，市场主体的注册资本或者出资额实行认缴登记制，以人民币表示。

出资方式应当符合法律、行政法规的规定。公司股东、非公司企业法人出资人、农民专业合作社（联合社）成员不得以劳务、信用、自然人姓名、商誉、特许经营权或者设定担保的财产等作价出资。

第39问：抽逃出资有哪些风险？

【问题解读】

抽逃出资是指公司依法领取营业执照宣告成立以后，原缴纳出资的股东未经合法程序，私自撤走原依法投入公司出资的行为。

股东抽逃出资侵害公司的财产权益，破坏公司原有的资本维持状态，妨害公司的正常运营，危害债权人的合法权益，极有可能导致债权人的债权无法实现，对于其他股东也是一种欺诈性的违法行为。

根据法律规定及司法实践，一般以下四种情形属于抽逃出资行为：一是制作虚假财务会计报表虚增利润进行分配；二是通过虚构债权债务关系将其出资转出；三是利用关联交易将出资转出；四是其他未经法定程序将出资抽回的行为。

【律师建议】

股东抽逃出资将会带来民事责任、行政责任，严重的将导致刑事责任。

1. 股东抽逃出资将面临民事责任。抽逃出资股东除应返还其抽逃出资本息外，还将对公司债务不能清偿的部分在其抽逃出资的金额及相应利息范围内承担补充赔偿责任。

2. 股东抽逃出资导致行政处罚风险。股东抽逃其出资的，由公司登记机关责令改正，处以所抽逃出资金额5%以上15%以下的罚款。

3. 股东抽逃出资将面临刑事法律风险。在依法实行注册资本实缴登记制的公司中，抽逃出资数额巨大、后果严重或者有其他严重情节的，抽逃出资的股东将面临 5 年以下有期徒刑或者拘役，并处或者单处罚金的刑事法律风险。

另外，公司与股东、公司与公司之间应当规范各种交易行为，转账汇款均应当签订书面协议，对资金的用途、期限或者偿还方式等内容进行明确约定，在转账时尽可能备注每笔转账的具体用途，而不是简单备注"往来款"。

公司账户与股东账户的资金往来应当符合法律法规的规定和会计准则的要求，公司和股东均应当保留完整的合同、债权凭证，以及必要的财务凭证、转账记录等证据，用以证明行为的合法性，避免被认定为股东与公司财产混同。

【案例解析】

A 公司与 B 公司签订了一份买卖合同，A 公司向 B 公司支付了预付款，但 B 公司未按合同约定交付货物。A 公司起诉 B 公司要求返还预付款，并发现 B 公司的股东甲、乙在公司成立后不久就将其认缴的出资款全部抽回。A 公司认为甲、乙的行为构成抽逃出资，要求其对 B 公司的债务承担补充赔偿责任。

法院经审理认为，B 公司未按合同约定交付货物，构成违约，应返还 A 公司的预付款。同时，甲、乙在公司成立后不久就将其认缴的出资款全部抽回，属于抽逃出资的行为，应在抽逃出资本息范围内对 B 公司的债务承担补充赔偿责任。

【法律规定】

《公司法》

第四十九条 股东应当按期足额缴纳公司章程规定的各自所认缴的出资额。

股东以货币出资的，应当将货币出资足额存入有限责任公司在银行开设的账户；以非货币财产出资的，应当依法办理其财产权的转移手续。

股东未按期足额缴纳出资的,除应当向公司足额缴纳外,还应当对给公司造成的损失承担赔偿责任。

第五十三条 公司成立后,股东不得抽逃出资。

违反前款规定的,股东应当返还抽逃的出资;给公司造成损失的,负有责任的董事、监事、高级管理人员应当与该股东承担连带赔偿责任。

第二百五十三条 公司的发起人、股东在公司成立后,抽逃其出资的,由公司登记机关责令改正,处以所抽逃出资金额百分之五以上百分之十五以下的罚款;对直接负责的主管人员和其他直接责任人员处以三万元以上三十万元以下的罚款。

《刑法》

第一百五十九条 公司发起人、股东违反公司法的规定未交付货币、实物或者未转移财产权,虚假出资,或者在公司成立后又抽逃其出资,数额巨大、后果严重或者有其他严重情节的,处五年以下有期徒刑或者拘役,并处或者单处虚假出资金额或者抽逃出资金额百分之二以上百分之十以下罚金。

单位犯前款罪的,对单位判处罚金,并对其直接负责的主管人员和其他直接责任人员,处五年以下有期徒刑或者拘役。

第 40 问：导致股东出资加速到期的情形有哪些？

【问题解读】

在现代企业经营中，股东的出资是企业发展的基石。在注册资本认缴制度下，股东有权在约定的期限内缴纳出资，即股东出资依法享有期限利益。这种制度既为股东提供了一定的灵活性，又保障了公司的资金安排。

然而，在以下特殊情况下，股东的出资承诺可能需要提前履行。

1. 股东召开股东会，决定修改公司章程，从而改变出资时间，使股东的出资义务提前到期。

2. 在公司破产或解散的情况下，股东未到期的认缴出资将提前到期，并作为公司清算财产的一部分。

3. 公司作为被执行人的案件，法院穷尽执行措施无财产可供执行，且公司已具备破产原因但未申请破产的，股东可能需提前缴纳出资。

4. 公司债务产生后，公司股东会决议或以其他方式延长出资期限，公司债权人有权请求撤销决议，股东的出资需要提前到期。

【律师建议】

1. 谨慎确定公司注册资本。设立公司时，股东应审慎确定认缴出资，根据实际发展预期合理设定公司注册资本，以避免未来不必要的财务负担。

2. 特定情况下进行减资。如果公司运营过程中发现注册资本与公司规模不匹配，股东应考虑减资以降低责任。减资可以减轻触发加速股东出资义务到期时的负担。但在减资时，必须确保程序的合法性，避免被视为非法抽逃资金。

3. 加强与债权人的沟通。在公司无法清偿到期债务时，应主动与债权人沟通，寻求重组债务或其他可行的解决方案，以避免对股东出资期限的影响。

4. 制定应急计划。企业应制定应对破产或财务危机的应急计划，包括可能的资金筹措方案，以减少对股东提前出资的依赖。

【案例解析】

在一起买卖合同纠纷案件中，B公司因A公司拖欠其30万元货款起诉至法院。法院判决A公司支付欠款及利息，但A公司未履行判决。B公司申请强制执行后，法院未发现A公司有可供执行财产，终结本次执行程序。

B公司查询公司登记信息发现，A公司成立于2023年8月6日，注册资本为1000万元，股东甲、乙、丙分别以货币形式认缴出资250万元、250元、500万元，以上三股东的出资均在2027年12月31日缴足。

B公司遂向法院提起执行异议要求追加甲、乙、丙三名股东为被执行人，法院裁定驳回追加甲、乙、丙三名股东为被执行人的申请。B公司不服该执行裁定，又向法院提起执行异议之诉，法院经过审理后，判决追加股东甲、乙、丙三名股东为执行案件的被执行人，分别在250万元、250万元、500万元的未出资范围内对A公司不能清偿的部分向B公司承担补充清偿责任。

【法律规定】

《公司法》

第四十七条 有限责任公司的注册资本为在公司登记机关登记的全体股东认缴的出资额。全体股东认缴的出资额由股东按照公司章程的规定自公成立之日起五年内缴足。

法律、行政法规以及国务院决定对有限责任公司注册资本实缴、注册资本最低限额、股东出资期限另有规定的，从其规定。

第五十四条 公司不能清偿到期债务的，公司或者已到期债权的债权人有权要求已认缴出资但未届出资期限的股东提前缴纳出资。

《企业破产法》

第三十五条 人民法院受理破产申请后，债务人的出资人尚未完全履行出资义务的，管理人应当要求该出资人缴纳所认缴的出资，而不受出资期限的限制。

最高人民法院《关于适用〈中华人民共和国公司法〉若干问题的规定（二）》

第二十二条 公司解散时，股东尚未缴纳的出资均应作为清算财产。股东尚未缴纳的出资，包括到期应缴未缴的出资，以及依照公司法第二十六条和第八十条的规定分期缴纳尚未届满缴纳期限的出资。

公司财产不足以清偿债务时，债权人主张未缴出资股东，以及公司设立时的其他股东或者发起人在未缴出资范围内对公司债务承担连带清偿责任的，人民法院应依法予以支持。

《全国法院民商事审判工作会议纪要》

6.［股东出资应否加速到期］在注册资本认缴制下，股东依法享有期限利益。债权人以公司不能清偿到期债务为由，请求未届出资期限的股东在未出资范围内对公司不能清偿的债务承担补充赔偿责任的，人民法院不予支持。但是，下列情形除外：

（1）公司作为被执行人的案件，人民法院穷尽执行措施无财产可供执行，已具备破产原因，但不申请破产的；

（2）在公司债务产生后，公司股东（大）会决议或以其他方式延长股东出资期限的。

最高人民法院《关于民事执行中变更、追加当事人若干问题的规定》

第十七条 作为被执行人的营利法人,财产不足以清偿生效法律文书确定的债务,申请执行人申请变更、追加未缴纳或未足额缴纳出资的股东、出资人或依公司法规定对该出资承担连带责任的发起人为被执行人,在尚未缴纳出资的范围内依法承担责任的,人民法院应予支持。

第41问：股东对公司的垫资和借款，可以转化为（抵销）出资吗？

【问题解读】

公司在经营过程中遇到资金不足、现金流周转问题时，常求助于公司股东，向股东借款或由股东垫资以维持经营，股东从而获得公司债权。一般而言，将垫资、借款认定为出资对股东最为有利，不但可以通过这种方式提前完成出资，避免因第三人向公司主张权利而承担股东瑕疵出资责任，亦可避免因公司经营不善等造成垫资、借款难以追回的风险。

然而，在司法实践中，将股东垫资、借款认定为股东出资的观点常常得不到法院支持，主要原因有以下几点：

（1）这种出资方式未经公司或股东会确认，未办理公司变更登记手续，不符合法定出资程序。

（2）这种出资方式不符合公司章程规定。

（3）股东账户与公司账户混同，无法确定股东垫付的资金或借款来源是股东自有资金。

（4）股东的出资义务属于法定义务，股东对公司的垫资、借款形成约定的债权债务，二者性质不同，不能依法抵销。

（5）以债权抵销出资义务，实则是优先清偿股东债权，侵害公司其他债权人利益。

【律师建议】

一要确保存在真实、合法的债权。（1）避免出现账户混同的情况，确保股东垫付的资金和借款来源于股东自有资金；（2）固定相应证据，如垫资协议、借款合同、转账记录、确认债权的裁判文书等。

二要确保符合法律、公司章程规定。（1）在公司章程中明确规定股东垫资、借款可转化为对应出资及其行使条件；（2）若公司章程没有相关规定，应及时取得公司同意，并经法定程序形成股东会决议。

三要确保不损害公司债权人利益。即便股东会决议认可这种出资方式，决议本身也很有可能因内容侵害了公司其他债权人利益而被认定无效。因此，为公司提供垫付资金、借款的股东，尤其是未实际参与公司运营管理的股东，应在公司进入破产程序或其他债权人提起要求股东对公司债务承担责任的诉讼之前完成垫资、借款向出资的转换。

四要尽快修订公司章程，并完成公司变更登记手续。股东会决议主要对股东产生约束力，应根据股东会决议内容尽快修订章程，并完成公司变更登记手续，以取得对抗外部第三人的效力。

【法律规定】

《公司法》

第二十五条 公司股东会、董事会的决议内容违反法律、行政法规的无效。

第四十九条 股东应当按期足额缴纳公司章程规定的各自所认缴的出资额。

股东以货币出资的，应当将货币出资足额存入有限责任公司在银行开设的账户；以非货币财产出资的，应当依法办理其财产权的转移手续。

股东未按期足额缴纳出资的，除应当向公司足额缴纳外，还应当对给公司造成的损失承担赔偿责任。

第六十六条 股东会的议事方式和表决程序，除本法有规定的外，由公司章程规定。

股东会作出决议,应当经代表过半数表决权的股东通过。

股东会作出修改公司章程、增加或者减少注册资本的决议,以及公司合并、分立、解散或者变更公司形式的决议,应当经代表三分之二以上表决权的股东通过。

最高人民法院《关于适用〈中华人民共和国企业破产法〉若干问题的规定(二)》

第四十六条 债务人的股东主张以下列债务与债务人对其负有的债务抵销,债务人管理人提出异议的,人民法院应予支持:

(一)债务人股东因欠缴债务人的出资或者抽逃出资对债务人所负的债务;

(二)债务人股东滥用股东权利或者关联关系损害公司利益对债务人所负的债务。

《民法典》

第五百六十八条第一款 当事人互负债务,该债务的标的物种类、品质相同的,任何一方可以将自己的债务与对方的到期债务抵销;但是,根据债务性质、按照当事人约定或者依照法律规定不得抵销的除外。

第五百六十九条 当事人互负债务,标的物种类、品质不相同的,经协商一致,也可以抵销。

第五章

股东会、董事会、监事会

第 42 问：股东会的职权有哪些？

【问题解读】

股东会是公司的最高权力机构，涉及股东利益的重大事项应提交股东会审议。《公司法》规定了股东会的基本职权，除此以外，公司股东还可以通过公司章程约定其他需要提交股东会审议的重大事项。由此可见，股东会依据《公司法》和公司章程的规定行使职权。那么，法律规定必须经由股东会审议的事项有哪些？常见的可以在公司章程中另行约定的股东会职权又有哪些呢？

根据《公司法》的规定，股东会行使下列职权：

（1）选举和更换董事、监事，决定有关董事、监事的报酬事项；（2）审议批准董事会的报告；（3）审议批准监事会的报告；（4）审议批准公司的利润分配方案和弥补亏损方案；（5）对公司增加或者减少注册资本作出决议；（6）对发行公司债券作出决议；（7）对公司合并、分立、解散、清算或者变更公司形式作出决议；（8）修改公司章程；（9）公司章程规定的其他职权。

除此之外，公司为股东或者实际控制人提供担保的，应当经股东会决议。

【律师建议】

当公司存在多名股东时，建议根据实际情况在公司章程中扩大股东会的职权范围。比如，可以就公司聘用会计师事务所、开展重大交易、处置资产、借贷、对外出借款项、对外担保、关联交易等涉及股东权利的重大事宜，制定需要提交股东会审议的标准并列入公司章程。相关标准可以是具体金额，也可以是交易金额占总资产、净资产等财务指标的一定比例。一方面，可以加强股东在重大事项上的知情权，提高公司治理的规范性；另一方面，会影响公司商事合同的法律效力，保护公司遭受损失的追偿权利，起到维护股东利益的作用。

虽然扩大股东会的职权有利于保护股东利益，但盲目增加职权也会导致公司决策效率降低，影响公司正常的经营。因此，建议根据公司实际情况制定股东会的职权，可以先咨询专业意见再予以明确。

【法律规定】

《公司法》

第十五条 公司向其他企业投资或者为他人提供担保，按照公司章程的规定，由董事会或者股东会决议；公司章程对投资或者担保的总额及单项投资或者担保的数额有限额规定的，不得超过规定的限额。

公司为公司股东或者实际控制人提供担保的，应当经股东会决议。

前款规定的股东或者受前款规定的实际控制人支配的股东，不得参加前款规定事项的表决。该项表决由出席会议的其他股东所持表决权的过半数通过。

第五十九条 股东会行使下列职权：

（一）选举和更换董事、监事，决定有关董事、监事的报酬事项；

（二）审议批准董事会的报告；

（三）审议批准监事会的报告；

（四）审议批准公司的利润分配方案和弥补亏损方案；

（五）对公司增加或者减少注册资本作出决议；

（六）对发行公司债券作出决议；

（七）对公司合并、分立、解散、清算或者变更公司形式作出决议；

（八）修改公司章程；

（九）公司章程规定的其他职权。

股东会可以授权董事会对发行公司债券作出决议。

对本条第一款所列事项股东以书面形式一致表示同意的，可以不召开股东会会议，直接作出决定，并由全体股东在决定文件上签名或者盖章。

第43问：有限责任公司召开股东会会议有哪些注意事项？

【问题解读】

股东会是公司的三大治理机构之一，股东会决议是公司利益诉求与经营策略的集中体现。因此，为实现公司良性运营与发展的目标，合法召开股东会会议尤为重要。根据《公司法》的规定，公司依照法律和章程规定的议事方式和表决程序作出决议的，该决议行为成立。反之，若决议内容或程序有违法律或章程规定，则会出现瑕疵决议、无效决议的情形。

根据《公司法》的规定，有限责任公司的股东会会议分为定期会议与临时会议。定期会议为按照公司章程规定的固定时间召开的股东会；临时会议为公司在经营过程中，有权召集股东会的主体不定期召集的会议。比较特殊的是首次股东会，即有限责任公司成立后召开的第一次股东会。

如果股东会决议存在无效、可撤销或不成立情形，将不利于实施公司治理与经营方案，且可能会让公司陷入争议纠纷之中，因此，公司应注意股东会的会议内容与程序，确保股东会会议内容与程序的合法性与有效性。

【律师建议】

一是应注意股东会的召集主体。根据《公司法》的规定，有限责任公司成立后首次股东会的召集主体为出资最多的股东；定期股东会会议应当按照公司章程的规定按时召开，临时股东会会议由代表1/10以上表决权的股东、1/3以上的董事或者监事会提议召开。

召集与主持会议的主体依次为董事会/董事、监事会、10%以上表决权的股东,排序在先的主体不履行召集与主持义务时,排序在后的主体才能行使相关权利。

二是应注意股东会会议的通知程序。

(1) 通知时间。有限责任公司召开股东会会议,应当于会议召开15日前通知全体股东,但公司章程另有规定或者全体股东另有约定的除外。以上法律规定并未明确股东会会议通知是以发出时间还是到达时间为准,但建议股东会会议的通知应考虑在途的时间,以保障股东有足够的时间作充分的准备,确保在时间上不存在违反法律或公司章程的强制性规定的情形。

(2) 通知内容。除应明确股东会会议召开时间与地点外,建议通知中应明确需要表决的议案,明确告知股东参与表决的具体事项,以便股东更好地为公司经营治理发表意见并行使相应的股东决策权。

(3) 通知方式。法律虽未明确股东会会议采取何种通知方式,但为了避免股东会会议通知的送达瑕疵导致相关股东会决议出现瑕疵的情形,建议会议的通知除按照公司章程登记的地址对各股东进行送达外,还应穷尽全部已知联系方式对各股东进行一一送达,并及时保存相应邮件签收面单等凭证。

三是应注意股东会会议的召开方式。股东会会议的召开和表决可以采取现场或电子通信方式,具体可由公司章程规定。电子通信方式将更有利于异地股东及时行使相关权利,但电子通信方式的开展应当符合法律与公司章程的相关规定。应注意以下事项:(1) 参会人员办理实名身份认证和签到;(2) 股东委托代理人参与股东会的,应当核实书面授权委托书及授权范围;(3) 采用电子通信方式的,应同步会议议程及表决事项等文件,提前设定好线上表决功能等。

四是应注意股东会会议的表决程序。

（1）特殊事项表决权。股东会作出修改公司章程、增加或者减少注册资本的决议，以及公司合并、分立、解散或者变更公司形式的决议，应当经代表2/3以上表决权的股东通过，公司章程可以另行规定表决比例，但不得低于2/3。

（2）一般事项表决权。除上述特殊事项外，股东会作出的一般决议应当经代表过半数表决权的股东通过，公司章程可另行规定更高的通过比例。

（3）其他注意事项。一般情况下股东按出资比例行使表决权，但是有限责任公司可以规定"同股不同权"，即股东可以通过公司章程来约定不按出资比例行使表决权，以实现小股东控制公司治理的目的。

五是应注意留存会议记录。

股东会应当对所议事项的决定作成会议记录，出席会议的股东应当在会议记录与会议决议上签名或盖章。会议结束后应将会议通知、签到表、会议记录、会议决议整理好存档，并将会议决议结果通知所有股东。公司应保留好股东会会议的全部原始材料。

【法律规定】

《公司法》

第六十二条 股东会会议分为定期会议和临时会议。

定期会议应当按照公司章程的规定按时召开。代表十分之一以上表决权的股东、三分之一以上的董事或者监事会提议召开临时会议的，应当召开临时会议。

第六十三条 股东会会议由董事会召集，董事长主持；董事长不能履行职务或者不履行职务的，由副董事长主持；副董事长不能履行职务或者不履行职务的，由过半数的董事共同推举一名董事主持。

董事会不能履行或者不履行召集股东会会议职责的，由监事会召集和主持；监事会不召集和主持的，代表十分之一以上表决权的股东可以自行召集和主持。

第六十四条 召开股东会会议,应当于会议召开十五日前通知全体股东;但是,公司章程另有规定或者全体股东另有约定的除外。

股东会应当对所议事项的决定作成会议记录,出席会议的股东应当在会议记录上签名或者盖章。

第六十五条 股东会会议由股东按照出资比例行使表决权;但是,公司章程另有规定的除外。

第六十六条 股东会的议事方式和表决程序,除本法有规定的外,由公司章程规定。

股东会作出决议,应当经代表过半数表决权的股东通过。

股东会作出修改公司章程、增加或者减少注册资本的决议,以及公司合并、分立、解散或者变更公司形式的决议,应当经代表三分之二以上表决权的股东通过。

第44问：什么情况下需要召开临时股东会会议？

【问题解读】

股东会会议分为定期会议和临时会议。定期股东会会议又称为常会、年会，一般依据法律或公司章程的规定每年召开，行使《公司法》和公司章程规定的职权。根据《公司法》的规定，股份有限公司的股东会应每年召开一次年会，有限责任公司的定期股东会会议召开次数则没有明确规定。这是因为股份有限公司股东人数众多，召集的程序比较复杂、所需时间较长、成本较高，因此召开次数不宜过多。

临时股东会会议也称为特别股东会会议，是股东会会议的形式之一。临时股东会会议是在定期股东会会议之外不定期召开的，通常是为了处理一些紧急或非常规的事项。临时股东会会议可以随时召开，议题通常限于特定问题，如公司的重大收购、合并、分立、股权发行或其他紧急事务。那么，什么情况下需要召开临时股东会会议，又有哪些注意事项呢？

【律师建议】

《公司法》规定，有下列情形之一的，股份有限公司应当在两个月内召开临时股东会会议：

1. 董事人数不足《公司法》规定或公司章程所定人数的2/3时。依照《公司法》的规定，股份有限公司的董事会人数规定参照有限责任公司的设定，即3人为董事会成员的最低限度，当董事会人数少于3人时，应当召开股东会会议，补足董事。此外，当董事人数不足公司章程规定的 2/3 时，也应在两个月内召开股东会会议，补足董事人数。因为股份有限公司董事会人数在 3 人以上的范围内，由公司章程自行决定，当董事人数不足章程规定的 2/3 时，会影响董事会的有效运作，甚至影响到公司的健康运行。

2. 公司未弥补的亏损达股本总额的 1/3 时。当亏损占到公司资本一定比例时，公司运行所需资金会面临紧张，公司业务无法顺利展开，股东利益将不能得到有效保障。因此，需要就弥补亏损及减少或者增加资本作出决议。该项职权属于股东会，需要召开临时股东会会议。

3. 单独或者合计持有公司 10% 以上股份的股东请求时。当股东认为需要召开临时股东会会议就一些事项作出决议时，可以请求公司召开临时股东会会议。但《公司法》第 113 条对股东的持股数有要求，即必须单独或者合计持有公司 10% 以上股份的股东才能提出有效请求。符合条件的股东提出请求时，公司应当召开临时股东会会议。这样可以防止滥用股东会会议召集请求权，避免浪费公司的财力和物力。这一规定的目的在于对股东的临时股东会会议召集权予以特别的保护，当持有公司 10% 以上股份的股东要求召集临时股东会会议时，往往意味着出现了对其利益有明显影响的情况，股东对于能否及时召开股东会会议也势必是关心且在意的，如果董事会、监事会始终对此事项不予回应将极大程度影响股东的利益。因此，法律对此种情形下董事会、监事会施以了特别的反馈时间限制，即应当在收到请求之日起 10 日内作出是否召开临时股东会会议的决定并书面答复股东，以避免股东的利益长期处于不确定状态。

4. 董事会认为必要时。董事会是公司的业务执行机关，最了解公司的业务状况，当其认为有必要召开临时股东会会议时，一般是发生了重大事项，需要股东会作出决议。此时，应当召开临时股东会会议。

5. 监事会提议召开时。监事会是公司的监督机关，当其在行使监督职权的过程中发现需要召开临时股东会会议时，有权提议召开。

6. 公司章程规定的其他情形发生时。本项为《公司法》2023年修订新增的内容，是贯彻公司自治原则的体现。因为每个公司的情况不同，法律无法也不宜对需要召开临时股东会会议的情形作出绝对确定的规定，而应该赋予公司一定的权限，使其根据自己的判断，在公司章程中增加法律规定情形之外需要召开临时股东会会议的规定，保持公司运行的灵活性。

7. 临时提案的特别程序要求。单独或者合计持有公司1%以上股份的股东，可以在股东会会议召开10日前提出临时提案并书面提交董事会。临时提案应当有明确议题和具体决议事项。董事会应当在收到提案后2日内通知其他股东，并将该临时提案提交股东会审议。但临时提案违反法律、行政法规或者公司章程的规定，或者不属于股东会职权范围的除外。公司不得提高提出临时提案股东的持股比例。该规定保护股东临时提案权，同时使其他股东有充裕的时间对待审议事项进行研究，进而作出自己的判断。

【法律规定】

《公司法》

第一百一十三条 股东会应当每年召开一次年会。有下列情形之一的，应当在两个月内召开临时股东会会议：

（一）董事人数不足本法规定人数或者公司章程所定人数的三分之二时；

（二）公司未弥补的亏损达股本总额三分之一时；

（三）单独或者合计持有公司百分之十以上股份的股东请求时；

（四）董事会认为必要时；

（五）监事会提议召开时；

（六）公司章程规定的其他情形。

第一百一十四条 股东会会议由董事会召集，董事长主持；董事长不能履行职务或者不履行职务的,由副董事长主持;副董事长不能履行职务或者不履行职务的,由过半数的董事共同推举一名董事主持。

董事会不能履行或者不履行召集股东会会议职责的,监事会应当及时召集和主持;监事会不召集和主持的,连续九十日以上单独或者合计持有公司百分之十以上股份的股东可以自行召集和主持。

单独或者合计持有公司百分之十以上股份的股东请求召开临时股东会会议的,董事会、监事会应当在收到请求之日起十日内作出是否召开临时股东会会议的决定,并书面答复股东。

第一百一十五条 召开股东会会议,应当将会议召开的时间、地点和审议的事项于会议召开二十日前通知各股东;临时股东会会议应当于会议召开十五日前通知各股东。

单独或者合计持有公司百分之一以上股份的股东,可以在股东会会议召开十日前提出临时提案并书面提交董事会。临时提案应当有明确议题和具体决议事项。董事会应当在收到提案后二日内通知其他股东,并将该临时提案提交股东会审议;但临时提案违反法律、行政法规或者公司章程的规定,或者不属于股东会职权范围的除外。公司不得提高提出临时提案股东的持股比例。

公开发行股份的公司,应当以公告方式作出前两款规定的通知。

股东会不得对通知中未列明的事项作出决议。

第45问：股东对股东会决议有异议该怎么办？

【问题解读】

股东会是公司的最高权力机关，依法作出的股东会决议具有法律效力，对公司经营管理具有重大影响，是公司治理的主要依据。但股东会决议应当内容、程序都合法并符合公司章程规定，否则可能会影响股东会决议的效力。

股东会决议的事项都是公司经营的重大事项，如公司的经营投资方向、利润分配、分立、合并、清算等，可以说关系到公司的生死存亡。实践中，有的大股东凭借自己的控股优势随意以股东会的名义做决议，漠视小股东的权利；有的大股东还认为，小股东在股东会中话语权低，即便参加股东会会议也不能对决议产生实质性影响，因此忽视了股东会决议的程序事项，导致股东会决议存在瑕疵，严重的还将损害公司及股东的利益。因此，《公司法》专门规定了股东会决议的效力问题的救济制度，这对保护公司股东，尤其是中小股东的合法权益有重要意义。

【律师建议】

1. 对股东会决议不满，可提起股东会决议效力之诉，可以根据具体的股东会决议，选择适当的诉求。（1）请求确认股东会决议无效，一般主要看股东会决议的内容是否违反法律或行政法规的规定。（2）请求撤销股东会决议，主要用于处理程序轻微瑕疵，如股东会召集程序瑕疵，表决方式瑕疵等。（3）请求确认股东会决议不成立，主要解决的是程序严重瑕疵，主要包括未召开会议、会议未表决、会议出席人数或表决权不足、表决结果未达到通过比例，以及其他情形。

2. 在提起股东会决议效力之诉时，人民法院可以根据公司的申请，要求提出股东会决议效力之诉的股东提供相应的担保，因此，股东提起诉讼需谨慎并提前做好应对。

3. 除决议效力之诉外，《公司法》还规定了对股东会决议提出异议的股东回购请求权。当有限责任公司出现下列情形之一时，对股东会该项决议投反对票的股东可以请求公司按照合理的价格收购其股份，公开发行股份的公司除外：（1）公司连续5年不向股东分配利润，而公司该5年连续盈利，并且符合《公司法》规定的分配利润条件；（2）公司转让主要财产；（3）公司章程规定的营业期限届满或者章程规定的其他解散事由出现，股东会通过决议修改章程使公司存续。自股东会决议作出之日起60日内，股东与公司不能达成股份收购协议的，股东可以自股东会决议作出之日起90日内向人民法院提起诉讼。

【案例解析】

A公司为有限责任公司，其章程规定，召开股东会会议，应当于会议召开15日以前通知全体股东，股东会会议由股东按照出资比例行使表决权。A公司原股东为甲、乙、丙，现登记股东为甲、丁、丙，甲与乙系夫妻。

经查，A公司档案中第四届第二次股东会决议显示：同意原股东乙退出股东会，并将其持有的股份12万元转让给甲。签字处分别有全体股东甲、乙、丙手写签名字样。后，乙以股东会决议上的签字并非其本人签署为由，主张该股东会决议不成立。A公司认可未实际召开股东会，且股东会决议并非乙本人签字，但主张决议签署得到乙的同意和授权，应属合法有效。

法院经审理认为，因 A 公司未实际召开股东会，且乙事后不予认可，该股东会决议不能成立。

【法律规定】

《公司法》

第二十五条 公司股东会、董事会的决议内容违反法律、行政法规的无效。

第二十六条 公司股东会、董事会的会议召集程序、表决方式违反法律、行政法规或者公司章程，或者决议内容违反公司章程的，股东自决议作出之日起六十日内，可以请求人民法院撤销。但是，股东会、董事会的会议召集程序或者表决方式仅有轻微瑕疵，对决议未产生实质影响的除外。

未被通知参加股东会会议的股东自知道或者应当知道股东会决议作出之日起六十日内，可以请求人民法院撤销；自决议作出之日起一年内没有行使撤销权的，撤销权消灭。

第二十七条 有下列情形之一的，公司股东会、董事会的决议不成立：

（一）未召开股东会、董事会会议作出决议；

（二）股东会、董事会会议未对决议事项进行表决；

（三）出席会议的人数或者所持表决权数未达到本法或者公司章程规定的人数或者所持表决权数；

（四）同意决议事项的人数或者所持表决权数未达到本法或者公司章程规定的人数或者所持表决权数。

第二十八条 公司股东会、董事会决议被人民法院宣告无效、撤销或者确认不成立的，公司应当向公司登记机关申请撤销根据该决议已办理的登记。

股东会、董事会决议被人民法院宣告无效、撤销或者确认不成立的，公司根据该决议与善意相对人形成的民事法律关系不受影响。

最高人民法院《关于适用〈中华人民共和国公司法〉若干问题的规定（四）》

第一条 公司股东、董事、监事等请求确认股东会或者股东大会、董事会决议无效或者不成立的，人民法院应当依法予以受理。

第46问：董事会成员如何产生？

【问题解读】

在现代公司治理结构中，董事会扮演着至关重要的角色。董事由公司股东会或职工民主选举产生，可由股东或非股东担任，对内处理公司大小事务。因此，董事会成员的产生方式直接关系到公司治理的有效性和公平性。

根据《公司法》的规定，有限责任公司和股份有限公司设董事会的，董事会成员应为3人以上，其成员中可以有职工代表。职工人数300人以上的，其董事会成员中应当有公司职工代表。董事会中的职工代表由公司职工通过职工代表大会、职工大会或其他形式民主选举产生。

董事会设董事长一人，可以设副董事长。董事长、副董事长的产生办法由公司章程规定。董事任期由公司章程规定，但每届任期不得超过3年。董事任期届满，连选可以连任。

【律师建议】

1. 应注意董事任职的禁止情形。选举董事会成员时，应当审查候选人员有无《公司法》规定的禁止任职情形，避免选举、委任无效。因公务员，党政机关在职干部、职工不得在外兼职（任职）董事，若董事在任职期间出现上述情形，公司应当解除其职务。上市公司的董事除不得存在上述情形外，若被中国证监会处以证券市场禁入处罚且期限未满，或存在法律法规规定的其他禁止性情形，也不得担任董事。

2. 应注意董事会的规模人数。《公司法》虽未规定董事会人数上限，但公司仍需根据实际需求科学设定董事会规模，董事会成员不宜过多。对于初创型规模较小或股东人数较少的公司，可以结合实际情况不设董事会，只设置一名董事行使董事会职权，且该董事可兼任公司经理。

3. 应注意董事的选举方式。职工董事由职工代表大会或职工大会选举产生，其他董事一般由股东提名，再由股东会选举产生。选举董事是股东会的法定权利，不得予以限制或排除。如公司章程无特别规定，有限责任公司董事的选举一般按持股比例表决；股份有限公司董事选举实行累积投票制，即股东会选举董事时，每一股份拥有与应选董事人数相同的表决权，股东拥有的表决权可以集中使用。

4. 应注意董事履职承诺。股东会选举董事前，应主动向各股东披露董事候选人简历及其他基本情况，董事候选人应在股东会召开前作出书面承诺，同意接受提名并承诺提交的资料真实完整、合法有效，不存在任职资格瑕疵，并保证当选后切实履行董事职责和义务。

5. 应注意职工董事的人选情况。职工人数300人以上的公司，董事会成员中应当有公司职工代表。在组织选举职工代表董事时，除应审查候选职工代表的任职资格外，还应考虑其在公司的任职年限和对公司的忠诚度，避免因职工代表离职而频繁进行选举和更换。

【法律规定】

《公司法》

第六十八条 有限责任公司董事会成员为三人以上，其成员中可以有公司职工代表。职工人数三百人以上的有限责任公司，除依法设监事会并有公司职工代表的外，其董事会成员中应当有公司职工代表。董事会中的职工代表由公司职工通过职工代表大会、职工大会或者其他形式民主选举产生。

董事会设董事长一人,可以设副董事长。董事长、副董事长的产生办法由公司章程规定。

第七十条 董事任期由公司章程规定,但每届任期不得超过三年。董事任期届满,连选可以连任。

董事任期届满未及时改选,或者董事在任期内辞任导致董事会成员低于法定人数的,在改选出的董事就任前,原董事仍应当依照法律、行政法规和公司章程的规定,履行董事职务。

董事辞任的,应当以书面形式通知公司,公司收到通知之日辞任生效,但存在前款规定情形的,董事应当继续履行职务。

第一百一十七条 股东会选举董事、监事,可以按照公司章程的规定或者股东会的决议,实行累积投票制。

本法所称累积投票制,是指股东会选举董事或者监事时,每一股份拥有与应选董事或者监事人数相同的表决权,股东拥有的表决权可以集中使用。

第一百二十条 股份有限公司设董事会,本法第一百二十八条另有规定的除外。

本法第六十七条、第六十八条第一款、第七十条、第七十一条的规定,适用于股份有限公司。

第一百七十八条 有下列情形之一的,不得担任公司的董事、监事、高级管理人员:

(一)无民事行为能力或者限制民事行为能力;

(二)因贪污、贿赂、侵占财产、挪用财产或者破坏社会主义市场经济秩序,被判处刑罚,或者因犯罪被剥夺政治权利,执行期满未逾五年,被宣告缓刑的,自缓刑考验期满之日起未逾二年;

(三)担任破产清算的公司、企业的董事或者厂长、经理,对该公司、企业的破产负有个人责任的,自该公司、企业破产清算完结之日起未逾三年;

(四)担任因违法被吊销营业执照、责令关闭的公司、企业的法定代表人,并负有个人责任的,自该公司、企业被吊销营业执照、责令关闭之日起未逾三年;

(五）个人因所负数额较大债务到期未清偿被人民法院列为失信被执行人。

违反前款规定选举、委派董事、监事或者聘任高级管理人员的，该选举、委派或者聘任无效。

董事、监事、高级管理人员在任职期间出现本条第一款所列情形的，公司应当解除其职务。

第47问：董事会的职权有哪些？

【问题解读】

董事会作为公司治理的重要机构，其职权的界定直接关系到公司治理结构的有效性与公司的运营效率。

公司董事会的职权来源于法律规定、公司章程规定和股东会授权，其职权包括：（1）召集股东会会议，并向股东会报告工作；（2）执行股东会的决议；（3）决定公司的经营计划和投资方案；（4）制订公司的利润分配方案和弥补亏损方案；（5）制订公司增加或者减少注册资本以及发行公司债券的方案；（6）制订公司合并、分立、解散或者变更公司形式的方案；（7）决定公司内部管理机构的设置；（8）决定聘任或者解聘公司经理及其报酬事项，并根据经理的提名决定聘任或者解聘公司副经理、财务负责人及其报酬事项；（9）制定公司的基本管理制度；（10）公司章程规定或者股东会授予的其他职权。

【律师建议】

1. 公司可以根据实际情况在章程中规定董事会的职权范围，可以适当扩大董事会职权，也可以规定限制性条款，以便于公司经营发展。

2. 股东会可以根据经营实际需求授予董事会相应职权，可以采取股东会决议的方式授予。

3. 董事在享受权利的同时应履行忠实勤勉义务，可由董事候选人在选举前作出书面承诺，保证当选后切实履行董事职责与义务。公司可根据实际情况详细约定禁止事项，如禁止挪用公司资金、禁止将公司资金以个人或他人名义开立账户存储、未经股东会同意禁止将公司资金借贷给他人等。

4. 为更完善公司经营治理，可设置董事会成员的分工，比如各董事分别负责研发、生产、采购、销售、财务等工作。董事会中还可设置审计委员会，审查公司风险及合规状况、会计政策、财务报告程序和财务状况等，对公司财务、会计进行监督。

【法律规定】

《公司法》

第六十七条 有限责任公司设董事会，本法第七十五条另有规定的除外。

董事会行使下列职权：

（一）召集股东会会议，并向股东会报告工作；

（二）执行股东会的决议；

（三）决定公司的经营计划和投资方案；

（四）制订公司的利润分配方案和弥补亏损方案；

（五）制订公司增加或者减少注册资本以及发行公司债券的方案；

（六）制订公司合并、分立、解散或者变更公司形式的方案；

（七）决定公司内部管理机构的设置；

（八）决定聘任或者解聘公司经理及其报酬事项，并根据经理的提名决定聘任或者解聘公司副经理、财务负责人及其报酬事项；

（九）制定公司的基本管理制度；

（十）公司章程规定或者股东会授予的其他职权。

公司章程对董事会职权的限制不得对抗善意相对人。

第六十九条 有限责任公司可以按照公司章程的规定在董事会中设置由董事组成的审计委员会，行使本法规定的监事会的职权，不设监事会或者监事。公司董事会成员中的职工代表可以成为审计委员会成员。

第七十二条 董事会会议由董事长召集和主持；董事长不能履行职务或

第五章 ‖ 股东会、董事会、监事会

者不履行职务的,由副董事长召集和主持;副董事长不能履行职务或者不履行职务的,由过半数的董事共同推举一名董事召集和主持。

第一百二十八条 规模较小或者股东人数较少的股份有限公司,可以不设董事会,设一名董事,行使本法规定的董事会的职权。该董事可以兼任公司经理。

第 48 问：召开董事会会议有哪些注意事项？

【问题解读】

董事会是公司治理的核心机构，是公司的决策执行中心。董事会的召开和决议内容都可能影响公司的长远发展以及股东的切身利益。

根据《公司法》的规定，股份有限公司董事会分为定期会议和临时会议两种。其中，定期会议每年度至少召开两次，每次会议应当于会议召开 10 日前通知全体董事和监事。临时董事会会议可以由代表 1/10 以上表决权的股东、1/3 以上董事或者监事会提议召开。董事长应当自接到提议后 10 日内，召集和主持董事会会议。

【律师建议】

想要开好董事会会议，提升董事会会议决策的有效性，需要把控好董事会会议的"会前""会中""会后"各个环节。

1. 准备董事会会议的"会前"事项。董事会会议的会前流程主要包括会前通知、文件准备、召开方式和表决方式的确定、董事会的授权规则等。董事会的会议通知应包括会议日期和地点、会议期限、事由及议题、发出通知的日期，并注意定期董事会会议应当于会议召开 10 日前通知全体董事和监事。

2. 明确董事会会议的"会中"事项。董事会会议应当有过半数的董事出席方可举行。董事因故不能出席，可以书面委托其他董事代为出席，委托书中应当载明授权范围。

3. 完善董事会会议的"会后"事宜。董事会应当对所议事项的决定作成会议记录，出席会议的董事应当在会议记录上签名。董事会会议记录包括以下内容：会议召开的日期、地点和召集人姓名；出席董事的姓名以及受他人委托出席董事会的董事姓名；会议议程；董事发言要点；每一决议事项的表决方式和结果（应载明赞成、反对或弃权的票数）。董事对所议事项的意见和说明应当准确记载在会议记录上，作为追责或免责的依据。出席会议的董事有权要求在会议记录上对其在会议上的发言作出明确记载。

【案例解析】

A公司向被告董事会发出《关于提请A公司董事会就提起仲裁、财产保全及责任承担等事项进行审议的提议》，提议召开临时董事会会议，被告董事长甲在该提议上签收确认。同日，被告董事乙寄出两份EMS邮件，收件人均为被告董事丙。乙主张该两份邮件没有退回，但其未能提供该邮件的签收记录或者EMS官网的送达记录。

5月8日上午9时至11时，被告召开临时董事会会议并作出董事会决议。临时董事会会议应到董事3人，实到董事2人。

法院经审理认为，根据被告公司章程规定，召开董事会会议，应当于会议召开10日前以书面方式通知全体董事……董事会决议的表决，实行一人一票。应当全体董事到会，并且是在全体董事同意的前提下，董事会的决议方为有效，涉案董事会决议仅有两名董事签字确认，不符合章程中有关应当全体董事到会且由全体董事同意的规定。最终确认被告作出的董事会决议不成立。

【法律规定】

《公司法》

第七十二条　董事会会议由董事长召集和主持；董事长不能履行职务或者不履行职务的，由副董事长召集和主持；副董事长不能履行职务或者不履行职务的，由过半数的董事共同推举一名董事召集和主持。

第七十三条　董事会的议事方式和表决程序，除本法有规定的外，由公司章程规定。

董事会会议应当有过半数的董事出席方可举行。董事会作出决议,应当经全体董事的过半数通过。

董事会决议的表决,应当一人一票。

董事会应当对所议事项的决定作成会议记录,出席会议的董事应当在会议记录上签名。

第一百二十二条 董事会设董事长一人,可以设副董事长。董事长和副董事长由董事会以全体董事的过半数选举产生。

董事长召集和主持董事会会议,检查董事会决议的实施情况。副董事长协助董事长工作,董事长不能履行职务或者不履行职务的,由副董事长履行职务;副董事长不能履行职务或者不履行职务的,由过半数的董事共同推举一名董事履行职务。

第一百二十三条 董事会每年度至少召开两次会议,每次会议应当于会议召开十日前通知全体董事和监事。

代表十分之一以上表决权的股东、三分之一以上董事或者监事会,可以提议召开临时董事会会议。董事长应当自接到提议后十日内,召集和主持董事会会议。

董事会召开临时会议,可以另定召集董事会的通知方式和通知时限。

第一百二十四条 董事会会议应当有过半数的董事出席方可举行。董事会作出决议,应当经全体董事的过半数通过。

董事会决议的表决,应当一人一票。

董事会应当对所议事项的决定作成会议记录,出席会议的董事应当在会议记录上签名。

第一百二十五条 董事会会议,应当由董事本人出席;董事因故不能出席,可以书面委托其他董事代为出席,委托书应当载明授权范围。

董事应当对董事会的决议承担责任。董事会的决议违反法律、行政法规或者公司章程、股东会决议,给公司造成严重损失的,参与决议的董事对公司负赔偿责任;经证明在表决时曾表明异议并记载于会议记录的,该董事可以免除责任。

第49问：监事会成员是如何产生的？

【问题解读】

监事会成员即公司监事，一般是通过选举产生。我国《公司法》规定有限责任公司和股份有限公司设监事会的，监事会成员应为3人以上，其中应当包括股东代表和比例不低于1/3的职工代表。

监事会成员中的股东代表由股东选举产生，选举和更换监事是公司股东会的职权之一。而监事会中的职工代表由公司职工通过职工代表大会、职工大会或者其他民主形式选举产生。监事的任期每届为3年。监事任期届满，连选可以连任。

监事会设主席，股份有限公司监事会可设副主席，主席、副主席均由全体监事过半数选举产生。

需要注意的是，并不是所有人员都可以担任公司监事。公司董事、经理、副经理、财务负责人，上市公司董事会秘书和公司章程规定的其他人员，不得兼任监事，同时《公司法》对监事的任职资格有一定的限制。

【律师建议】

1. 实践中，小股东如果不能争取到董事席位，则应当尽力争取到监事席位，这对于了解公司的运营和财务状况、监督董事及高级管理人员的行为、保障自身权益非常有助益。

2. 在选举监事会成员时，应当审查候选人员有无《公司法》第178条规定的禁止任职情形，避免选举无效。

3. 在组织选举职工代表监事时，除应审查候选职工代表的任职资格外，还应考虑其在公司的任职年限和对公司的忠诚度，避免因职工代表离职而频繁进行选举和更换。

4. 虽然《公司法》并未规定监事会成员的数量上限，但监事会成员不宜过多，同时建议人数设置为奇数，以避免出现无法形成有效决议的情况。

5.《公司法》仅规定了监事会成员中职工代表比例的下限并没有规定上限，并规定具体比例由公司章程规定。建议公司设置职工监事时，不宜将职工代表的比例规定得过高，以保持公司管理架构的稳定性和有效性。

【案例解析】

甲、乙两人准备创业成立有限责任公司，注册资本100万元。甲出资68万元占比68%，乙出资32万元占比32%。甲、乙两人一致同意由甲任公司董事，乙任总经理，不设监事。（见图5-1）

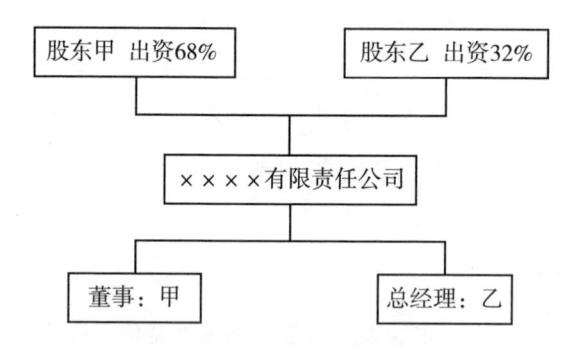

```
   股东甲 出资68%         股东乙 出资32%
           │                    │
           └─────────┬──────────┘
                     │
              ××××有限责任公司
                     │
           ┌─────────┴──────────┐
           │                    │
        董事：甲              总经理：乙
```

图5-1 甲、乙两人创立有限责任公司

后公司聘任职业经理人任总经理，乙不再担任总经理。甲、乙召开股东会，决议设置监事，选举乙任公司监事。（见图5-2）

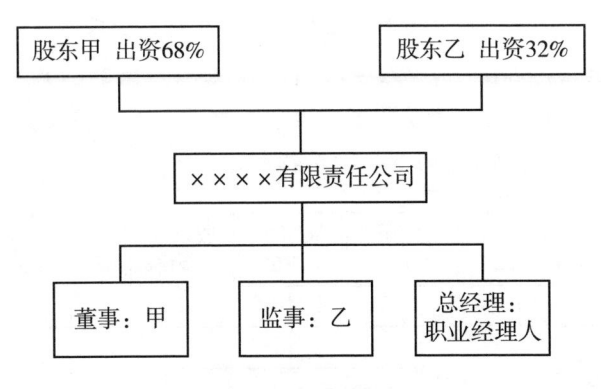

```
┌──────────────────┐         ┌──────────────────┐
│ 股东甲 出资68%   │         │ 股东乙 出资32%   │
└────────┬─────────┘         └─────────┬────────┘
         │                             │
         └──────────────┬──────────────┘
                        │
              ┌──────────────────┐
              │ ××××有限责任公司 │
              └─────────┬────────┘
        ┌───────────────┼───────────────┐
   ┌─────────┐    ┌─────────┐    ┌──────────────┐
   │ 董事：甲 │    │ 监事：乙 │    │ 总经理：     │
   │         │    │         │    │ 职业经理人   │
   └─────────┘    └─────────┘    └──────────────┘
```

图5-2 甲、乙创立有限责任公司

公司为发展需要，引进新的投资者丙、丁。公司注册资本增加至200万元，股权架构调整为甲持股55%，乙持股25%，丙持股12%，丁持股8%。甲、乙、丙、丁召开股东会，决议修改公司章程，设置董事会选举甲、乙、丙三人为董事，甲任董事长；选举丁为监事，仍由职业经理人任总经理。（见图5-3）

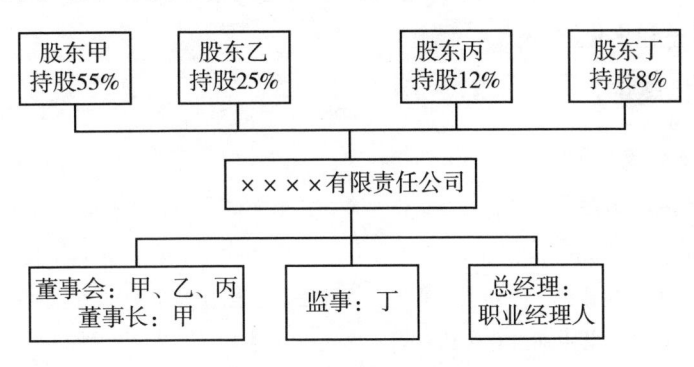

```
┌────────┐  ┌────────┐  ┌────────┐  ┌────────┐
│股东甲  │  │股东乙  │  │股东丙  │  │股东丁  │
│持股55% │  │持股25% │  │持股12% │  │持股8%  │
└───┬────┘  └───┬────┘  └───┬────┘  └───┬────┘
    └───────────┴─────┬─────┴───────────┘
                      │
            ┌──────────────────┐
            │ ××××有限责任公司 │
            └─────────┬────────┘
      ┌───────────────┼───────────────┐
┌──────────────┐ ┌─────────┐ ┌──────────────┐
│董事会：甲、乙、丙│ │监事：丁 │ │总经理：      │
│董事长：甲    │ │         │ │职业经理人    │
└──────────────┘ └─────────┘ └──────────────┘
```

图5-3 增资后关系图

公司逐步发展壮大，又引进了新的投资者戊、己、庚。公司注册资本增加至500万元，股权架构调整为甲持股46%，乙持股22%，丙持股10%，丁、戊各持股6%，己、庚各持股5%。甲、乙、丙、丁、戊、己、庚七位股东召开股东会，决议修改公司章程，设置董事会，选举甲、乙、丙、丁、戊五人为董事，甲为董事长；设监事会，选举己、庚及职工代表辛为监事，己为监事会主席，仍由职业经理人任总经理。（见图5-4）

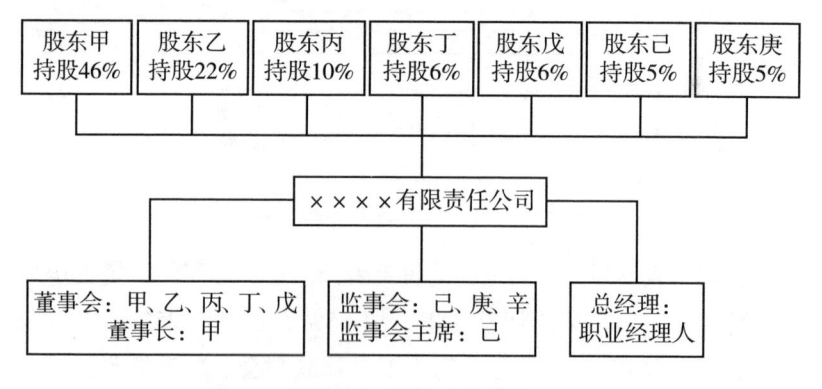

```
股东甲       股东乙       股东丙       股东丁       股东戊       股东己       股东庚
持股46%      持股22%      持股10%      持股6%       持股6%       持股5%       持股5%
                                    │
                            ××××有限责任公司
                                    │
        ┌───────────────────┼───────────────────┐
   董事会：甲、乙、丙、丁、戊    监事会：己、庚、辛         总经理：
      董事长：甲                监事会主席：己          职业经理人
```

图 5-4　增资后关系图

后期可根据公司发展及管理需要对公司治理层架构进行进一步的调整和优化。

【法律规定】

《公司法》

第七十六条　有限责任公司设监事会，本法第六十九条、第八十三条另有规定的除外。

监事会成员为三人以上。监事会成员应当包括股东代表和适当比例的公司职工代表，其中职工代表的比例不得低于三分之一，具体比例由公司章程规定。监事会中的职工代表由公司职工通过职工代表大会、职工大会或者其他形式民主选举产生。

监事会设主席一人，由全体监事过半数选举产生。监事会主席召集和主持监事会会议；监事会主席不能履行职务或者不履行职务的，由过半数的监事共同推举一名监事召集和主持监事会会议。

董事、高级管理人员不得兼任监事。

第七十七条 监事的任期每届为三年。监事任期届满,连选可以连任。

监事任期届满未及时改选,或者监事在任期内辞任导致监事会成员低于法定人数的,在改选出的监事就任前,原监事仍应当依照法律、行政法规和公司章程的规定,履行监事职务。

第八十三条 规模较小或者股东人数较少的有限责任公司,可以不设监事会,设一名监事,行使本法规定的监事会的职权;经全体股东一致同意,也可以不设监事。

第一百三十条 股份有限公司设监事会,本法第一百二十一条第一款、第一百三十三条另有规定的除外。

监事会成员为三人以上。监事会成员应当包括股东代表和适当比例的公司职工代表,其中职工代表的比例不得低于三分之一,具体比例由公司章程规定。监事会中的职工代表由公司职工通过职工代表大会、职工大会或者其他形式民主选举产生。

监事会设主席一人,可以设副主席。监事会主席和副主席由全体监事过半数选举产生。监事会主席召集和主持监事会会议;监事会主席不能履行职务或者不履行职务的,由监事会副主席召集和主持监事会会议;监事会副主席不能履行职务或者不履行职务的,由过半数的监事共同推举一名监事召集和主持监事会会议。

董事、高级管理人员不得兼任监事。

本法第七十七条关于有限责任公司监事任期的规定,适用于股份有限公司监事。

第一百三十三条 规模较小或者股东人数较少的股份有限公司,可以不设监事会,设一名监事,行使本法规定的监事会的职权。

第 *50* 问：监事会的职权有哪些？

【问题解读】

公司监事会行使下列职权：

（1）检查公司财务；

（2）对董事、高级管理人员执行职务的行为进行监督，对违反法律、行政法规、公司章程或者股东会决议的董事、高级管理人员提出解任的建议；

（3）当董事、高级管理人员执行职务的行为损害公司的利益时，要求董事、高级管理人员予以纠正；

（4）提议召开临时股东会会议，在董事会不履行《公司法》规定的召集和主持股东会会议职责时召集和主持股东会会议；

（5）向股东会会议提出提案；

（6）依照《公司法》第189条的规定，对董事、高级管理人员提起诉讼；

（7）公司章程规定的其他职权，如聘用、解聘会计师事务所等。

除上述职权外，如监事会发现公司经营情况异常，可以进行调查，必要时可以聘请会计师事务所等协助其工作，费用由公司承担。另外，为了监督公司董事和高级管理人员的履职行为，监事会可以要求董事、高级管理人员提交执行职务的报告。

【律师建议】

1. 公司可根据自身情况决定是否设置监事会或是审计委员会，在平衡各方利益和需求的前提下，尽最大可能降低管理成本、提升效能，避免股东之间、董事会与监事会之间、监事会成员之间相互掣肘，不利于公司发展。

2. 持股比例相对较小的股东不能成为公司董事又不能参与公司经营的，建议尽可能地争取成为监事会成员，避免大股东利用其地位损害公司利益或小股东利益。

3. 如需赋予监事会更多职权，建议在公司章程中进行明确规定，使监事会能够更好地发挥其监督职能。

4. 为使监事会更好地行使其职权，可以给予监事会一定额度的工作经费，由专人管理支配。

【案例解析】

A公司主要从事境外旅游业务，设监事会，监事会由甲、乙、丙三人组成。在公司经营过程中，监事乙发现公司聘任的总经理丁将公司客户介绍至其妹夫所开设的从事同类业务的另一公司，使公司丧失交易机会。监事乙认为总经理丁的行为违反法律规定的忠实勤勉义务，损害了公司利益，遂将上述情况上报监事会主席甲。经监事会会议决议，依职权采取以下措施：

（1）以监事会名义向公司股东会提出解除丁总经理职务的建议；

（2）要求丁限期赔偿公司的利润损失；

（3）告知丁如拒不赔偿公司损失，公司将对其提起诉讼。

【法律规定】

《公司法》

第七十八条 监事会行使下列职权：

（一）检查公司财务；

（二）对董事、高级管理人员执行职务的行为进行监督，对违反法律、行政法规、公司章程或者股东会决议的董事、高级管理人员提出解任的建议；

（三）当董事、高级管理人员的行为损害公司的利益时，要求董事、高级管理人员予以纠正；

（四）提议召开临时股东会会议，在董事会不履行本法规定的召集和主持股东会会议职责时召集和主持股东会会议；

（五）向股东会会议提出提案；

（六）依照本法第一百八十九条的规定，对董事、高级管理人员提起诉讼；

（七）公司章程规定的其他职权。

第七十九条 监事可以列席董事会会议，并对董事会决议事项提出质询或者建议。

监事会发现公司经营情况异常，可以进行调查；必要时，可以聘请会计师事务所等协助其工作，费用由公司承担。

第八十条 监事会可以要求董事、高级管理人员提交执行职务的报告。

董事、高级管理人员应当如实向监事会提供有关情况和资料，不得妨碍监事会或者监事行使职权。

第六章
股东的权利和义务

第51问：小股东如何行使知情权？

【问题解读】

股东知情权，是指股东享有了解和掌握公司经营管理等重要信息的权利。对于小股东而言，知情权尤为重要，因为它有助于小股东了解公司的运营状况，维护自身权益，防止大股东或管理层滥用权力。

实践中，股东知情权的行权方式主要是查阅和复制公司相关资料。

具体而言，对公司或其全资子公司的公司章程、股东名册、股东会会议记录、董事会会议决议、监事会会议决议和财务会计报告，股东不仅可以查阅，还可以复制。考虑到会计账簿、会计凭证通常涉及公司的业务信息和商业秘密，为避免非正当目的的查阅损害公司合法利益，法律规定股东应向公司提出书面请求，且需说明查阅的目的，如果公司有合理根据认为该股东具有不正当目的，公司可以拒绝提供查阅。即便公司同意，股东也仅可查阅而不能复制会计账簿、会计凭证。

股东查阅前述材料，可以由本人进行，也可以委托会计师事务所、律师事务所等中介机构进行，但不论是本人还是中介机构，都应当遵守有关保护国家秘密、商业秘密、个人隐私、个人信息等法律、行政法规的规定。

【律师建议】

1. 明确知情权的范围。股东有权查阅、复制公司章程、股东名册、股东会会议记录、董事会会议决议、监事会会议决议和财务会计报告等。股东可以要求查阅公司会计账簿、会计凭证。这些文件是了解公司经营状况、决策过程及财务状况的重要依据。

2. 遵循法律规定行使知情权。股东应当以书面形式向公司提出查阅请求，并注明查阅的具体文件和时间范围。同时，保留好书面申请的副本和送达凭证，以备后续可能的纠纷处理。

根据《公司法》的规定，股东有权查阅公司章程、股东名册、公司债券存根、股东大会会议记录、董事会会议决议、监事会会议决议、财务会计报告，对公司的经营提出建议或者质询。

股东要求查阅公司会计账簿的，应当向公司提出书面请求，说明目的。在提出查阅请求后，如果公司拒绝或者拖延，股东可以先与公司进行协商沟通，尝试解决问题。如果协商无果，可以通过法律途径来维护自己的知情权。可以向法院提起诉讼，要求公司提供相关资料供查阅。

3. 合理利用其他途径获取信息。除了直接行使知情权外，股东还可以通过其他途径获取信息，如参加股东会、参与公司决策过程、与其他股东或管理层沟通等。这些途径有助于股东更全面地了解公司情况，维护自身权益。

【案例解析】

甲持有 A 公司 10% 股权，乙持有 A 公司 90% 股权并实际负责公司的运营和管理。在公司存续期间，A 公司既不给甲分红，也不让甲参与公司的经营管理，所以甲想通过查阅公司会计账簿、会计凭证了解公司的真实经营情况。

甲行使知情权，应该这样操作：

1. 提出书面请求。甲应当向公司提出书面请求并阐述行使知情权的目的。需要注意的是，如果股东未履行前置程序直接提起诉讼，也不能视为已向公司提出请求，诉讼中即使说明了正当的查阅目的，也不能填补前置程序存在的瑕疵。

2. 说明正当目的。在书面请求中，甲应说明查阅会计账簿、会计凭证的"正当目的"，且应遵循善意、合法、诚信原则阐述具体的查阅目的，特别是与公司经营、股东利益的关联性。

3. 合理安排查阅时间和地点。甲要求行使知情权的时间、地点应以不影响公司正常经营为前提，在公司正常的业务时间和合理地点进行查阅。双方也可协商确定时间或地点进行查阅。如果公司章程对行使知情权的时间和地点有相应的规定，应尽可能遵守章程规定。如果认为章程规定不合理，在协商未果时甲可通过诉讼途径解决。

4. 公司拒绝甲行使知情权时，甲可以起诉至法院。法院判决甲胜诉的，甲依据生效法律文书查阅公司文件材料时，甲可以委托会计师、律师等依法或者依据执业行为规范负有保密义务的中介机构执业人员辅助查阅。

【法律规定】

《公司法》

第五十七条 股东有权查阅、复制公司章程、股东名册、股东会会议记录、董事会会议决议、监事会会议决议和财务会计报告。

股东可以要求查阅公司会计账簿、会计凭证。股东要求查阅公司会计账簿、会计凭证的，应当向公司提出书面请求，说明目的。公司有合理根据认为股东查阅会计账簿、会计凭证有不正当目的，可能损害公司合法利益的，可以拒绝提供查阅，并应当自股东提出书面请求之日起十五日内书面答复股东并说明理由。公司拒绝提供查阅的，股东可以向人民法院提起诉讼。

股东查阅前款规定的材料，可以委托会计师事务所、律师事务所等中介机构进行。

股东及其委托的会计师事务所、律师事务所等中介机构查阅、复制有关材料，应当遵守有关保护国家秘密、商业秘密、个人隐私、个人信息等法律、行政法规的规定。

股东要求查阅、复制公司全资子公司相关材料的，适用前四款的规定。

第52问：小股东如何行使分红权？

【问题解读】

分红权是股东基于其投资在公司中的股份所享有的权益，即公司根据经营情况和盈利状况，按照股东的持股比例向其分配利润的权利。小股东同样享有分红权。然而，在实际操作中，小股东往往因信息不对称、话语权不足等，难以充分行使自己的分红权。

因此，了解如何行使分红权，对于保护小股东的合法权益具有重要意义。

《公司法》明确规定股东享有利润分配请求权，并赋予了分红权受到侵犯的股东通过法律途径救济的权利。

【律师建议】

1. 小股东应关注公司的年度财务报告和利润分配方案，了解公司的盈利情况和利润分配计划。这有助于小股东判断分红权行使的时机和方式，以及合理预期分红收益。

2. 小股东可以通过参加股东会、提出议案或建议等方式，积极参与公司治理，表达自己对分红政策的看法和诉求。同时，与公司管理层保持有效沟通，了解公司的经营策略和未来规划，也有助于小股东更好地行使分红权。

3. 如果小股东认为公司的利润分配方案侵犯了自己的合法权益，可以依法向公司主张权益，必要时提起诉讼。如小股东可向损害股东权益的相关责任人员主张赔偿责任，或主张损害股东权益的公司决议无效或不成立，或要求长期不分红的公司回购股权。

【案例解析】

甲持有 A 公司 10% 股权，乙持有 A 公司 90% 股权，公司由乙负责运营和管理。公司经营良好，但是一直没有分红。

甲欲行使股东的分红权，可以这样操作：

1. 甲可先与乙协商召开股东会。
2. 双方在股东会上达成分红的股东会决议。
3. 公司在决议达成 6 个月内，按照股东会决议对股东进行分红。
4. 如果公司没有按照股东会决议对股东进行分红，则甲可以起诉至法院，要求公司按照股东会决议进行分红。
5. 如果没有召开股东会，或者股东会没有达成关于分红的决议，那么甲就分红事项起诉至法院，法院可能不会支持甲要求分红的诉讼请求。
6. 公司 5 年连续盈利，有可分配利润却连续 5 年不向股东分配的情况下，股东之间达不成分红协议的，甲可以请求 A 公司按照合理的价格收购其持有的 10% 股权。

【法律规定】

《公司法》

第八十九条　有下列情形之一的，对股东会该项决议投反对票的股东可以请求公司按照合理的价格收购其股权：

（一）公司连续五年不向股东分配利润，而公司该五年连续盈利，并且符合本法规定的分配利润条件；

（二）公司合并、分立、转让主要财产；

（三）公司章程规定的营业期限届满或者章程规定的其他解散事由出现，股东会通过决议修改章程使公司存续。

自股东会决议作出之日起六十日内，股东与公司不能达成股权收购协议的,股东可以自股东会决议作出之日起九十日内向人民法院提起诉讼。

公司的控股股东滥用股东权利,严重损害公司或者其他股东利益的,其他股东有权请求公司按照合理的价格收购其股权。

公司因本条第一款、第三款规定的情形收购的本公司股权,应当在六个月内依法转让或者注销。

第二百一十二条 股东会作出分配利润的决议的,董事会应当在股东会决议作出之日起六个月内进行分配。

第二百三十一条 公司经营管理发生严重困难,继续存续会使股东利益受到重大损失,通过其他途径不能解决的,持有公司百分之十以上表决权的股东,可以请求人民法院解散公司。

第53问：股东对外转让股权，需要其他股东过半数同意吗？

【问题解读】

《公司法》2023年修订时取消了有限责任公司股东对外转让股权需经其他股东过半数同意的限制条件，同时取消了不同意转让的股东应当购买拟转让股权的规定，只保留了优先购买权规则，但允许公司章程对股权转让作出例外规定。

这些规定简化了股东对外转让股权的操作流程，有利于保障出让股权股东的转股自由，也有利于化解有限责任公司股东对外转让股权的困境。

【律师建议】

1. 如公司有股东想对外转让股权，但其他股东不想新股东加入，则其他股东可以行使优先购买权。但需要注意，其他股东只能在股权转让的数量、价格、支付方式和期限等关键因素相同的条件下才享有优先购买权。当然，股东可以在章程中对股东转让股权作出特别约定。

2. 尽管股东对外转让股权不必再经过其他股东过半数同意，但这不代表股东可以任意转让股权。想转让股权的股东仍应当遵循通知程序，提前将股权转让的数量、价格、支付方式和期限等事项书面通知其他股东，以保障其他股东的优先购买权。

3. 如果公司章程对股权转让另有规定，股东则应当按照章程的规定执行。受让人在签订股权转让合同时，应特别注意核实股权转让行为是否符合公司章程的规定，避免因违反章程对转让合同的履行产生障碍。

【案例解析】

甲为 A 公司的股东，持股比例为 10%。公司另有两个股东乙和丙。甲准备将其 10% 的股权以 10 万元的价格转让给第三方丁。他应该这样操作：

1. 甲先与丁协商转入价格、支付方式等。

2. 甲与丁协商一致后，签订股权转让意向协议，约定协议生效条件为 A 公司另外两个股东乙和丙不行使优先购买权。

3. 甲就其转让 10% 股权的事宜书面通知其他两个股东乙和丙，通知中应包含转让股权的数量、价格、支付方式及期限等。

4. 如果乙、丙两个股东自接到书面通知之日起 30 日内未答复，视为放弃优先购买权，甲可以与丁签署正式的股权转让协议，并通知 A 公司办理股东变更手续。

5. 如果乙、丙两个股东自接到书面通知之日起 30 日内明确表示要行使优先购买权，应协商各自购买的比例，如果协商不成，按照各自的出资比例行使优先购买权。

6. 如果乙、丙二人行使优先购买权，则甲与丁签署的股权转让意向协议不生效。甲与乙、丙签订股权转让协议，并通知 A 公司办理股东变更手续。

【法律规定】

《公司法》

第八十四条　有限责任公司的股东之间可以相互转让其全部或者部分股权。

股东向股东以外的人转让股权的，应当将股权转让的数量、价格、支付方式和期限等事项书面通知其他股东，其他股东在同等条件下有优先购买权。股东自接到书面通知之日起三十日内未答复的，视为放弃优先购买权。两个以上股东行使优先购买权的，协商确定各自的购买比例；协商不成的，按照转让时各自的出资比例行使优先购买权。

公司章程对股权转让另有规定的，从其规定。

第54问：控股股东与实际控制人一样吗？

【问题解读】

控股股东和实际控制人是两个不同的概念。

实际控制人是指通过投资关系、协议或者其他安排，能够实际支配公司行为的人，一般是自然人，也有可能是法人或其他组织。

控股股东是指其出资额占有限责任公司资本总额50%以上或者其持有的股份占股份有限公司股本总额50%以上的股东，或者出资额或者持有股份的比例虽然不足50%，但依其出资额或者持有的股份所享有的表决权已足以对股东会的决议产生重大影响的股东。

所以，控股股东与实际控制人是不一样的。

【律师建议】

1. 公司应明确界定控股股东和实际控制人的角色和职责，确保公司治理结构的清晰和有效。同时，应建立健全内部监督机制，防止实际控制人或控股股东滥用权利，以维护公司的稳定和发展。

2. 投资者在投资前应充分了解公司的股权结构和实际控制人的情况，以便更好地评估公司的治理水平和潜在风险。同时，投资者应关注公司的信息披露情况，确保自己的知情权得到保障。

3. 控股股东和实际控制人应合理利用自身地位和权利，促进公司规范治理和健康发展，不要利用控制地位损害公司和其他股东的合法权益。

【案例解析】

A公司股东为B公司和自然人甲，持股比例分别为90%

和 10%。

B 公司的股东为自然人甲和自然人乙，持股比例分别为 70% 和 30%（见图 6-1）。

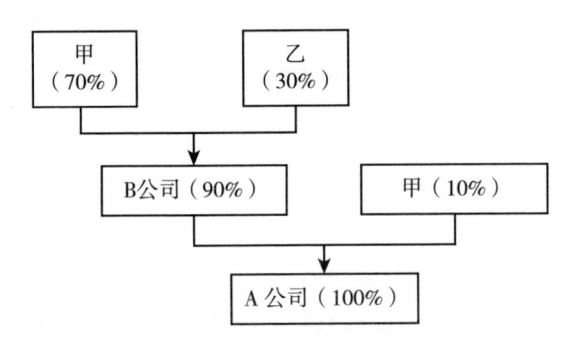

```
    甲              乙
  （70%）         （30%）
     │             │
     └──────┬──────┘
            ▼
       B公司（90%）        甲（10%）
            │                │
            └────────┬───────┘
                     ▼
                A 公司（100%）
```

图 6-1　持股比例

在这个案例里面，A 公司的控股股东是 B 公司，是一个法人。但 A 公司的实际控制人是甲，是一个自然人，但是甲并不是 A 公司控股股东。

【法律规定】

《公司法》

第一百四十条　上市公司应当依法披露股东、实际控制人的信息，相关信息应当真实、准确、完整。

禁止违反法律、行政法规的规定代持上市公司股票。

第二百六十五条　本法下列用语的含义：

（一）高级管理人员，是指公司的经理、副经理、财务负责人，上市公司董事会秘书和公司章程规定的其他人员。

（二）控股股东，是指其出资额占有限责任公司资本总额超过百分之五十或者其持有的股份占股份有限公司股本总额超过百分之五十的股东；出资额或者持有股份的比例虽然低于百分之五十，但依其出资额或者持有的股份所享有的表决权已足以对股东会的决议产生重大影响的股东。

（三）实际控制人，是指通过投资关系、协议或者其他安排，能够实际支配公司行为的人。

（四）关联关系，是指公司控股股东、实际控制人、董事、监事、高级管理人员与其直接或者间接控制的企业之间的关系，以及可能导致公司利益转移的其他关系。但是，国家控股的企业之间不仅因为同受国家控股而具有关联关系。

第 55 问：如何追究控股股东或实际控制人滥用权利损害公司和股东权益的责任？

【问题解读】

公司控股股东及实际控制人对于公司的发展具有重要影响，特别是在公司决策、股权架构设计、公司内部治理等方面其享有较大决定权。实际控制人或控股股东有可能为了个人的利益，在公司决策过程中选择牺牲甚至故意损害公司和股东权益。

实践中，对于控股股东或实际控制人通过谋取公司商业机会、关联交易或同业竞争等方式损害公司利益或股东权益，如何进行追责是一个难题。

【律师建议】

控股股东或实际控制人滥用权利损害公司或股东权益的，可以通过以下几个维度进行维权。

1. 通过追究董事、监事、高级管理人员的忠实义务和勤勉义务维权。

董事、监事、高级管理人员的忠实义务，是指董事、监事、高级管理人员应当采取措施避免自身利益与公司利益冲突，不得利用职权牟取不正当利益。

董事、监事、高级管理人员的勤勉义务，是指董事、监事、高级管理人员执行职务应当为公司的最大利益尽到管理者通常应有的合理注意。

控股股东或实际控制人通常会在公司担任董事、监事、高级管理人员职务，或者通过委派董事、监事、高级管理人员来运营公司，控股股东或实际控制人很多损害公司和股东权益的行为，也是通过董事、监事、高级管理人员来实施的。所以，可以通过追究董事、监事、高级管理人员违反忠实义务和勤勉义务的责任来维护公司和股东权益。

2. 根据具体的侵害行为来认定侵害的方式和收集证据。

控股股东或实际控制人损害公司和股东权益的方式一般有关联交易、股东同业竞争、谋取公司商业机会等。

关联交易主要包括：董事、监事、高级管理人员直接或间接与公司从事的交易，如自营与所任职的公司同类业务；董事、监事、高级管理人员的近亲属，董事、监事、高级管理人员或者其近亲属直接或者间接控制的企业，与董事、监事、高级管理人员"有其他关联关系的关联人"与公司之间的交易；等等。

股东同业竞争一般表现为：与关联公司的经营范围相同或者类似；股东参与关联公司的经营活动；关联公司实际开展业务的经营地范围相邻，构成实质竞争关系；客户群体相同；等等。

谋取公司商业机会主要构成要件为未经股东会同意、利用职务便利、谋取属于公司的商业机会。

3. 对于相关决议提起决议无效、撤销、不成立的诉讼。

具体情况可以查阅"股东对股东会决议有异议该怎么办？"的解读。

4. 行使控股股东滥用权利时股东的回购权。

该权利的设置加强了对中小股东的保护，在公司发生特定事项或在控股股东滥用权利的情形下异议股东或其他股东，有权请求公司按照合理的价格收购其股权。

【案例解析】

甲为 A 公司的控股股东，持股比例为 51%，乙、丙、丁分别为

A公司的小股东。甲利用其控股地位，通过一系列关联交易，将A公司的优质资产低价转移至自己控制的B公司，导致A公司业绩下滑，乙、丙、丁的股东权益受损。

乙、丙、丁在发现甲的行为后，首先通过A公司内部途径提出质询，但未得到满意答复。随后，他们收集了甲进行关联交易的相关证据，向法院提起诉讼。法院审理后认为甲的行为构成滥用股东权利，损害了A公司及其他股东的合法权益，判决甲赔偿A公司及乙、丙、丁的损失。

【法律规定】

《公司法》

第八十九条 有下列情形之一的，对股东会该项决议投反对票的股东可以请求公司按照合理的价格收购其股权：

（一）公司连续五年不向股东分配利润，而公司该五年连续盈利，并且符合本法规定的分配利润条件；

（二）公司合并、分立、转让主要财产；

（三）公司章程规定的营业期限届满或者章程规定的其他解散事由出现，股东会通过决议修改章程使公司存续。

自股东会决议作出之日起六十日内，股东与公司不能达成股权收购协议的，股东可以自股东会决议作出之日起九十日内向人民法院提起诉讼。

公司的控股股东滥用股东权利，严重损害公司或者其他股东利益的，其他股东有权请求公司按照合理的价格收购其股权。

公司因本条第一款、第三款规定的情形收购的本公司股权，应当在六个月内依法转让或者注销。

第一百八十条 董事、监事、高级管理人员对公司负有忠实义务，应当采取措施避免自身利益与公司利益冲突，不得利用职权牟取不正当利益。

董事、监事、高级管理人员对公司负有勤勉义务，执行职务应当为公司的最大利益尽到管理者通常应有的合理注意。

第六章 ‖ 股东的权利和义务

公司的控股股东、实际控制人不担任公司董事但实际执行公司事务的，适用前两款规定。

第一百八十一条 董事、监事、高级管理人员不得有下列行为：

（一）侵占公司财产、挪用公司资金；

（二）将公司资金以其个人名义或者以其他个人名义开立账户存储；

（三）利用职权贿赂或者收受其他非法收入；

（四）接受他人与公司交易的佣金归为己有；

（五）擅自披露公司秘密；

（六）违反对公司忠实义务的其他行为。

第一百八十二条 董事、监事、高级管理人员，直接或者间接与本公司订立合同或者进行交易，应当就与订立合同或者进行交易有关的事项向董事会或者股东会报告，并按照公司章程的规定经董事会或者股东会决议通过。

董事、监事、高级管理人员的近亲属，董事、监事、高级管理人员或者其近亲属直接或者间接控制的企业，以及与董事、监事、高级管理人员有其他关联关系的关联人，与公司订立合同或者进行交易，适用前款规定。

第一百八十三条 董事、监事、高级管理人员，不得利用职务便利为自己或者他人谋取属于公司的商业机会。但是，有下列情形之一的除外：

（一）向董事会或者股东会报告，并按照公司章程的规定经董事会或者股东会决议通过；

（二）根据法律、行政法规或者公司章程的规定，公司不能利用该商业机会。

第一百八十四条 董事、监事、高级管理人员未向董事会或者股东会报告，并按照公司章程的规定经董事会或者股东会决议通过，不得自营或者为他人经营与其任职公司同类的业务。

第一百八十六条 董事、监事、高级管理人员违反本法第一百八十一条至第一百八十四条规定所得的收入应当归公司所有。

第56问：股权代持有哪些法律风险？

【问题解读】

股权代持又称委托持股或隐名出资，是指实际出资人（隐名股东）委托名义出资人（显名股东）以名义出资人的名义代实际出资人履行股东义务、行使股东权利，即一方实际出资，委托另一方登记为股东。前者为实际出资人，后者为名义股东。

股权代持主要面临以下法律风险：

1. 股权代持协议无效的风险。

法律不禁止股权代持，但也并非全部有效。如果股权代持协议是双方的真实意思表示，且不存在法律规定的无效情形，则应为合法有效的合同。

例外情况是，股权代持协议违反法律、行政法规的强制性规定或公序良俗则无效。比如，双方签订股权代持协议的目的是规避保险、证券等特定行业的准入禁止性规定，这损害了金融安全、行业管理秩序或社会公共利益，该股权代持协议会被认定为无效。其他比较常见的无效情形还有规避外商投资准入负面清单（"禁止类"）、公务员委托他人代持股权、委托代持上市公司股东的股票等。

2. 名义股东的风险。

名义股东的风险主要是隐名股东出资不实，或者没有履行出资义务，且公司债务履行不能时，名义股东会受到牵连。

为了减少名义股东的风险，首先，名义股东应注意审查代持股权对应的出资是否已经全部实缴，避免代持出资瑕疵的股权。若代持股权的出资义务履行期限尚未届满，则应当注意审核隐名股东的资信能力，避免在出资义务履行期限届满后隐名股东无法实缴出资的风险。

其次，名义股东应当关注目标公司的经营情况，注意隐名股东是否存在抽逃出资、擅自注销的情形。

最后，名义股东应当在股权代持协议中约定隐名股东的违约责任，以维护自身的合法权益。

3. 隐名股东的风险。

如果隐名股东想要通过股权转让的方式显名化，则需要名义股东予以配合。除此之外，隐名股东还存在无法显名、难以实际行使股东权利、无法取得投资收益等风险。

例如，（1）公司其他股东因不知晓或是不认可股权代持而不同意隐名股东通过股权转让显名，或是在名义股东股权转让时行使优先购买权，导致隐名股东无法实际取得股权；（2）因名义股东拒不配合或者擅自将代持股权设定质押担保或处分；（3）名义股东个人债务导致股权被司法查封、冻结甚至拍卖；（4）名义股东离婚财产分割导致股权被查封、冻结或者被分割；（5）名义股东死亡导致股权被查封、冻结或者进入遗产继承分配等。

【律师建议】

隐名股东可以从以下几个方面规避风险：

第一，建议签订正式且内容完整的书面股权代持协议。在协议中约定代持人在行使股东表决权、股东分红权、新股认购权、分配剩余财产权等股东权利时，应当遵照隐名股东的意愿确定。

第二，让公司其他股东事先知晓股权代持关系，并征得其他股东关于显名股东的书面同意。

第三，明确将代持股权排除在名义股东的财产范围之外，比如取得名义股东配偶、子女对于股权代持情况的知悉函，避免因名义股东死亡、离婚等发生代持股权被当作名义股东财产进行处分的情形。

第四，如实际出资人参与公司管理，应留存其参加股东会会议、董事会会议等参与公司管理的证据。

第五，公司应置备内部股东名册、出具出资证明给实际出资的隐名股东，或者制订专门的内部公司章程明确隐名出资人的股东身份。

【案例解析】

A公司是一家注册资本为5000万元的有限责任公司，主要从事高新技术研发与应用。登记的显名股东为甲和乙，公司的实际股东为丙和丁，其中甲代持丙的20%股权，乙代持丁的80%股权，各方签订了股权代持协议。

股权代持协议中明确了丙、丁作为隐名股东享有的投资收益权、知情权等权利，并约定甲、乙应按照丙、丁的指示行使股东权利，包括但不限于出席股东会会议、表决、利润分配等。同时，协议中还规定了甲、乙未经丙、丁书面同意不得擅自处置代持股权的义务。

随着A公司的快速发展，其市场估值大幅提升。然而，好景不长，甲因个人投资失败陷入财务危机，其债权人向法院申请查封甲名下所有资产，包括代丙持有的A公司20%股权。乙因涉及其他法律纠纷，同样面临名下资产被查封的风险。

丙、丁得知情况后，立即向法院提出异议，主张其为A公司股权的实际出资人，并要求确认甲、乙名下被查封的股权归其所有。但因丙、丁未能提供充分证据证明其实际出资人身份，且未得到A公司其他股东及公司的书面确认，法院初步认定甲、乙为股权的合法所有人。

第六章 股东的权利和义务

【法律规定】

最高人民法院《关于适用〈中华人民共和国公司法〉若干问题的规定（三）》

第二十四条 有限责任公司的实际出资人与名义出资人订立合同，约定由实际出资人出资并享有投资权益，以名义出资人为名义股东，实际出资人与名义股东对该合同效力发生争议的，如无法律规定的无效情形，人民法院应当认定该合同有效。

前款规定的实际出资人与名义股东因投资权益的归属发生争议，实际出资人以其实际履行了出资义务为由向名义股东主张权利的，人民法院应予支持。名义股东以公司股东名册记载、公司登记机关登记为由否认实际出资人权利的，人民法院不予支持。

实际出资人未经公司其他股东半数以上同意，请求公司变更股东、签发出资证明书、记载于股东名册、记载于公司章程并办理公司登记机关登记的，人民法院不予支持。

第二十五条 名义股东将登记于其名下的股权转让、质押或者以其他方式处分，实际出资人以其对于股权享有实际权利为由，请求认定处分股权行为无效的，人民法院可以参照民法典第三百一十一条的规定处理。

名义股东处分股权造成实际出资人损失，实际出资人请求名义股东承担赔偿责任的，人民法院应予支持。

第二十六条 公司债权人以登记于公司登记机关的股东未履行出资义务为由，请求其对公司债务不能清偿的部分在未出资本息范围内承担补充赔偿责任，股东以其仅为名义股东而非实际出资人为由进行抗辩的，人民法院不予支持。

名义股东根据前款规定承担赔偿责任后，向实际出资人追偿的，人民法院应予支持。

第57问：公司设立时，发起人股东未缴足出资，其他发起人股东需要承担责任吗？

【问题解读】

发起人是指为设立公司而签署公司章程、向公司认缴出资或者认购股份并履行公司设立职责的人。发起人对公司设立及资本充实均具有重要意义。

公司设立时，发起人股东的出资义务是其对公司的基本责任，也是确保公司资本充实、维护公司正常运营和债权人利益的重要保障。根据法律规定，发起人股东之间存在连带责任关系，即如果其中一名发起人股东未缴足出资，其他发起人股东需要在未缴足的部分范围内承担连带责任。

这种连带责任的存在，意味着即使某些发起人股东已经足额缴纳了出资，他们也可能因为其他发起人股东的未缴足出资行为而面临额外的财务风险。因此，发起人股东在公司设立过程中必须审慎行事，确保自身及同伴的出资义务得到妥善履行。

【律师建议】

1. 审慎选择合作伙伴。资本充实是公司启动运营的关键，也是对债权人权益的基本保障，可通过审查发起人股东的财务报告、审计报告或提供履约担保等方式，确保发起人股东具备缴纳出资的能力。

2. 明确发起人股东实际缴纳出资的期限。《公司法》将注册资本认缴制改为五年内完成实缴，新设公司可明确股东实缴出资的具体期限，而其他发起人股东应履行督促与核查出资的义务，确保发起人股东均实缴出资到位。对于怠于履行出资义务的发起人股东，其他发起人股东可要求公司依据法律或公司章程规定，对该股东发出失权通知，限制未出资股东的权利，规避未足额出资的连带责任。

3. 明确发起人转让股权的限制性条件。为避免承担发起人连带责任，公司章程可规定发起人股东在出资期限届满前转让股权的，视为出资期限提前到期，在缴足出资后方能转让股权，并对股权受让人缴纳出资承担连带责任。

4. 及时采取法律行动。一旦发现有发起人股东未按时足额缴纳出资，应立即采取法律行动，包括但不限于催促、协商、诉讼等，以维护公司和其他股东的合法权益。

【案例解析】

甲、乙、丙三人共同投资设立 A 公司，注册资本 100 万元，其中甲持股 5%，应缴出资 5 万元，乙持股 90%，应缴出资 90 万元，丙持股 5%，应缴出资 5 万元。投资协议约定，甲、乙、丙应当于公司设立时缴足其认缴的出资。

甲、丙在公司成立前便足额出资，但乙一直未能缴足出资，直至 A 公司被债权人起诉。

因 A 公司无财产可供执行，债权人诉请追加乙在其未足额缴纳出资范围内对公司债务承担责任，而甲、丙则对乙出资不足的部分承担连带责任。

【法律规定】

《公司法》

第五十条 有限责任公司设立时，股东未按照公司章程规定实际缴纳出资，或者实际出资的非货币财产的实际价额显著低于所认缴的出资额的，设立时的其他股东与该股东在出资不足的范围内承担连带责任。

第九十九条 发起人不按照其认购的股份缴纳股款,或者作为出资的非货币财产的实际价额显著低于所认购的股份的,其他发起人与该发起人在出资不足的范围内承担连带责任。

最高人民法院《关于适用〈中华人民共和国公司法〉若干问题的规定(二)》

第二十二条 公司解散时,股东尚未缴纳的出资均应作为清算财产。股东尚未缴纳的出资,包括到期应缴未缴的出资,以及依照公司法第二十六条和第八十条的规定分期缴纳尚未届满缴纳期限的出资。

公司财产不足以清偿债务时,债权人主张未缴出资股东,以及公司设立时的其他股东或者发起人在未缴出资范围内对公司债务承担连带清偿责任的,人民法院应依法予以支持。

最高人民法院《关于适用〈中华人民共和国公司法〉若干问题的规定(三)》

第十三条 股东未履行或者未全面履行出资义务,公司或者其他股东请求其向公司依法全面履行出资义务的,人民法院应予支持。

公司债权人请求未履行或者未全面履行出资义务的股东在未出资本息范围内对公司债务不能清偿的部分承担补充赔偿责任的,人民法院应予支持;未履行或者未全面履行出资义务的股东已经承担上述责任,其他债权人提出相同请求的,人民法院不予支持。

股东在公司设立时未履行或者未全面履行出资义务,依照本条第一款或者第二款提起诉讼的原告,请求公司的发起人与被告股东承担连带责任的,人民法院应予支持;公司的发起人承担责任后,可以向被告股东追偿。

股东在公司增资时未履行或者未全面履行出资义务,依照本条第一款或者第二款提起诉讼的原告,请求未尽公司法第一百四十七条第一款规定的义务而使出资未缴足的董事、高级管理人员承担相应责任的,人民法院应予支持;董事、高级管理人员承担责任后,可以向被告股东追偿。

第 58 问：股东去世，其股权可以继承吗？

【问题解读】

股权就其本质来说，既包括股东的财产权，也包括基于投资关系产生的身份权，即股东资格。财产权利包括了利润分配权、股份转让权、请求收购股份权、优先增资权和剩余财产分配权等权利；股东的身份权主要体现为股东参与公司决策、经营、管理、监督和控制的权利，如股东会会议召集请求权、知情权、质询权、表决权、提案权等。

因为有限责任公司具有人合性特征，为避免股东间因为其他人突然加入而产生信任问题，允许公司通过公司章程另行规定股东资格继承的条件。

1. 公司章程未明确排除继承人的继承权时，自然人股东死亡之后，继承人可以继承股权，这里的继承不仅包括股权相应的财产权权益（如分红等）的继承，也包括股东资格（成为有限责任公司的股东）的继承。

2. 公司章程明确排除继承人继承股东资格时，继承人就不能继承股东资格，但是与股权相关的财产权益仍可以继承。

【律师建议】

1. 考虑到有限责任公司的人合性，建议在公司设立时的初始章程中明确规定自然人股东去世之后其继承人是否有权继承股东资格或对继承人继承股权的资格作出明确限制，避免发生纠纷，影响公司的运营。需要注意的是，公司章程只能禁止或者限制继承人继承股东资格，不能禁止继承人继承股权对应的财产权益。

2. 建议自然人股东通过遗嘱等方式对自身的资产提前做好安排，避免继承人之间争夺股权而导致公司利益面临受损的局面。

【案例解析】

甲与乙登记结婚10年后，乙与丙成立A公司，并分别持股50%。A公司成立7年后，乙因病死亡。××市某公证处出具公证书，确认乙的父母均先于乙死亡。

甲起诉至法院要求：（1）确认甲系被告A公司的股东，拥有50%的股权；（2）被告A公司立即向甲签发出资证明、将甲记载于股东名册，并办理公司变更登记，将乙名下股权变更登记至甲名下。

法院认为：被告A公司章程中对股东死亡后其股东资格继承问题未另作规定，依照法律规定，作为被告A公司股东的乙死亡后，其合法继承人可以继承乙的股东资格。根据甲提供的公证书，甲系乙的合法继承人，故其有权继承乙的股东资格（见图6-2）。

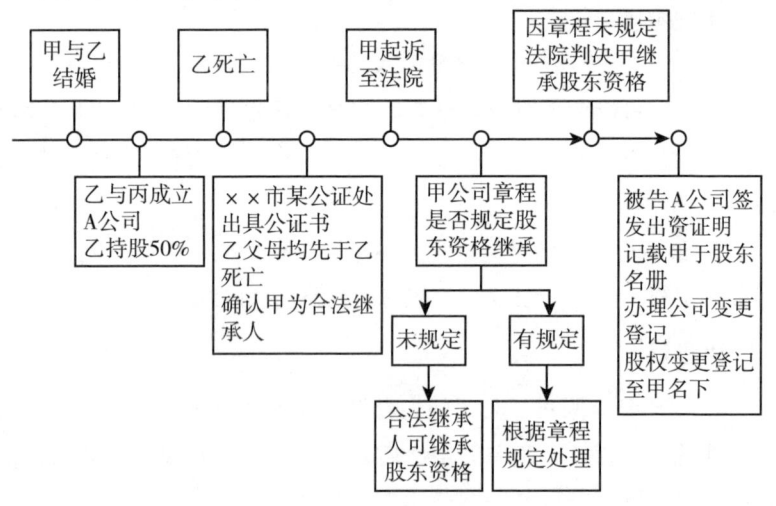

图6-2 案件关系图

【法律规定】

《公司法》

第九十条 自然人股东死亡后,其合法继承人可以继承股东资格;但是,公司章程另有规定的除外。

第一百六十七条 自然人股东死亡后,其合法继承人可以继承股东资格;但是,股份转让受限的股份有限公司的章程另有规定的除外。

第 59 问：股东离婚时，股权可以分割吗？

【问题解读】

股东离婚时，可以分割属于夫妻共同财产的股权。

夫妻共有股权，是指在夫妻关系存续期间夫妻一方或者双方以其共有财产出资或者受让取得，登记在双方名下或者其中一方名下，并以登记方的名义享有并行使的股权。

夫妻共有股权存在两种情形：一是夫妻双方之中仅一方持有股权，即丈夫或者妻子为公司股东，另一方不是公司股东；二是夫妻双方均持有一定份额的股权，均为公司股东。

夫妻共有股权亦属于夫妻共同财产，在离婚过程中亦可对其进行分割。那么，夫妻共有股权如何分割呢？

实务中，即便认定登记在一方名下的有限责任公司股权属于夫妻共同财产，另一方也不能直接分割股权。股权作为特殊的财产权益载体，具有人身性和财产性，应当按照法律规定完成相应的股权变更。

【律师建议】

夫妻共有且登记在夫妻一方名下的有限责任公司股权，在离婚时可以这样进行分割：

（1）夫妻双方协商，将夫或妻一方名下持有的共有股权由夫妻一方持有，选择持有股权的一方折价给予另一方合理补偿。

（2）夫妻双方协商，将夫或妻一方名下持有的共有股权分割，由夫妻双方各持有相应比例的股权。

（3）夫妻双方协商，将夫或妻一方名下持有的共有股权向第三方进行转让，转让所得价款由夫妻双方合理分配。

上述情形须考虑有限责任公司章程以及其他股东是否行使优先购买权，程序上建议通知公司其他股东，在其他股东未主张优先购买权或者放弃优先购买权的情形下，取得公司股东会决议通过股东离婚的股权分割转让方案。

在实践中，一方或双方既不同意分割股权，也不同意折价补偿，无法进行审计或评估，或分割涉及案外人的股权利益的，不宜在离婚纠纷案由中处理，人民法院一般不予分割，而是告知当事人另行主张。

《公司法》2023年修订后对股东转让股权已有了新的规定，夫妻共同共有的股权通过对外转让分割价款具有了更多可行性，操作上更加便利。

【法律规定】

《公司法》

第八十四条　有限责任公司的股东之间可以相互转让其全部或者部分股权。

股东向股东以外的人转让股权的，应当将股权转让的数量、价格、支付方式和期限等事项书面通知其他股东，其他股东在同等条件下有优先购买权。股东自接到书面通知之日起三十日内未答复的，视为放弃优先购买权。两个以上股东行使优先购买权的，协商确定各自的购买比例；协商不成的，按照转让时各自的出资比例行使优先购买权。

公司章程对股权转让另有规定的，从其规定。

最高人民法院《关于适用〈中华人民共和国民法典〉婚姻家庭编的解释（一）》

第七十三条　人民法院审理离婚案件，涉及分割夫妻共同财产中以一方名义在有限责任公司的出资额，另一方不是该公司股东的，按以下情形分别处理：

（一）夫妻双方协商一致将出资额部分或者全部转让给该股东的配偶，其他股东过半数同意，并且其他股东均明确表示放弃优先购买权的，该股东的配偶可以成为该公司股东；

（二）夫妻双方就出资额转让份额和转让价格等事项协商一致后，其他股东半数以上不同意转让，但愿意以同等条件购买该出资额的，人民法院可以对转让出资所得财产进行分割。其他股东半数以上不同意转让，也不愿意以同等条件购买该出资额的，视为其同意转让，该股东的配偶可以成为该公司股东。

用于证明前款规定的股东同意的证据，可以是股东会议材料，也可以是当事人通过其他合法途径取得的股东的书面声明材料。

第七章

董事、监事、高级管理人员的权利和义务

第 60 问：什么是"事实董事"和"影子董事"？

【问题解读】

"事实董事"，是指名义上不担任公司董事，但实际执行公司事务的人。"事实董事"也负有与董事、监事、高级管理人员一样的忠实、勤勉义务，应当采取措施避免自身利益与公司利益冲突，不得利用职权牟取不正当利益。

"影子董事"，是指名义上不担任公司董事，也不实际履行董事职务，但在幕后指示、支配董事行为的人。"影子董事"一般是指公司的控股股东、实际控制人。"影子董事"指示董事、高级管理人员从事损害公司或者股东利益的行为的，与该董事、高级管理人员承担连带责任。

之所以出现"事实董事"和"影子董事"，可能是因为控股股东、实际控制人为避免承担个人责任而拒绝成为显名董事，或者是因为个人身份等而不具有董事资格，或者是未按照法律规定的条件和程序被正式任命为董事。《公司法》2023 年修订引入"事实董事"和"影子董事"制度，不仅可以更好地发挥公司董事会治理机制的作用，保护中小投资者和债权人的利益，还有助于促进公司治理与国际接轨。

【律师建议】

1. "事实董事"和"影子董事"的界定。

法律虽然没有给出关于"事实董事"和"影子董事"的具体认定标准，但结合相关条款可以界定范围。通常情况下，"事实董事"

虽然没有董事之名，但直接行使董事职权，包括对外签署文件或协议、参与董事会会议、以董事身份代表公司行使权利等。而"影子董事"则一般是通过指示、指令其他董事来间接行使董事职权，像"影子"一样在名义董事的身后。

2."事实董事"和"影子董事"的责任。

"事实董事"实际执行公司事务，对公司就应负有忠实勤勉的义务，执行职务时应为公司的最大利益尽到管理者通常应有的合理注意。"影子董事"如控股股东、实际控制人，若滥用公司控制权损害公司、债权人以及中小股东利益，依据法律规定，都可能会被追究责任。

【案例解析】

甲是A公司的实际控制人，通过一系列复杂的股权安排控制了A公司的实际运营。乙、丙、丁是A公司的注册股东，但并不参与日常管理。甲通过直接指示A公司的经理进行了一系列损害公司利益的交易，以牟取个人利益。

这些交易被其他股东发现后，A公司面临巨大的财务损失。乙、丙、丁作为股东，向法院提起诉讼，要求甲赔偿因其滥用控制权给A公司造成的损失。

法院审理后认为，甲作为A公司的实际控制人，其行为符合"事实董事"的定义，因其直接指示公司经理进行不当交易，应与该经理一同对A公司承担连带赔偿责任。

【法律规定】

《公司法》

第二十二条 公司的控股股东、实际控制人、董事、监事、高级管理人员不得利用关联关系损害公司利益。

违反前款规定，给公司造成损失的，应当承担赔偿责任。

第七章 董事、监事、高级管理人员的权利和义务

第一百八十条 董事、监事、高级管理人员对公司负有忠实义务，应当采取措施避免自身利益与公司利益冲突，不得利用职权牟取不正当利益。

董事、监事、高级管理人员对公司负有勤勉义务，执行职务应当为公司的最大利益尽到管理者通常应有的合理注意。

公司的控股股东、实际控制人不担任公司董事但实际执行公司事务的，适用前两款规定。

第一百九十二条 公司的控股股东、实际控制人指示董事、高级管理人员从事损害公司或者股东利益的行为的，与该董事、高级管理人员承担连带责任。

第二百六十五条 本法下列用语的含义：

（一）高级管理人员，是指公司的经理、副经理、财务负责人，上市公司董事会秘书和公司章程规定的其他人员。

（二）控股股东，是指其出资额占有限责任公司资本总额超过百分之五十或者其持有的股份占股份有限公司股本总额超过百分之五十的股东；出资额或者持有股份的比例虽然低于百分之五十，但依其出资额或者持有的股份所享有的表决权已足以对股东会的决议产生重大影响的股东。

（三）实际控制人，是指通过投资关系、协议或者其他安排，能够实际支配公司行为的人。

（四）关联关系，是指公司控股股东、实际控制人、董事、监事、高级管理人员与其直接或者间接控制的企业之间的关系，以及可能导致公司利益转移的其他关系。但是，国家控股的企业之间不仅因为同受国家控股而具有关联关系。

第61问：董事可以辞任吗？

【问题解读】

公司与董事之间一般是依照股东会的选任决议和董事答应任职而形成委托关系，即董事受股东会委托履行管理公司的各项职责。

根据《民法典》有关委托合同的规定，受托人有权随时解除委托合同，因此，董事作为股东会的受托人可以辞任，且公司收到通知之日辞任生效。但董事会作为公司运营管理的核心部门，董事辞任势必会对公司造成影响，为此《公司法》明确规定，董事在任期内辞任导致董事会成员低于法定人数的，在改选出的董事就任前，原董事须继续履行董事职务。

【律师建议】

1. 董事辞任应以书面形式通知公司。此处的"书面形式"不仅包括纸质通知书，还包括通过邮件、短信、微信等常见的电子通信方式向公司发出通知，或者在董事会上口头提出辞任并记录在会议记录中。

2. 辞任通知应确保送达。董事辞任即行使解除权，解除与股东会之间的委托合同关系，根据有关合同解除的法律规定，合同自通知到达对方时解除，故应确保辞任通知由公司签收。采用电子方式送达的，应发送给能代表公司的个人，如法定代表人、董事长等，并留存签收记录。

3. 督促股东会及时选任新董事。董事在任期内辞任导致董事人数低于法定人数的，需继续履行职务直至新董事到任。为防止公司怠于选任新董事，建议董事积极督促公司召开股东会，并及时办理公司变更登记。若公司怠于履行公司变更登记义务，必要时可通过诉讼方式要求公司变更。

4. 注意后合同义务。即使辞任生效，董事在某些情况下可能仍需履行一些后合同义务，比如在新董事就任前的过渡期间继续履行职责等。

【案例解析】

甲、乙、丙是 A 公司的董事，任期 3 年。甲因个人职业规划，希望辞去董事职务。甲向 A 公司董事会提交了书面辞任通知，并通过电子邮件发送给了 A 公司的法定代表人。然而，A 公司出于内部原因，一直未能召开股东会选出新董事，导致甲的辞任无法生效，甲不得不继续履行董事职责。

两年后，甲发现其仍被登记为 A 公司董事，且 A 公司在此期间未向甲支付任何报酬。甲认为自己的权益受到侵害，向法院提起诉讼，请求确认其辞任生效，并要求 A 公司办理变更登记。

法院审理后认为，甲的辞任通知已经有效送达 A 公司，根据《公司法》规定，甲的辞任应自通知送达之日起生效。但由于 A 公司未能及时选出新董事，甲在过渡期间继续履行了董事职责。法院判决 A 公司应尽快选出新董事，并办理变更登记，确认甲的董事职务已经解除。

【法律规定】

《公司法》

第七十条　董事任期由公司章程规定，但每届任期不得超过三年。董事任期届满，连选可以连任。

董事任期届满未及时改选，或者董事在任期内辞任导致董事会成员低于法定人数的，在改选出的董事就任前，原董事仍应当依照法律、行政法规和公司章程的规定，履行董事职务。

董事辞任的，应当以书面形式通知公司，公司收到通知之日辞任生效，但存在前款规定情形的，董事应当继续履行职务。

第 62 问：董事不履职，公司有权解任吗？

【问题解读】

董事会作为公司的重要治理机构，对公司的重要性不言而喻。《公司法》对董事的权责作出了明确的规定，董事需要依照法律、公司章程以及股东会决议履行各项职责，如对存在瑕疵出资股东的催缴义务、股份有限公司的董事应当确保董事会决议合规等忠实勤勉义务等。

法律不仅对董事履职尽责的要求更加严格，也明确了公司有权解任不履职的董事。董事未及时履行义务，给公司造成损失的，公司有权要求负有责任的董事承担赔偿责任。

【律师建议】

1. 解任不履职的董事应遵循法律程序。首先，股东会的召集和表决程序应合法合规，确保股东会决议有效；其次，整理、保留董事不履职的工作安排、会议纪要、谈话笔录等材料，必要时可以要求董事赔偿相关损失。

2. 股东会作出解任董事的决议自作出之日生效。股东会依据法律规定和公司章程召开股东会并作出解任董事的决议，决议作出之日解任生效。

3. 不履职的董事被解任后还应承担赔偿责任。法律规定了董事的忠实勤勉义务，若不履职的董事给公司造成损失，公司除了可以解任董事，还可以向负有责任的董事索赔。

【案例解析】

A公司是B公司的股东,其因欠缴出资被裁定追加为被执行人,在1000万元出资范围内对B公司的债权人C公司承担清偿责任。经强制执行,A公司仍欠缴出资200万元。甲、乙、丙作为B公司的董事,未向A公司追缴出资。B公司经股东会决议解任甲、乙、丙董事职务并诉请甲、乙、丙对A公司欠缴出资所造成B公司的损失200万元承担连带责任。

法院认定,甲、乙、丙未能提交证据证明其在股东出资期限届满之后向股东履行催缴出资的义务,以消极不作为的方式构成了对董事勤勉义务的违反。股东A公司欠缴的出资即为B公司遭受的损失,A公司欠缴出资的行为与甲、乙、丙的消极不作为共同造成损害的发生、持续,甲、乙、丙未履行向股东催缴出资义务的行为与B公司所受损失之间存在法律上的因果关系,判决甲、乙、丙向B公司连带赔偿200万元。

【法律规定】

《公司法》

第五十一条 有限责任公司成立后,董事会应当对股东的出资情况进行核查,发现股东未按期足额缴纳公司章程规定的出资的,应当由公司向该股东发出书面催缴书,催缴出资。

未及时履行前款规定的义务,给公司造成损失的,负有责任的董事应当承担赔偿责任。

第七十一条 股东会可以决议解任董事,决议作出之日解任生效。

无正当理由,在任期届满前解任董事的,该董事可以要求公司予以赔偿。

第一百二十五条 董事会会议,应当由董事本人出席;董事因故不能出席,可以书面委托其他董事代为出席,委托书应当载明授权范围。

董事应当对董事会的决议承担责任。董事会的决议违反法律、行政法规或者公司章程、股东会决议，给公司造成严重损失的，参与决议的董事对公司负赔偿责任；经证明在表决时曾表明异议并记载于会议记录的，该董事可以免除责任。

第63问：董事被无故解任，有权索赔吗？

【问题解读】

股东会与董事之间是委托关系，股东会作为委托人有权随时解除董事职务。根据《公司法》的规定，股东会有选举和更换董事的职权，当股东会依照法律和公司章程规定召开股东会并决议解任董事时，决议作出之日解任生效。《公司法》还规定了董事无因解任制度，即股东会对董事享有任意解除权，即使董事履行了相应职责，股东会也有权解任董事。虽然公司可以无因解任董事，但任意解任可能会损害董事的合法权益。那么，董事被无故解任，有权索赔吗？

根据法律规定，股东会无正当理由解任董事的，董事有权要求公司予以赔偿。但公司是否赔偿及具体赔偿金额则需根据法律法规、公司章程规定或合同约定，并结合解除原因、剩余任期、董事薪酬等因素进行综合考量。

【律师建议】

1. 董事与公司基于委托关系的解任，可以依据合同约定要求公司赔偿。董事在任期内享有报酬的，被解任后，可向公司主张因解任而丧失的预期报酬收益。公司也可以通过公司章程规定或与董事间的合同约定，董事在任期内特定情况下不享有报酬或补偿，如股权转让、业务调整等，则公司可依照法律或章程规定解任董事而无须给予补偿。

2. 董事与公司基于劳动关系的解任，可以依据相关劳动保护法律规定进行维权。董事与公司之间除委托关系外，还可能存在劳动关系。如解任职工董事的同时解除双方劳动关系，职工董事既有权依据《公司法》的规定就解任董事职务向公司索赔，还可依据《劳动合同法》要求公司承担解除劳动关系的法律责任。但两者属于不同的权益，职工因解除劳动关系而遭受的薪酬损失，不能作为董事职务解除补偿的依据。

3. 被解任的董事或可通过对股东会决议提出异议的方式要求恢复职务。股东会作出解任董事的决议应依法合规，若董事对股东会的解任决议有异议，可考察股东会决议的合法性。决议无效或可撤销的，董事有权要求恢复职务。

【案例解析】

甲、乙、丙、丁分别担任B公司的董事，任期为5年。在任期的第3年，由于B公司股东结构发生变化，新的控股股东决定更换管理层。股东会未给出具体理由，通过决议解任了甲、乙、丙、丁的董事职务。

甲认为其被无故解任，向B公司提出索赔要求，声称解任导致其失去了剩余任期的董事报酬及其他潜在利益。B公司辩称，根据公司章程，股东会有权无理由更换董事，且甲作为董事并未有额外报酬，因此不存在损失。

法院审理此案时，考虑到甲作为董事虽未有固定报酬，但解任确实影响了其预期的董事地位和相关潜在利益，判决B公司应对甲进行适当的赔偿。

【法律规定】

《公司法》

第七十一条 股东会可以决议解任董事，决议作出之日解任生效。

无正当理由，在任期届满前解任董事的，该董事可以要求公司予以赔偿。

《民法典》

第九百三十三条 委托人或者受托人可以随时解除委托合同。因解除合同造成对方损失的，除不可归责于该当事人的事由外，无偿委托合同的解除方应当赔偿因解除时间不当造成的直接损失，有偿委托合同的解除方应当赔偿对方的直接损失和合同履行后可以获得的利益。

最高人民法院《关于适用〈中华人民共和国公司法〉若干问题的规定（五）》

第三条 董事任期届满前被股东会或者股东大会有效决议解除职务，其主张解除不发生法律效力的，人民法院不予支持。

董事职务被解除后，因补偿与公司发生纠纷提起诉讼的，人民法院应当依据法律、行政法规、公司章程的规定或者合同的约定，综合考虑解除的原因、剩余任期、董事薪酬等因素，确定是否补偿以及补偿的合理数额。

第64问：董事、监事、高级管理人员的任职有限制吗？

【问题解读】

公司的董事、监事、高级管理人员都是公司治理中的重要人员，对这些人员的任职限制，《公司法》有明确的规定。

董事、监事、高级管理人员系公司的受托人，除了应当满足管理层专业化的要求外，对公司的经营管理和业绩效益也负有重要的责任。因此，《公司法》对董事、监事、高级管理人员的任职资格和条件有较为严格的限制，具有无民事行为能力或限制民事行为能力、有财产性犯罪前科、有不良行为记录或者个人征信差等情形的，都不能担任董事、监事、高级管理人员。对于上市公司的董事、监事、高级管理人员，更有中国证监会等机构的相关管理办法加以限制，从而确保董事、监事、高级管理人员能够符合任职条件的要求。

【律师建议】

1. 公司选任董事、监事或聘任高级管理人员时，应当提前了解法律的限制性规定，避免选任无效。《公司法》第178条明确了不得担任公司的董事、监事、高级管理人员的情形，公司应当提前了解并注意。违反法律规定选举、委派董事、监事或者聘任高级管理人员的，该选举、委派或者聘任无效；若董事、监事、高级管理人员在任职期间出现法律禁止或限制情形，公司应当解除其职务。

2. 公司选任董事、监事或聘任高级管理人员时，应当对相关人员进行背景调查。包括访谈、查阅有关拟选任的董事、监事或拟聘任的高级管理人员的个人履历资料，查询拟选任的董事、监事或拟聘任的高级管理人员曾担任董事、监事、高级管理人员的其他公司的财务及公告文件，查询国家企业信息公示系统的记录，查询中国裁判文书网、中国执行信息网等官方网站相关公示信息等，调查、了解拟选任的董事、监事或拟聘任的高级管理人员的教育经历、专业资历、任职经历、婚姻状况等，考察其是否存在《公司法》规定不得担任公司董事、监事、高级管理人员的情形。

3. 公司在选任董事、监事、高级管理人员时，应严格遵守法定程序，包括但不限于股东会的选举、董事会的聘任等。

4. 若董事、监事、高级管理人员在任职期间出现《公司法》规定的不得担任董事、监事、高级管理人员的情形，公司应及时解除其职务，以符合法律规定。

5. 公司应建立有效的监督机制，确保董事、监事、高级管理人员履行职责时遵守法律法规和公司章程。

【法律规定】

《公司法》

第一百七十八条 有下列情形之一的，不得担任公司的董事、监事、高级管理人员：

（一）无民事行为能力或者限制民事行为能力；

（二）因贪污、贿赂、侵占财产、挪用财产或者破坏社会主义市场经济秩序，被判处刑罚，或者因犯罪被剥夺政治权利，执行期满未逾五年，被宣告缓刑的，自缓刑考验期满之日起未逾二年；

（三）担任破产清算的公司、企业的董事或者厂长、经理，对该公司、企业的破产负有个人责任的，自该公司、企业破产清算完结之日起未逾三年；

（四）担任因违法被吊销营业执照、责令关闭的公司、企业的法定代表人，并负有个人责任的，自该公司、企业被吊销营业执照、责令关闭之日起未逾三年；

（五）个人因所负数额较大债务到期未清偿被人民法院列为失信被执行人。

违反前款规定选举、委派董事、监事或者聘任高级管理人员的，该选举、委派或者聘任无效。

董事、监事、高级管理人员在任职期间出现本条第一款所列情形的，公司应当解除其职务。

第65问：公司法定代表人的选任和辞任有何要求？

【问题解读】

《公司法》规定，法定代表人应由代表公司执行事务的董事或经理担任。因此法定代表人的选任需符合董事、高级管理人员的任职要求，且实际参与公司经营。

法定代表人有权辞任，公司应当在其辞任之日起30日内确定新的法定代表人，以尽快填补空缺。如法定代表人由董事担任，董事可辞去法定代表人职务而保留董事身份，但董事辞任的视为同时辞去法定代表人，并需符合董事辞任的法律法规或公司章程规定。

【律师建议】

1. 法定代表人的选任范围扩大。《公司法》规定，公司董事均有担任法定代表人的资格，但需要实际参与公司经营，即法定代表人应由有能力代表公司从事民事活动的管理人员担任。另外，公司应在章程中明确法定代表人选任和更换的方法，以保障法定代表人的顺利过渡。

2. 法定代表人辞任应向公司发送书面通知。董事或经理受公司权力机构委托担任法定代表人，两者之间是委托合同关系，法定代表人作为受托人有权随时解除合同。为确保辞任通知的效力，建议以书面形式发送至公司注册地址或实际经营地址，并确保由公司签收，辞任自公司收到通知之日起生效。

3. 法定代表人辞任后，公司应于30日内确定新的法定代表人。公司不应对法定代表人辞任设置限制性条件，且需在30日内完成内部决议和公司变更登记两个程序。如公司怠于履行变更义务，辞任的法定代表人有权要求公司及时进行涤除登记，防止继续承担因公司行为带来的法律风险。

4. 如股东会决议解任担任公司法定代表人的董事，可一并确定新的法定代表人。按照《公司法》的规定，公司变更法定代表人的，变更登记申请书由变更后的法定代表人签署，有效避免原法定代表人不配合变更的僵局。

【案例解析】

乙是B公司的经理兼法定代表人。由于个人职业规划，乙决定辞去在B公司的职务。乙向B公司提交了书面辞职报告，并明确表示辞去经理及法定代表人职务。B公司收到辞职报告后，未及时作出反应，也未在公司登记机关办理变更登记。

数月后，B公司因经营不善产生债务纠纷，法院判决B公司承担法律责任。由于乙仍登记为B公司的法定代表人，法院对乙采取了限制消费措施。乙因此向法院提起诉讼，请求确认其辞任效力并要求B公司办理公司变更登记。

法院审理认为，乙的辞职报告符合法律规定和公司章程要求，辞任自B公司收到之日起生效。B公司未及时选任新的法定代表人并办理变更登记，导致乙继续承担法定代表人的责任，B公司应承担相应的法律责任。

【法律规定】

《公司法》

第十条　公司的法定代表人按照公司章程的规定，由代表公司执行公司事务的董事或者经理担任。

担任法定代表人的董事或者经理辞任的，视为同时辞去法定代表人。

法定代表人辞任的，公司应当在法定代表人辞任之日起三十日内确定新的法定代表人。

第66问：股东未足额出资，董事需要承担责任吗？

【问题解读】

按公司章程的规定实缴出资，是股东最根本的义务。股东未履行或未完全履行出资义务的，公司有权要求该股东向公司缴纳出资。

董事负责执行公司日常事务，对公司经营管理的各类信息掌握较准确，并对公司负有忠实义务和勤勉义务，理应充分了解公司的资产负债情况和盈利能力。董事未能催告股东及时缴足出资的，视为未尽到勤勉义务，应在股东未缴纳出资的范围内向公司承担赔偿责任。

【律师建议】

1. 董事会应定期核查股东缴纳出资的情况。

《公司法》规定，全体股东认缴的出资额应按公司章程的规定自公司成立之日起5年内完成实缴。因此，董事会应按照公司章程中对各股东缴纳出资期限及出资额的规定，对股东实缴出资情况予以核查。

2. 董事会应以公司名义向股东发送书面催缴通知。

经董事会核查，对超过出资期限未缴纳出资或未足额缴纳出资的股东，应及时要求公司向该股东发出书面催缴书，并要求股东在合理期限内缴足出资，股东收到催缴通知后仍未履行出资义务的，公司可提起诉讼追缴。

3. 对董事会催缴股东出资决议投否决票的董事，可能需承担责任。

《公司法》规定，核查股东出资的责任主体系董事会，除仅设一名董事的公司外，董事会可通过决议授权公司向股东发送催缴通知，董事投否决票导致相关董事会决议未通过的，可能视为对公司受损存在过错，需要就公司损失承担相应责任，对于主张催缴的董事，则可以履行过催缴义务而免责。

4. 对非货币出资的核查义务。

股东以非货币出资的，应当评估作价并办理产权转移手续。董事会经核查发现非货币出资的实际价值显著低于认缴出资的，或未办理产权转移手续的，应催告该股东及时补足出资或办理产权转移手续，否则也可能需要对此承担法律责任。

【案例解析】

A公司设董事会，由甲、乙、丙三名董事组成。在核查公司股东缴纳出资情况时发现B股东的缴纳出资期限已届满，但尚未缴足出资。为此，A公司召开临时董事会，就是否催告B股东尽快缴纳出资进行决议，其中甲表示同意，乙、丙因受B股东指派而表示反对，故有关催缴出资的决议未能通过。

后A公司因未能清偿到期债务被起诉，债权人主张乙、丙应在B股东未足额出资范围内承担赔偿责任，甲可以其履行过催缴义务而免责。

【法律规定】

《公司法》

第五十一条 有限责任公司成立后，董事会应当对股东的出资情况进行核查，发现股东未按期足额缴纳公司章程规定的出资的，应当由公司向该股东发出书面催缴书，催缴出资。

未及时履行前款规定的义务，给公司造成损失的，负有责任的董事应当承担赔偿责任。

第七章 董事、监事、高级管理人员的权利和义务

最高人民法院《关于适用〈中华人民共和国公司法〉若干问题的规定（三）》

第十三条 股东未履行或者未全面履行出资义务，公司或者其他股东请求其向公司依法全面履行出资义务的，人民法院应予支持。

公司债权人请求未履行或者未全面履行出资义务的股东在未出资本息范围内对公司债务不能清偿的部分承担补充赔偿责任的，人民法院应予支持；未履行或者未全面履行出资义务的股东已经承担上述责任，其他债权人提出相同请求的，人民法院不予支持。

股东在公司设立时未履行或者未全面履行出资义务，依照本条第一款或者第二款提起诉讼的原告，请求公司的发起人与被告股东承担连带责任的，人民法院应予支持；公司的发起人承担责任后，可以向被告股东追偿。

股东在公司增资时未履行或者未全面履行出资义务，依照本条第一款或者第二款提起诉讼的原告，请求未尽公司法第一百四十七条第一款规定的义务而使出资未缴足的董事、高级管理人员承担相应责任的，人民法院应予支持；董事、高级管理人员承担责任后，可以向被告股东追偿。

第67问：董事、监事、高级管理人员能与公司进行关联交易吗？

【问题解读】

关联关系，是指公司控股股东、实际控制人、董事、监事、高级管理人员与其直接或者间接控制的企业之间的关系，以及可能导致公司利益转移的其他关系。基于关联关系与公司订立的合同或者交易称为关联交易。

法律并没有禁止董事、监事、高级管理人员与公司进行关联交易，但关联交易可能导致公司利益受损，为了保护公司合法利益，防止不公平的关联交易行为的产生，法律规定公司的董事、监事、高级管理人员与公司发生关联交易之前应向董事会或股东会报告，并按照公司章程的规定经董事会或股东会决议通过后，才可与公司发生关联交易。

【律师建议】

1. 关联交易应遵循诚信、公平的原则。

在关联交易有必要、合乎逻辑且能够高效达成交易双方目的的情况下，董事、监事、高级管理人员或者其近亲属及其近亲属所控制的企业可以与公司进行关联交易。在与公司进行关联交易时，应当遵循诚信、公平原则，实现交易双方的互利共赢。

2. 关联交易应当履行相应前置程序。

董事、监事、高级管理人员与公司进行关联交易之前应当履行相应前置程序，在决策过程中，要始终遵循法律法规和公司章程，确保关联交易的合规性，即就与公司订立合同或者进行交易的有关事项向董事会或者股东会报告,按照公司章程的规定经董事会或股东会决议通过,董事会进行表决时关联董事应当回避。

3. 关联交易导致公司利益受损的,关联人员应承担法律责任。

虽然我国法律并未禁止关联交易,但我国《公司法》严格禁止关联人员通过关联交易损害公司利益,否则,关联人员应向公司承担损害赔偿责任。充分披露交易信息和交易程序合法并不能成为关联交易赔偿责任的抗辩理由。换言之,即使关联交易事先报经董事会或股东会表决通过且按照《公司法》程序进行,且关联人员主观上不具有损害公司利益的故意,但关联交易最终导致公司利益受损的,关联人员仍应当就关联交易给公司造成的损失承担赔偿责任。

【案例解析】

甲、乙是 A 公司的董事,B 公司设立后,甲、乙利用关联交易关系和实际控制 A 公司经营管理的便利条件,主导 B 公司与 A 公司签订若干采购合同。

后 A 公司通过市场直接采购的方式向其他公司购买了相同产品,且价格比 B 公司更便宜,甲、乙未能对此作出合理解释。甲、乙亦未能进一步提供证据证明其主张降低 B 公司采购成本的抗辩事实成立。法院认定,甲、乙将本可以通过市场采购的方式购买相关产品转由向 B 公司进行采购,增加了 A 公司的购买成本,损害了 A 公司的权益,甲、乙应当承担赔偿责任。

【法律规定】

《公司法》

第二十二条　公司的控股股东、实际控制人、董事、监事、高级管理人员不得利用关联关系损害公司利益。

违反前款规定,给公司造成损失的,应当承担赔偿责任。

最高人民法院《关于适用〈中华人民共和国公司法〉若干问题的规定（五）》

第一条第一款 关联交易损害公司利益，原告公司依据民法典第八十四条、公司法第二十一条规定请求控股股东、实际控制人、董事、监事、高级管理人员赔偿所造成的损失，被告仅以该交易已经履行了信息披露、经股东会或者股东大会同意等法律、行政法规或者公司章程规定的程序为由抗辩的，人民法院不予支持。

第 68 问：股东抽逃出资，董事、监事、高级管理人员要承担责任吗？

【问题解读】

为保障公司资本的稳定与充足，《公司法》明确规定，公司成立后，股东不得抽逃出资。法律还规定，股东抽逃出资的，应向公司返还出资本息。董事、监事、高级管理人员作为公司经营管理的关键人员，对公司资本充实负有监管职责，那么，他们是否要对股东抽逃出资承担责任呢？

《公司法》规定，对抽逃出资负有责任的董事、监事、高级管理人员与该股东承担连带赔偿责任。承担责任的原因也不再局限于协助抽逃出资，而是对股东抽逃出资未尽到审慎监督或催缴责任的，均有可能承担连带赔偿责任。

【律师建议】

1. 完善公司章程规定，规范股东的出资义务和责任。公司章程应明确规定股东的出资期限和出资金额，以及抽逃出资后应承担的责任，如限制抽逃出资股东的表决权、分红权或优先认股权等，以进一步规范并压实股东的出资义务和责任。

2. 完善重要事项的表决程序，实时监控公司财务状况。董事、监事、高级管理人员应对公司重要事项和财务状况给予关注，特别是针对关联交易、股东借款、公司担保等情形，应严格遵守相应的表决程序，并对其实施过程进行实时监控，防止股东以上述交易的方式抽逃出资。

3. 完善审查和监督行权规则，定期审查股东出资情况。实现董事、监事、高级管理人员对股东出资情况的审查和监督职能，不仅要求前述人员具备相关专业知识，还需要通过公司章程为其提供一定的制度保障，如财务信息的知情权、董事、监事、高级管理人员独立意见的发表权等，明确董事、监事、高级管理人员对股东出资的审查监督权及行权规则，以避免控股股东滥用控制地位干扰董事、监事、高级管理人员履行审查和监督职权。

4. 完善催缴通知程序，及时催告股东返还出资。如发现股东存在抽逃出资情形，董事、监事、高级管理人员应及时向该股东发出催缴通知，要求其在限定期限内返还出资，如股东拒不履行，公司可依据法律法规或公司章程规定向该股东发出失权通知。董事、监事、高级管理人员怠于履行监督或催缴职责，未发现或纠正股东抽逃出资的行为，使公司遭受损失的，将承担连带赔偿责任。

【案例解析】

甲某任 A 公司的执行董事，乙某任监事，丙某任总经理，甲某在日常查账过程中发现股东丁通过关联交易将已缴纳的 500 万元注册资本转入其名下的私人账户。

甲某口头上要求股东丁尽快返还出资，但股东丁常以各种借口拖延。而丙某发现股东丁抽逃出资后，随即告知乙某，两人以公司名义向股东丁发出书面催缴通知，要求其在 30 日内返还出资，股东丁收到通知后并未返还出资。

后 A 公司不能清偿到期债务，债权人要求股东丁在其抽逃出资范围内清偿公司债务，甲某、乙某、丙某对此承担连带责任时，甲某因无法举证证明已履行监管职责，将承担连带赔偿责任，乙某、丙某可以其履行过催缴义务而主张免责。

【法律规定】

《公司法》

第五十一条　有限责任公司成立后，董事会应当对股东的出资情况进行核查，发现股东未按期足额缴纳公司章程规定的出资的，应当由公司向该股东发出书面催缴书，催缴出资。

未及时履行前款规定的义务，给公司造成损失的，负有责任的董事应当承担赔偿责任。

第五十三条 公司成立后，股东不得抽逃出资。

违反前款规定的，股东应当返还抽逃的出资；给公司造成损失的，负有责任的董事、监事、高级管理人员应当与该股东承担连带赔偿责任。

最高人民法院《关于适用〈中华人民共和国公司法〉若干问题的规定（三）》

第十四条 股东抽逃出资，公司或者其他股东请求其向公司返还出资本息、协助抽逃出资的其他股东、董事、高级管理人员或者实际控制人对此承担连带责任的，人民法院应予支持。

公司债权人请求抽逃出资的股东在抽逃出资本息范围内对公司债务不能清偿的部分承担补充赔偿责任、协助抽逃出资的其他股东、董事、高级管理人员或者实际控制人对此承担连带责任的，人民法院应予支持；抽逃出资的股东已经承担上述责任，其他债权人提出相同请求的，人民法院不予支持。

第69问：公司的高级管理人员的范围和责任有哪些？

【问题解读】

公司的高级管理人员指的是公司的经理、副经理、财务负责人，上市公司董事会秘书和公司章程规定的其他人员。公司的高级管理人员一般负责公司日常经营管理的重大事项，掌握着公司的核心资源和管理权力，在公司的发展和运营中起着举足轻重的作用。

如果权力没有限制，必然会导致权力的滥用，最终损害公司利益，所以公司的高级管理人员在公司拥有重要权限的同时，也应当对公司承担相应责任。

【律师建议】

根据《公司法》的规定，公司的高级管理人员承担的责任主要包括以下内容：

（1）利用关联关系损害公司利益的高级管理人员，应当承担赔偿责任；

（2）对股东抽逃出资负有责任的高级管理人员应当对由此给公司造成的损失与该股东承担连带赔偿责任；

（3）公司违规为他人取得本公司或其母公司的股份提供财务资助，给公司造成损失的，负有责任的高级管理人员应当承担赔偿责任；

（4）高级管理人员违反忠实义务所得的收入应当归公司所有；

（5）高级管理人员违法违规执行职务造成公司损失的，应当承担赔偿责任；

（6）高级管理人员违法违规损害股东利益的，应当承担赔偿责任；

（7）高级管理人员执行职务造成他人损害且存在故意或重大过失的，应当承担赔偿责任；

（8）受公司控股股东、实际控制人指示损害公司或股东利益的高级管理人员，应当与该控股股东、实际控制人承担连带责任；

（9）公司违法分配利润给公司造成损失的，负有责任的高级管理人员应当承担赔偿责任；

（10）公司违法减资给公司造成损失的，负有责任的高级管理人员应当承担赔偿责任；

（11）高级管理人员作为清算组成员，怠于履行清算职责给公司或债权人造成损失的，应当承担赔偿责任。

【法律规定】

《公司法》

第二十二条 公司的控股股东、实际控制人、董事、监事、高级管理人员不得利用关联关系损害公司利益。

违反前款规定，给公司造成损失的，应当承担赔偿责任。

第五十三条 公司成立后，股东不得抽逃出资。

违反前款规定的，股东应当返还抽逃的出资；给公司造成损失的，负有责任的董事、监事、高级管理人员应当与该股东承担连带赔偿责任。

第一百六十三条 公司不得为他人取得本公司或者其母公司的股份提供赠与、借款、担保以及其他财务资助，公司实施员工持股计划的除外。

为公司利益，经股东会决议，或者董事会按照公司章程或者股东会的授权作出决议，公司可以为他人取得本公司或者其母公司的股份提供财务资助，但财务资助的累计总额不得超过已发行股本总额的百分之十。董事会作出决议应当经全体董事的三分之二以上通过。

违反前两款规定，给公司造成损失的，负有责任的董事、监事、高级管理人员应当承担赔偿责任。

第一百七十九条 董事、监事、高级管理人员应当遵守法律、行政法规和公司章程。

第一百八十条 董事、监事、高级管理人员对公司负有忠实义务,应当采取措施避免自身利益与公司利益冲突,不得利用职权牟取不正当利益。

董事、监事、高级管理人员对公司负有勤勉义务,执行职务应当为公司的最大利益尽到管理者通常应有的合理注意。

公司的控股股东、实际控制人不担任公司董事但实际执行公司事务的,适用前两款规定。

第一百八十四条 董事、监事、高级管理人员未向董事会或者股东会报告,并按照公司章程的规定经董事会或者股东会决议通过,不得自营或者为他人经营与其任职公司同类的业务。

第一百八十六条 董事、监事、高级管理人员违反本法第一百八十一条至第一百八十四条规定所得的收入应当归公司所有。

第一百八十八条 董事、监事、高级管理人员执行职务违反法律、行政法规或者公司章程的规定,给公司造成损失的,应当承担赔偿责任。

第一百九十条 董事、高级管理人员违反法律、行政法规或者公司章程的规定,损害股东利益的,股东可以向人民法院提起诉讼。

第一百九十一条 董事、高级管理人员执行职务,给他人造成损害的,公司应当承担赔偿责任;董事、高级管理人员存在故意或者重大过失的,也应当承担赔偿责任。

第一百九十二条 公司的控股股东、实际控制人指示董事、高级管理人员从事损害公司或者股东利益的行为的,与该董事、高级管理人员承担连带责任。

第二百一十一条 公司违反本法规定向股东分配利润的,股东应当将违反规定分配的利润退还公司;给公司造成损失的,股东及负有责任的董事、监事、高级管理人员应当承担赔偿责任。

第二百二十六条 违反本法规定减少注册资本的,股东应当退还其收到的资金,减免股东出资的应当恢复原状;给公司造成损失的,股东及负有责

第七章 ‖ 董事、监事、高级管理人员的权利和义务

任的董事、监事、高级管理人员应当承担赔偿责任。

第二百三十八条 清算组成员履行清算职责，负有忠实义务和勤勉义务。清算组成员怠于履行清算职责，给公司造成损失的，应当承担赔偿责任；因故意或者重大过失给债权人造成损失的，应当承担赔偿责任。

第二百六十五条 本法下列用语的含义：

（一）高级管理人员，是指公司的经理、副经理、财务负责人，上市公司董事会秘书和公司章程规定的其他人员……

第70问：审计委员会的组成与职能是什么？

【问题解读】

根据《公司法》的规定，有限责任公司和股份有限公司可以依据公司章程的规定设立审计委员会，而不设监事会或者监事。那么，审计委员会的组成和职能是否和监事会一样呢？

关于审计委员会的组成，《公司法》规定，公司可以按照公司章程的规定在董事会中设置由董事组成的审计委员会，董事会成员中的职工代表可以成为审计委员会成员。审计委员会成员为3名以上，过半数成员不得在公司担任除董事以外的其他职务，且不得与公司存在任何可能影响其独立客观判断的关系。

关于审计委员会的职能，《公司法》明确为行使监事会的职权。但针对上市公司在董事会中设置审计委员会的，法律还特别规定了下列事项需要审计委员会全体成员审议表决、过半数通过，包括：（1）聘用、解聘承办公司审计业务的会计师事务所；（2）聘任、解聘财务负责人；（3）披露财务会计报告；（4）国务院证券监督管理机构规定的其他事项。

【律师建议】

1. 公司章程应明确审计委员会的职权。虽然审计委员会可以代替监事会来行使监事会的职权，但仍应在公司章程中对其职权进行明确。在公司同时设立审计委员会、监事或监事会的情形下，还应通过章程尽可能地明确各监督机构的职权。同时，还应在章程中规

第七章 ‖ 董事、监事、高级管理人员的权利和义务

定审计委员会的议事规则、表决规则等事项。

2. 公司章程应明确审计委员会的责任。审计委员会的成员若存在违法或违反章程、股东会决议给公司造成严重损失的，可以依据公司章程的规定要求相应审计委员会成员承担赔偿责任。在公司设立审计委员会而不设立监事或监事会的情形下，公司权益受损而公司怠于起诉的，股东是否需要向替代监事会行使相关职权的审计委员会进行前置书面请求程序，也可以提前在公司章程中进行明确。

【法律规定】

《公司法》

第六十九条　有限责任公司可以按照公司章程的规定在董事会中设置由董事组成的审计委员会，行使本法规定的监事会的职权，不设监事会或者监事。公司董事会成员中的职工代表可以成为审计委员会成员。

第一百二十一条　股份有限公司可以按照公司章程的规定在董事会中设置由董事组成的审计委员会，行使本法规定的监事会的职权，不设监事会或者监事。

审计委员会成员为三名以上，过半数成员不得在公司担任除董事以外的其他职务，且不得与公司存在任何可能影响其独立客观判断的关系。公司董事会成员中的职工代表可以成为审计委员会成员。

审计委员会作出决议，应当经审计委员会成员的过半数通过。

审计委员会决议的表决，应当一人一票。

审计委员会的议事方式和表决程序，除本法有规定的外，由公司章程规定。

公司可以按照公司章程的规定在董事会中设置其他委员会。

第一百三十七条　上市公司在董事会中设置审计委员会的，董事会对下列事项作出决议前应当经审计委员会全体成员过半数通过：

（一）聘用、解聘承办公司审计业务的会计师事务所；

(二) 聘任、解聘财务负责人;

(三) 披露财务会计报告;

(四) 国务院证券监督管理机构规定的其他事项。

第一百七十六条 国有独资公司在董事会中设置由董事组成的审计委员会行使本法规定的监事会职权的,不设监事会或者监事。

第八章

股东的进入和退出

第71问：股东加入公司的方式有哪些？

【问题解读】

投资人为了获得回报，认缴公司出资或认购股份，将现金等财产作为注册资本投入公司，通过将自己对财产的支配权让渡给公司的方式，取得对公司的权利即股权，完成民事法律关系的变动。简单来说，投资人的财产权转化为公司的股权，股东的权利源自股东对公司的出资。不同类型的股东加入公司的方式不同。

【律师建议】

股权的取得分为原始取得与继受取得。

1. 原始取得即投资人通过认购或出资协议等直接向公司投入财产从而获得股权的方式，该类投资人即原始股东，包括以下两种：

（1）公司设立时就向公司认购出资或股份以获得原始股东资格，如发起人。

（2）公司成立后增资扩股时，通过认购新增注册资本或新股份，从而取得股东资格。

2. 继受取得是指新股东出于法定或约定的原因从其他股东处获得公司股权，一般因转让、继承、赠与、离婚财产分割等发生相应的主体及权利变化。

（1）股权转让是指股东将其持有的公司股权全部或部分转让给受让人，受让人成为公司新股东。这是最常发生的继受取得方式。

（2）股权继承即公司股东死亡，股权作为其遗产，由其继承人继承股东资格。需要注意的是，基于有限责任公司人合性的特征，部分公司会通过公司章程排除继承人继承股东资格，则继承人可以继承与股权相关的财产权益，但无法继承股东资格成为新股东。

（3）赠与是对股权有处分权的股东将持有的股权赠与他人，从而使受赠人取得股东身份。

（4）有的股东在婚姻关系存续期间，以夫妻共同财产出资获得股权，该类股权实际上属于夫妻共同财产，夫妻离婚时需要对其进行分割。如双方协商一致，原本登记为股东的一方将部分或全部股权分配给配偶，则配偶可成为公司新股东。

【案例解析】

案例1：甲、乙、丙三人决定共同设立一家科技公司A。在公司筹备阶段，他们签订了出资协议，约定甲出资500万元、乙出资300万元、丙出资200万元。公司设立时，他们按照约定向公司投入了相应的资金，并完成了登记等手续。甲、乙、丙三人作为发起人，通过认购出资的方式，在公司设立时就获得了股东资格，共同参与公司的经营管理，享有股东权利。

案例2：B公司的股东丁由于个人原因，决定将自己持有的B公司30%的股权转让给戊。双方签订了股权转让协议，明确了转让价格、股权比例等事项。在办理了相关的变更登记手续后，戊成为B公司的新股东。戊通过受让丁的股权，继受取得了股东身份。成为股东的方式见图8-1。

```
                        ┌─(1)公司设立时认购出资或股份
              ┌─原始取得─┤
              │         └─(2)公司增资扩股时认购
成为股东的方式─┤
              │         ┌─(1)股权转让
              │         ├─(2)股权继承
              └─继受取得─┤
                        ├─(3)股权赠与
                        ├─(4)离婚财产分割
                        └─……
```

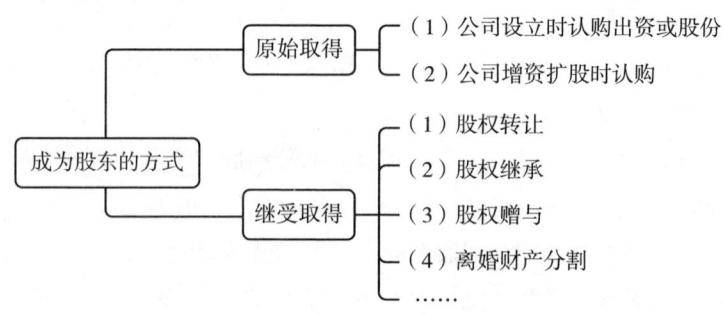

图8-1 成为股东的方式

第八章 股东的进入和退出

【法律规定】

《公司法》

第八十四条 有限责任公司的股东之间可以相互转让其全部或者部分股权。

股东向股东以外的人转让股权的,应当将股权转让的数量、价格、支付方式和期限等事项书面通知其他股东,其他股东在同等条件下有优先购买权。股东自接到书面通知之日起三十日内未答复的,视为放弃优先购买权。两个以上股东行使优先购买权的,协商确定各自的购买比例;协商不成的,按照转让时各自的出资比例行使优先购买权。

公司章程对股权转让另有规定的,从其规定。

第九十条 自然人股东死亡后,其合法继承人可以继承股东资格;但是,公司章程另有规定的除外。

第一百五十七条 股份有限公司的股东持有的股份可以向其他股东转让,也可以向股东以外的人转让;公司章程对股份转让有限制的,其转让按照公司章程的规定进行。

最高人民法院《关于适用〈中华人民共和国民法典〉婚姻家庭编的解释(一)》

第七十三条 人民法院审理离婚案件,涉及分割夫妻共同财产中以一方名义在有限责任公司的出资额,另一方不是该公司股东的,按以下情形分别处理:

(一)夫妻双方协商一致将出资额部分或者全部转让给该股东的配偶,其他股东过半数同意,并且其他股东均明确表示放弃优先购买权的,该股东的配偶可以成为该公司股东;

(二)夫妻双方就出资额转让份额和转让价格等事项协商一致后,其他股东半数以上不同意转让,但愿意以同等条件购买该出资额的,人民法院可以对转让出资所得财产进行分割。其他股东半数以上不同意转让,也不愿意以同等条件购买该出资额的,视为其同意转让,该股东的配偶可以成为该公司股东。

用于证明前款规定的股东同意的证据,可以是股东会议材料,也可以是当事人通过其他合法途径取得的股东的书面声明材料。

《证券法》

第三十七条　公开发行的证券,应当在依法设立的证券交易所上市交易或者在国务院批准的其他全国性证券交易场所交易。

非公开发行的证券,可以在证券交易所、国务院批准的其他全国性证券交易场所、按照国务院规定设立的区域性股权市场转让。

第 72 问：股东退出公司的方式有哪些？

【问题解读】

在商业实践中，有限责任公司作为一种普遍的企业组织形式，其核心优势在于能够在股东之间建立起基于信任的合作关系。然而，随着商业环境的不断变化和公司经营状况的波动，股东间的信任可能会逐渐消失，甚至完全瓦解，从而使公司面临严重的运营危机。

在这种情况下，股东必须审慎考虑退出策略，因为这关系到个人利益的保护以及公司未来的发展前景。合理的退出机制不仅可以为股东提供一条退路，还可以确保公司在危机中稳定过渡，维持运营的连续性。

因此，股东在考虑退出方式时，应充分评估各种可能的法律后果和商业影响，以便做出最有利于个人和公司整体利益的决策。

【律师建议】

有限责任公司股东主动退出的方式有以下四种：

1. 股权转让

根据《公司法》第 84 条规定，股东可以通过股权转让的方式退出公司。这种方式依据受让人的身份不同还可以分为：（1）股东之间转让股权。由于不会增加新股东，也不会导致股东之间合作关系变化，所以这种转让方式不受限制，也不需要其他股东同意。（2）向股东以外的人转让股权。这种方式会引入新的股东，可能会影响股东之间的合作关系，因此规定了需提前 30 日书面通知其他股东股权转让条件，确保其他股东在同等条件下的优先购买权。

值得注意的是，若公司章程对于股东转让股权的程序规则有特别约定，则应当以公司章程的规定为准。当然，股东也可以采取修改公司章程的方式，将其期望的理想股权转让条件提前进行约定。

2. 股权回购

根据《公司法》第 89 条第 1 款规定，对股东会特定的三项决议投反对票的股东可以请求公司按照合理的价格回收其股权，具体情况有：(1) 公司连续 5 年不向股东分配利润，而公司该 5 年连续盈利，并且符合《公司法》规定的分配利润条件；(2) 公司合并、分立、转让主要财产；(3) 公司章程规定的营业期限届满或者章程规定的其他解散事由出现，股东会通过决议修改章程使公司存续。

在上述情况下，投反对票的股东可以自决议作出之日起 60 日内与公司达成股权收购协议，或者自股东会决议作出之日起 90 日内向人民法院提起诉讼。

此外，《公司法》还增加了控股股东滥用股东权利，严重损害公司或者其他股东利益时，其他股东的有权请求公司按照合理价格收购其股权的规定，拓宽了中小股东退出公司的渠道，也为破解公司僵局提供了更多的解决方案。

3. 公司解散

根据《公司法》第 229 条第 1 款的规定，公司解散应当依法办理清算及注销登记手续，股东在公司办理完毕注销登记后退出公司。公司解散的法定原因分别有：

(1) 公司章程规定的营业期限届满或者公司章程规定的其他解散事由出现；(2) 股东会决议解散；(3) 因公司合并或者分立需要解散；(4) 依法被吊销营业执照、责令关闭或者被撤销；(5) 公司经营管理发生严重困难，继续存续会使股东利益受到重大损失，通过其他途径不能解决的，经持有公司 10% 以上表决权的股东申请，人民法院准予解散。

4. 公司减资

根据《公司法》第 224 条第 3 款的规定，在公司全体股东另有约定的情况下，公司减少注册资本时，可以不按照股东出资或者持有股份的比例相应减少出资额或者股份，而是针对某一股东进行"定向减资"。

总之，法律为有限责任公司股东退出提供了多样化的选择，既保障了股东的权益，也维护了公司的稳定发展。在股东退出公司的过程中，要学会运用法律，确保权益的最大化。

【案例解析】

甲为 A 公司的股东，其要退出 A 公司有四种方式，具体的操作流程分别见图 8-2、图 8-3、图 8-4、图 8-5。

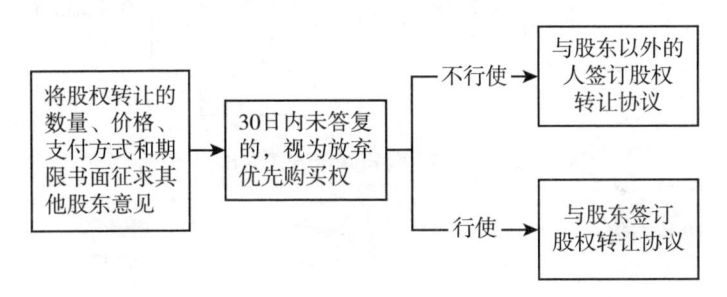

图 8-2　股权转让方式退出

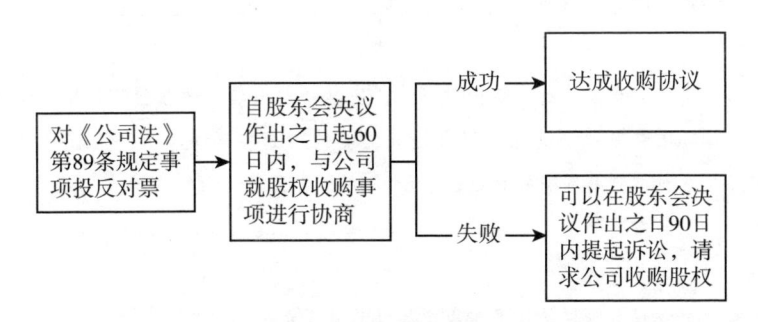

图 8-3　股权回购方式退出

```
                    ┌─────────────────────────────────────────┐
                    │ 自行解散：(1)公司章程规定的营业          │
                    │ 期满或者公司章程规定的其他解散事由       │      ┌──────────────┐
                    │ 出现；(2)股东会决议解散；(3)因           │      │ 10日内将     │
                    │ 公司合并或者分立需要解散                 │      │ 解散事由     │
┌──────────┐    ────┤                                         ├──────┤ 通过国家     │
│ 公司解散 │────┤                                                    │ 企业信用     │
└──────────┘    ────┤                                         ├──────┤ 信息公示     │
                    │ 强制解散：(1)依法被吊销营业执照、         │      │ 系统进行     │
                    │ 责令关闭或者被撤销；(2)公司经营          │      │ 公示         │
                    │ 管理发生严重困难，继续存续会使股        │      └──────────────┘
                    │ 东利益受损，通过其他途径不能解决，        │
                    │ 持有公司10%以上表决权股东请求法院         │
                    │ 解散公司                                 │
                    └─────────────────────────────────────────┘
```

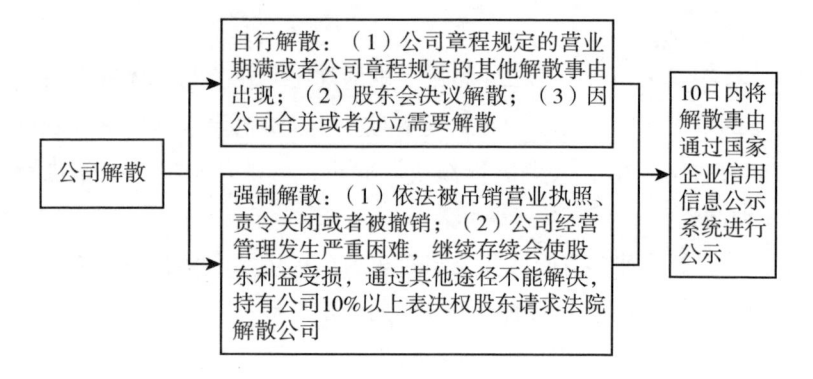

图 8-4　公司解散方式退出

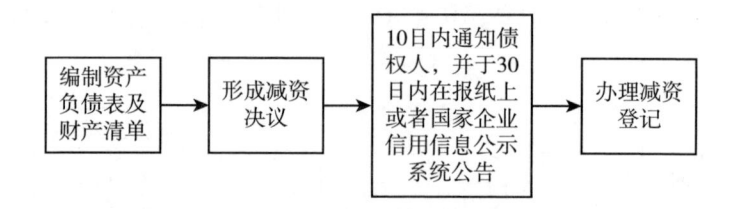

```
┌──────────┐     ┌──────────┐     ┌────────────┐     ┌──────────┐
│ 编制资产 │     │          │     │10日内通知债│     │          │
│ 负债表及 │────▶│ 形成减资 │────▶│权人，并于30│────▶│ 办理减资 │
│ 财产清单 │     │ 决议     │     │日内在报纸上│     │ 登记     │
│          │     │          │     │或者国家企业│     │          │
│          │     │          │     │信用信息公示│     │          │
│          │     │          │     │系统公告    │     │          │
└──────────┘     └──────────┘     └────────────┘     └──────────┘
```

图 8-5　公司减资方式退出

【法律规定】

《公司法》

第八十四条　有限责任公司的股东之间可以相互转让其全部或者部分股权。

股东向股东以外的人转让股权的，应当将股权转让的数量、价格、支付方式和期限等事项书面通知其他股东，其他股东在同等条件下有优先购买权。股东自接到书面通知之日起三十日内未答复的，视为放弃优先购买权。两个以上股东行使优先购买权的，协商确定各自的购买比例；协商不成的，按照转让时各自的出资比例行使优先购买权。

公司章程对股权转让另有规定的，从其规定。

第八十九条　有下列情形之一的，对股东会该项决议投反对票的股东可以请求公司按照合理的价格收购其股权：

（一）公司连续五年不向股东分配利润，而公司该五年连续盈利，并且符合本法规定的分配利润条件；

（二）公司合并、分立、转让主要财产；

（三）公司章程规定的营业期限届满或者章程规定的其他解散事由出现，股东会通过决议修改章程使公司存续。

自股东会决议作出之日起六十日内，股东与公司不能达成股权收购协议的，股东可以自股东会决议作出之日起九十日内向人民法院提起诉讼。

公司的控股股东滥用股东权利，严重损害公司或者其他股东利益的，其他股东有权请求公司按照合理的价格收购其股权。

公司因本条第一款、第三款规定的情形收购的本公司股权，应当在六个月内依法转让或者注销。

第二百二十四条 公司减少注册资本，应当编制资产负债表及财产清单。

公司应当自股东会作出减少注册资本决议之日起十日内通知债权人，并于三十日内在报纸上或者国家企业信用信息公示系统公告。债权人自接到通知之日起三十日内，未接到通知的自公告之日起四十五日内，有权要求公司清偿债务或者提供相应的担保。

公司减少注册资本，应当按照股东出资或者持有股份的比例相应减少出资额或者股份，法律另有规定、有限责任公司全体股东另有约定或者股份有限公司章程另有规定的除外。

第二百二十九条 公司因下列原因解散：

（一）公司章程规定的营业期限届满或者公司章程规定的其他解散事由出现；

（二）股东会决议解散；

（三）因公司合并或者分立需要解散；

（四）依法被吊销营业执照、责令关闭或者被撤销；

（五）人民法院依照本法第二百三十一条的规定予以解散。

公司出现前款规定的解散事由，应当在十日内将解散事由通过国家企业信用信息公示系统予以公示。

第73问：投资人如何通过对赌实现优先退出？

【问题解读】

1. 对赌产生的原因

对赌又称估值调整机制，其产生的主要原因是为了解决投资人和公司经营者之间的信息不对称和经营结果的不确定性。在投资过程中，即使做了尽职调查，投资人对目标公司的现实情况也无法全面了解，而且目标公司的未来发展往往存在一定程度的不确定性，难以准确评估其真实价值和潜力。同时，目标公司的决策层、管理层（包括股东、董事、监事、高级管理人员、实际控制人等）对自身的能力和市场前景可能过于乐观，导致双方在估值等方面存在不同程度的分歧。为了解决双方的分歧，通过对赌协议，可以在一定程度上平衡双方的利益和风险，为投资决策提供依据，促进投融资双方的合作。

例如，投资人A准备投资一家新兴的科技公司B，但对其未来的业绩增长存在疑虑。为了降低风险，A与B的管理层签订对赌协议，约定如果B在未来3年内未能达到一定的业绩指标，管理层需要向A转让部分股权或给予现金补偿，或以某一固定的价款受让A的股权，A实现优先退出。

2. 对赌的目的

对赌的主要目的包括以下几个方面：

（1）降低投资风险：从投资人的立场来说，降低投资风险是其首要考虑的问题，通过设定明确的业绩目标或其他条件，可以确保投资人的资金获得合理的回报。在投资人预估的目标不能达成时，要么取得目标公司更多的股权或取得现金补偿摊薄股权成本，要么通过股权回购实现优先退出，收回投资成本。

（2）激励管理层：促使管理层更加努力地工作，提升公司的业绩和价值。公司的决策层、管理层签订了对赌协议后，便有了压力，有了压力便要努力工作，以实现对赌协议约定的目标。

（3）调整估值：在投资时对目标公司的估值进行动态调整。目标公司的业绩前景随时间及市场的变化而不断变化，投资人通过对赌协议的约定，在一定程度上让目标公司的不确定性风险降低。

3. 对赌的对象

对赌的对象通常是目标公司的管理层或实际控制人。他们对公司的经营和发展负有主要责任，其决策和行动直接影响公司的业绩。通过与他们进行对赌，可以将管理层的利益与投资人的利益紧密结合起来。

对于是否能与目标公司对赌，理论界与实务界曾争论不休，最后，《全国法院民商事审判工作会议纪要》中明确认可投资人与目标公司对赌，但对于对赌的实现设置了条件限制。

4. 对赌的内容

对赌的内容多种多样，常见的包括以下几种：

（1）业绩指标：如营业收入、净利润、增长率等。

（2）上市时间：约定目标公司在一定期限内成功上市。

（3）其他特定事件：如完成重大项目、获得重要专利等。

比如，投资人甲与一家创业公司A的创始人签订对赌协议，规定如果A在5年内成功在主板上市，A的创始人无须对甲进行任何补偿，而甲将因上市获得一定比例的股票增值收益；如果未能上市，则A的创始人需要回购甲的股权，向甲支付回购款。

5. 对赌的实现及优先退出

当对赌条件触发时,对赌的实现方式主要有以下几种:

(1) 股权调整:根据协议约定,调整投资人与管理层之间的股权比例。由公司原股东向投资人低价或无偿转让更多的股权。

(2) 现金补偿:股东或管理层向投资人支付一定金额的现金作为补偿。

(3) 股权回购:对赌对象向投资人按照约定的价格回购投资人的股权。

假设某对赌协议约定目标公司的净利润在一年内要达到1000万元,否则管理层需要以1500万元的对价回购投资人10%的股权。如果最终目标公司净利润未达到目标,投资人就可以按照对赌协议要求管理层回购这10%的股权并支付1500万元股权转让款,投资人实现退出。

6. 对赌在我国的演变

对赌在我国的发展经历了从初步引入到逐渐规范的过程。早期,对赌在我国的法律地位并不明确,实践中存在一些争议和风险。但随着我国资本市场的不断发展和法律制度的逐步完善,对赌协议的合法性和有效性得到了一定程度的认可,但仍需要遵循相关的法律法规和监管要求。最高人民法院在《全国法院民商事审判工作会议纪要》认可了投资人与公司对赌的效力,但对投资人对赌的投资退出还是设定了前提条件,如目标公司回购投资人的股份需提前减资,而目标公司对投资人的现金补偿需以公司存在利润为前提。

【律师建议】

1. 谨慎设计对赌协议条款

在签订对赌协议之前,投资人应仔细评估对赌的条件、目标和实现方式,确保条款公平合理、可操作且符合法律法规。例如,业绩指标的设定应具有合理性和可实现性，避免过高或过低的目标导致不公平的结果。

2. 明确各方权利义务

对赌协议应明确投资人、管理层和目标公司等各方的权利义务关系，包括对赌条件触发后的具体责任和义务。同时，要注意对赌协议条款的完整性和一致性，避免出现歧义或漏洞。

3. 关注法律风险

投资人需要对相关的法律法规和监管要求进行深入研究，确保对赌协议不违反法律规定。特别是在涉及股权调整、上市等方面，要严格遵守相关法律程序和要求。

4. 选择合适的对赌对象

应选择具有诚信和能力的股东、管理层或实际控制人作为投资和对赌对象，以保证对赌协议的有效执行。同时，要考虑对赌对象的资产状况和履约能力，避免在对赌失败后无法获得有效的补偿或救济。

谨慎选择单独与目标公司对赌，否则，投资人在退出时很可能面临一系列的障碍，如目标公司债权人不同意减资，目标公司无利润或不能形成有效的股东会决议分配利润等，这些将导致投资人的退出受到制约，无法实现优先退出的目的。

5. 建立有效的争议解决机制

在对赌协议中应明确约定争议解决的方式和机构，如仲裁或诉讼。选择具有权威性、公正性、私密性、多元化的争议解决方式，以确保在出现纠纷时能够及时、有效地解决。

6. 定期评估和调整

在对赌协议执行过程中，投资人应定期评估对赌条件的达成情况和目标公司的发展状况，根据实际情况及时调整对赌协议的内容或策略。

总之，投资人通过对赌实现优先退出需要综合考虑多方面的因素，需在律师的协助下，精心设计和执行对赌协议，以最大限度地降低风险并实现投资目标。同时，随着我国市场经济的不断发展和法律制度的完善，对赌协议的实践也将不断创新和规范。

【案例解析】

甲、乙、丙是A公司的股东，丁是外部投资人。丁向A公司投资1000万元，获得20%的股份，并与甲、乙、丙签订对赌协议。对赌协议约定，若A公司在3年内未能上市或年净利润未达到预定目标，则丁有权要求甲、乙、丙以1200万元的价格回购其股份。

3年后，A公司未能实现上市，年净利润也未达标。丁根据对赌协议要求甲、乙、丙回购股份。甲、乙、丙认为回购价格过高，拒绝履行。丁诉至法院，请求判决甲、乙、丙履行回购义务。

法院审理认为，对赌协议中的股权回购条款合法有效，甲、乙、丙应按照对赌协议约定履行回购义务，判决支持丁的诉讼请求。

【法律规定】

《全国法院民商事审判工作会议纪要》

5.【与目标公司"对赌"】投资方与目标公司订立的"对赌协议"在不存在法定无效事由的情况下，目标公司仅以存在股权回购或者金钱补偿约定为由，主张"对赌协议"无效的，人民法院不予支持，但投资方主张实际履行的，人民法院应当审查是否符合公司法关于"股东不得抽逃出资"及股份回购的强制性规定，判决是否支持其诉讼请求。

投资方请求目标公司回购股权的，人民法院应当依据《公司法》第35条关于"股东不得抽逃出资"或者第142条关于股份回购的强制性规定进行审查。经审查，目标公司未完成减资程序的，人民法院应当驳回其诉讼请求。

投资方请求目标公司承担金钱补偿义务的，人民法院应当依据《公司法》第35条关于"股东不得抽逃出资"和第166条关于利润分配的强制性规定进行审查。经审查，目标公司没有利润或者虽有利润但不足以补偿投资方的，人民法院应当驳回或者部分支持其诉讼请求。今后目标公司有利润时，投资方还可以依据该事实另行提起诉讼。

第 74 问：股东失权制度是什么？

【问题解读】

股东失权制度是《公司法》2023 年修订新增的制度，该制度与股东除名制度有很大的区别。

股东除名制度适用范围较为狭窄，仅适用于股东未履行任何出资义务或抽逃全部出资的情形。而股东失权制度的适用范围更为广泛，既适用于未履行出资义务的股东，也适用于未完全履行出资义务的股东。

股东失权制度有严格的操作流程。如果股东未按照公司章程规定的出资日期缴纳出资，公司依照规定应先发出书面催缴书催缴出资，催缴书可以载明缴纳出资的宽限期；宽限期自公司发出催缴书之日起，不得少于 60 日。宽限期届满，股东仍未履行出资义务的，公司经董事会决议可以向该股东发出失权通知，通知应当以书面形式发出。自通知发出之日起，该股东丧失其未缴纳出资的股权（见图 8-6）。

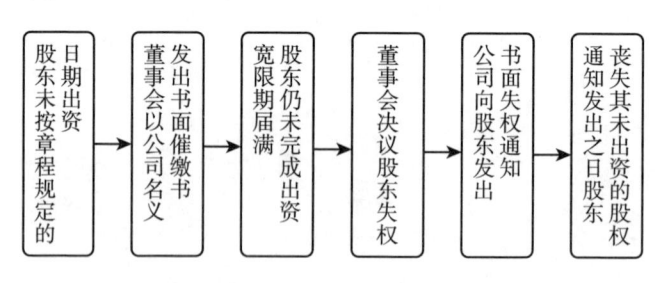

股东未按章程规定的日期出资 → 发出书面催缴书董事会以公司名义 → 宽限期届满股东仍未完成出资 → 董事会决议股东失权 → 书面失权通知公司向股东发出 → 丧失其未出资的股权通知发出之日股东

图 8-6 股东失权步骤

公司应将股东丧失的股权依法转让，或者相应减少注册资本并注销该股权。如果在 6 个月内未转让或者注销，由公司其他股东按照其出资比例足额缴纳相应出资。

股东失权制度既适用于有限责任公司，也适用于股份有限公司。

【律师建议】

1. 发起人股东在起草公司章程的时候要对出资额、出资方式和出资日期的设置作出合理安排，以免无法按照公司章程规定的出资日期缴纳出资。

2. 股东收到公司发出的书面催缴书之后，为避免失权，应当在催缴书规定的宽限期内缴纳出资。缴纳的出资额、出资方式应当符合章程的规定。

3. 如果宽限期届满，股东仍未履行出资义务，公司经董事会决议可以向股东发出失权通知，也可以不发出失权通知。发出失权通知的决定权在于董事会。因此董事会的意见非常重要。如能控制董事会或影响董事会的决议，也可以减少股东失权风险。

4. 股东对失权有异议的，应当自接到失权通知之日起 30 日内，向人民法院提起诉讼。根据《民事诉讼法》第 27 条的规定，有管辖权的法院为公司住所地的法院。失权股东可以通过提起董事会决议效力纠纷和股权确认纠纷来进行权利救济。

【案例解析】

甲、乙、丙、丁是 B 公司的股东，分别认缴出资 100 万元、150 万元、200 万元和 50 万元，约定在公司成立之日起一年内缴清。甲在规定期限内缴清了出资，而乙、丙、丁因资金问题未能按时缴纳。B 公司向乙、丙、丁发出催告，要求其在 90 天内缴纳出资。乙在宽限期内缴清了出资，但丙和丁仍未能缴纳。

B 公司随后依据股东失权制度，宣告丙和丁丧失其未缴纳出资部分的股权。丙和丁不服，向法院提起诉讼，请求确认其股东资格。

法院审理后认为，B公司已依法履行了催告程序，并给予了合理的宽限期，丙和丁未在规定时间内缴纳出资，B公司宣告其失权的行为合法有效，驳回了丙和丁的诉讼请求。

【法律规定】

《公司法》

第五十一条 有限责任公司成立后，董事会应当对股东的出资情况进行核查，发现股东未按期足额缴纳公司章程规定的出资的，应当由公司向该股东发出书面催缴书，催缴出资。

未及时履行前款规定的义务，给公司造成损失的，负有责任的董事应当承担赔偿责任。

第五十二条 股东未按照公司章程规定的出资日期缴纳出资，公司依照前条第一款规定发出书面催缴书催缴出资的，可以载明缴纳出资的宽限期；宽限期自公司发出催缴书之日起，不得少于六十日。宽限期届满，股东仍未履行出资义务的，公司经董事会决议可以向该股东发出失权通知，通知应当以书面形式发出。自通知发出之日起，该股东丧失其未缴纳出资的股权。

依照前款规定丧失的股权应当依法转让，或者相应减少注册资本并注销该股权；六个月内未转让或者注销的，由公司其他股东按照其出资比例足额缴纳相应出资。

股东对失权有异议的，应当自接到失权通知之日起三十日内，向人民法院提起诉讼。

第一百零七条 本法第四十四条、第四十九条第三款、第五十一条、第五十二条、第五十三条的规定，适用于股份有限公司。

第 75 问：公司是否可以定向减资？

【问题解读】

1. 所谓减资，也就是减少注册资本。按照股东出资或者持有股份的比例相应减少出资额或者股份，是减资的基本原则，但在符合法律规定的条件下，也可以通过修改公司章程实现定向减资。

所谓定向减资，即对特定股东的资本减持。公司的减资属于公司内部管理范畴，可以由股东决定。

2. 公司减资主要有以下几方面原因：

（1）根据《公司法》的规定，公司的公积金用于弥补公司的亏损，可以按照规定使用资本公积金。资本公积金仍不能弥补亏损的，就要考虑减少注册资金。是定向减资还是按比例减资，需要做出选择。

（2）《公司法》2023 年修订时将注册资本的认缴制修改为 5 年限期的认缴制，即公司的注册资本必须在 5 年内完成实缴。如果股东在约定期限内无法完成实缴，则减资不失为一种有效的处理方式。

3. 公司减资可以采用以下两种方式：

（1）《公司法》规定，"公司减少注册资本，应当按照股东出资或者持有股份的比例相应减少出资额或者股份"，即在没有特别约定的情况下，公司减资默认按照股东出资或者持有股份的比例进行。

（2）公司的定向减资，属于公司减资的特殊情形。这种减资，需要有特别的约定。由于公司的注册资本是公司章程规定的全体股东或发起人认缴的出资或认购的股本总额，那么，这种减资需要进行特别的约定,并在公司章程里体现。

综上所述,公司可以定向减资,但需要有特别的约定。需在公司章程中有所记载,并在公司登记机关依法登记。

【律师建议】

《公司法》2023年修订、2024年实施后,大批的长期认缴出资公司面临5年认缴期限的限制,也必然面临定向减资问题。下面提供定向减资的基本流程供参考:

1. 董事会制订减资方案(确定定向减资方式及减资的基本流程);

2. 股东会表决通过关于减资的决议(需要注意公司章程中关于股权变更、变化的表决方式);

3. 编制资产负债表及财产清单;

4. 自作出股东会决议之日起10日内通知债权人并自作出股东会决议之日起30日内发布公告(如果是简易减资,可能不需要通知债权人,但公告是必需的);

5. 债权人自接到通知书之日起30日内,未接到通知书的自公告之日起45日内,债权人有权要求清偿债务或提供担保(如果是简易减资,该程序可以略);

6. 修改公司章程;

7. 自公告之日起45日后办理减资的公司变更登记;

8. 自公司变更登记后30日内办理减资的税务变更登记。

【案例解析】

A公司注册资本3000万元,股份比例为:甲2400万元,占股80%;乙出资360万元,占股12%;丙出资240万元,占股8%。

三人均为认缴出资,公司经营以甲为主,丙基本不参与经营,也没有出资,乙参与公司管理。公司经营一般,8年来基本没有分红,丙多次提出退出公司。公司面临认缴出资超过5年,要么实缴出资，要么减资的要求。经协商，本次计划减资 2700 万元，注册资本降到 300 万元。

减资方案如下：由于公司章程没有对减资的特别约定，则依《公司法》规定操作。本次减资，可能需要减资到 300 万元，也就是减资 2700 万元。原则上的减资方法为同比例减资，即同比例减资为原来出资额的 10%。甲减资到 240 万元，乙减资到 36 万元，丙减资到 24 万元。

考虑到丙不参与公司经营，且多次要求退出，甲和乙又不想买丙的股权，其他投资人又不好引入，本次减资把丙的投资全部减掉，最终公司的注册资本为 276 万元。

【法律规定】

《公司法》

第五十二条 股东未按照公司章程规定的出资日期缴纳出资，公司依照前条第一款规定发出书面催缴书催缴出资的，可以载明缴纳出资的宽限期；宽限期自公司发出催缴书之日起，不得少于六十日。宽限期届满，股东仍未履行出资义务的，公司经董事会决议可以向该股东发出失权通知，通知应当以书面形式发出。自通知发出之日起，该股东丧失其未缴纳出资的股权。

依照前款规定丧失的股权应当依法转让，或者相应减少注册资本并注销该股权；六个月内未转让或者注销的，由公司其他股东按照其出资比例足额缴纳相应出资。

股东对失权有异议的，应当自接到失权通知之日起三十日内，向人民法院提起诉讼。

第五十九条 股东会行使下列职权：

（一）选举和更换董事、监事，决定有关董事、监事的报酬事项；

（二）审议批准董事会的报告；

（三）审议批准监事会的报告；

（四）审议批准公司的利润分配方案和弥补亏损方案；

（五）对公司增加或者减少注册资本作出决议；

（六）对发行公司债券作出决议；

（七）对公司合并、分立、解散、清算或者变更公司形式作出决议；

（八）修改公司章程；

（九）公司章程规定的其他职权。

股东会可以授权董事会对发行公司债券作出决议。

对本条第一款所列事项股东以书面形式一致表示同意的，可以不召开股东会会议，直接作出决定，并由全体股东在决定文件上签名或者盖章。

第六十六条 股东会的议事方式和表决程序，除本法有规定的外，由公司章程规定。

股东会作出决议，应当经代表过半数表决权的股东通过。

股东会作出修改公司章程、增加或者减少注册资本的决议，以及公司合并、分立、解散或者变更公司形式的决议，应当经代表三分之二以上表决权的股东通过。

第六十七条 有限责任公司设董事会，本法第七十五条另有规定的除外。

董事会行使下列职权：

（一）召集股东会会议，并向股东会报告工作；

（二）执行股东会的决议；

（三）决定公司的经营计划和投资方案；

（四）制订公司的利润分配方案和弥补亏损方案；

（五）制订公司增加或者减少注册资本以及发行公司债券的方案；

（六）制订公司合并、分立、解散或者变更公司形式的方案；

（七）决定公司内部管理机构的设置；

（八）决定聘任或者解聘公司经理及其报酬事项，并根据经理的提名决定聘任或者解聘公司副经理、财务负责人及其报酬事项；

（九）制定公司的基本管理制度；

（十）公司章程规定或者股东会授予的其他职权。

公司章程对董事会职权的限制不得对抗善意相对人。

第八章 ‖ 股东的进入和退出

第一百一十六条 股东出席股东会会议,所持每一股份有一表决权,类别股股东除外。公司持有的本公司股份没有表决权。

股东会作出决议,应当经出席会议的股东所持表决权过半数通过。

股东会作出修改公司章程、增加或者减少注册资本的决议,以及公司合并、分立、解散或者变更公司形式的决议,应当经出席会议的股东所持表决权的三分之二以上通过。

第一百七十二条 国有独资公司不设股东会,由履行出资人职责的机构行使股东会职权。履行出资人职责的机构可以授权公司董事会行使股东会的部分职权,但公司章程的制定和修改,公司的合并、分立、解散、申请破产,增加或者减少注册资本,分配利润,应当由履行出资人职责的机构决定。

第二百二十四条 公司减少注册资本,应当编制资产负债表及财产清单。

公司应当自股东会作出减少注册资本决议之日起十日内通知债权人,并于三十日内在报纸上或者国家企业信用信息公示系统公告。债权人自接到通知之日起三十日内,未接到通知的自公告之日起四十五日内,有权要求公司清偿债务或者提供相应的担保。

公司减少注册资本,应当按照股东出资或者持有股份的比例相应减少出资额或者股份,法律另有规定、有限责任公司全体股东另有约定或者股份有限公司章程另有规定的除外。

第二百二十五条 公司依照本法第二百一十四条第二款的规定弥补亏损后,仍有亏损的,可以减少注册资本弥补亏损。减少注册资本弥补亏损的,公司不得向股东分配,也不得免除股东缴纳出资或者股款的义务。

依照前款规定减少注册资本的,不适用前条第二款的规定,但应当自股东会作出减少注册资本决议之日起三十日内在报纸上或者国家企业信用信息公示系统公告。

公司依照前两款的规定减少注册资本后,在法定公积金和任意公积金累计额达到公司注册资本百分之五十前,不得分配利润。

第二百二十六条 违反本法规定减少注册资本的,股东应当退还其收到的资金，减免股东出资的应当恢复原状；给公司造成损失的，股东及负有责任的董事、监事、高级管理人员应当承担赔偿责任。

第二百五十五条 公司在合并、分立、减少注册资本或者进行清算时，不依照本法规定通知或者公告债权人的，由公司登记机关责令改正，对公司处以一万元以上十万元以下的罚款。

第76问：引入新股东如何计算股权比例？

【问题解读】

1. 公司增资扩股时，对公司进行估值后引入新股东的情况下：

（1）根据增资扩股方案，新股东将投资款项直接汇到公司资金账户上，并没有与任何股东发生直接或间接的财产上的联系，那么股权比例的计算可以按照估值来进行。

例如，甲有限责任公司的原注册资本为100万元，经评估，公司价值为400万元，新股东注资100万元后，总价值为500万元，在这种情况下，可以按照新股东注资后的总价值来计算其股权比例。具体计算方法为：新股东的股权比例＝新股东注资金额/新股东注资后的总价值×100%，即新股东的股权比例为20%。

（2）协商确定新股东投资额度及占股比例。公司需要吸纳确定的投资额度，投资人根据自己的需求，双方协商确定投资额度，也协商确定占股比例。这种新股东入股方式通常需要特别的约定，并通过公司章程的修订完成新股东进入流程。

2. 通过股权转让，引入新股东的情况下：

（1）现有股东转让一部分或全部股权给新股东。这种方式的计算相对简单，只需确定转让的股权比例即可。

（2）在所有股东同比例稀释股权的方式下，所有现有股东同意将其股权比例降低，以便为新股东留出一定的股权比例。

【律师建议】

需要注意的是，根据《公司法》的规定，股东的股权比例应根据其出资额占公司注册资本的比例来确定。因此，在计算新股东的股权比例时,需要将其出资额与公司注册资本进行比较,以确定其股权比例。

此外,还需要注意以下几点:

1. 确保所有股东都同意引入新股东和股权比例的调整。这需要召开股东会会议并获得必要的决议。

2. 在确定新股东的股权比例时,应考虑公司的长期发展和战略需求,以确保公司的稳定和发展。

3. 在引入新股东后,应及时更新公司的股东名册和相关文件,以确保公司的股权结构清晰明确。

总之,计算新股东的股权比例需要考虑多种因素,包括公司的具体情况、股东的约定和法律法规的规定。建议在引入新股东前,与现有股东充分沟通并咨询专业人士的意见,以确保股权比例的合理性和合法性。

【案例解析】

A公司原有三个股东,分别是甲、乙、丙,准备引入新股东丁。由于甲、乙、丙不增资,丁以增资扩股的方式进入公司占股10%,原有股东的股权等比例稀释。

甲股东原本持有49%的股权,原股权比例总和为100%,新股东丁占股10%,那么剩余股权比例总和为90%。甲原来的股权比例乘以这个剩余比例,为44.1%。乙股东原本持有23%的股权,同样经过稀释后,乙的股权比例为20.7%。丙股东原本持有28%的股权,稀释后丙的股权比例为25.2%。

最终甲、乙、丙、丁的股权比例分别为44.1%、20.7%、25.2%、10%。

【法律规定】

《公司法》

第八十四条 有限责任公司的股东之间可以相互转让其全部或者部分

第八章 股东的进入和退出

股权。

股东向股东以外的人转让股权的,应当将股权转让的数量、价格、支付方式和期限等事项书面通知其他股东,其他股东在同等条件下有优先购买权。股东自接到书面通知之日起三十日内未答复的,视为放弃优先购买权。两个以上股东行使优先购买权的,协商确定各自的购买比例;协商不成的,按照转让时各自的出资比例行使优先购买权。

公司章程对股权转让另有规定的,从其规定。

第八十五条 人民法院依照法律规定的强制执行程序转让股东的股权时,应当通知公司及全体股东,其他股东在同等条件下有优先购买权。其他股东自人民法院通知之日起满二十日不行使优先购买权的,视为放弃优先购买权。

第八十六条 股东转让股权的,应当书面通知公司,请求变更股东名册;需要办理变更登记的,并请求公司向公司登记机关办理变更登记。公司拒绝或者在合理期限内不予答复的,转让人、受让人可以依法向人民法院提起诉讼。

股权转让的,受让人自记载于股东名册时起可以向公司主张行使股东权利。

第八十七条 依照本法转让股权后,公司应当及时注销原股东的出资证明书,向新股东签发出资证明书,并相应修改公司章程和股东名册中有关股东及其出资额的记载。对公司章程的该项修改不需再由股东会表决。

第77问：未成年人能否成为公司股东？

【问题解读】

我国原国家工商行政管理总局在 2007 年 6 月 25 日作出的《关于未成年人能否成为公司股东问题的答复》中规定："《公司法》对未成年人能否成为公司股东没有作出限制性规定。因此，未成年人可以成为公司股东，其股东权利可以由法定代理人代为行使。"可见，我国并未在法律层面上禁止或限制未成年人成为公司股东，只要符合法律程序，且不违背各方真实意思表示，未成年人可以成为公司股东。

【律师建议】

1. 明确法定代理人的职责。未成年人的法定代理人应当明确自己的职责，包括代表未成年人行使股东权利、参与公司治理、保管股利收入等。

2. 审慎考虑投资风险。由于未成年人不具备完全的民事行为能力，其法定代理人在代表未成年人投资时应审慎评估投资风险，避免因决策失误损害未成年人的财产权益。

3. 遵守法律规定。在代表未成年人行使股东权利时，法定代理人应严格遵守《公司法》《民法典》等相关法律规定，确保行为合法有效。

4. 保护未成年人权益。法定代理人在代表未成年人参与公司治理时，应以维护未成年人的合法权益为原则，避免因个人利益冲突而损害未成年人的权益。

5. 适时进行股权管理。随着未成年人的成长，其法定代理人应根据实际情况适时调整股权管理方式，确保未成年人的股东权益得到有效保护。

【案例解析】

甲、乙、丙、丁是 A 公司的股东，分别持有 40%、20%、20%、20% 的股份。甲因意外去世，留下未成年的儿子戊。根据甲的遗嘱，其在 A 公司的股份由戊继承。戊的母亲作为戊的法定代理人，代为行使股东权利。

在 A 公司召开股东会时，戊的母亲代表戊参加了会议，并在会上提出了关于公司发展的建议。然而，乙和丙认为戊作为未成年人，不具备参与公司治理的能力，对戊的母亲的提议表示反对。

戊的母亲随后向法院提起诉讼，请求确认戊的股东资格及自己作为法定代理人行使股东权利的合法性。法院审理后认为，根据《公司法》和《民法典》的相关规定，未成年人可以成为公司股东，其法定代理人有权代为行使股东权利。因此，戊作为股东的资格合法有效，戊的母亲作为法定代理人在股东会上的提议行为也符合法律规定。

【法律规定】

《公司法》

第九十条　自然人股东死亡后，其合法继承人可以继承股东资格；但是，公司章程另有规定的除外。

第 78 问：签订了股权转让协议，受让人就是公司股东了吗？

【问题解读】

股权转让协议是指出让人将其在公司中的股东权益转让给受让人，受让人支付约定对价的合同。然而，仅仅签订了股权转让协议，并不意味着受让人立即成为公司的股东。

要成为公司股东，通常需要完成以下几个步骤：

（1）出让人与受让人就股权转让事宜达成一致，并签订书面股权转让协议。

（2）双方根据股权转让协议约定，出让人转让股权，受让人支付转让对价。

（3）公司将受让人作为新股东记载于公司股东名册。

（4）在公司登记机关完成股权变更登记，对外公示股东变更信息。

只有完成了上述步骤，受让人才能从法律上被确认为公司股东，享有股东权利并承担股东义务。

【律师建议】

1. 签订股权转让协议时应对双方办理股东名册变更登记的时间及前置条件予以明确约定，并可要求涉及股权转让的公司在股权转让协议上盖章确认公司认可受让方为新股东。

2. 签订股权转让协议前应了解公司章程是否有限制转让条款或优先购买权的特殊条款，以避免股权转让协议生效后，受让人无法取得股东身份。可将股权转让的股东会决议（包括其他股东同意受让方成为新股东,其他股东放弃对转让股权的优先购买权等)作为股权转让协议的附件。

3. 若公司的股东名册设置不规范,可以要求签发出资证明书,或实质参与公司经营,比如出席公司会议、在公司决议上签名等,以证明受让人在行使股东权利、享有股东资格。

4. 签订股权转让协议后,应按照约定办理公司股东名册变更和公司登记的变更。

【案例解析】

甲、乙、丙是 B 公司的股东,分别持有 40%、30%、30% 的股权。甲与丁签订股权转让协议,约定将其持有的 B 公司 40% 股权转让给丁。丁按照协议约定支付了全部转让款,但 B 公司未及时将丁记载于股东名册,也未办理公司变更登记。

数月后,B 公司因经营不善陷入财务危机,丁以其已支付股权转让款为由,要求行使股东权利参与公司管理。乙、丙认为丁尚未完成公司变更登记,不应享有股东权利。丁将 B 公司诉至法院,请求确认其股东资格。

法院审理认为,虽然丁已支付股权转让款,但 B 公司未将丁记载于股东名册,也未办理公司变更登记,因此丁尚未成为 B 公司的股东。法院判决驳回丁的诉讼请求。

【法律规定】

《公司法》

第五十五条 有限责任公司成立后,应当向股东签发出资证明书,记载下列事项:

(一)公司名称;

(二)公司成立日期;

(三)公司注册资本;

（四）股东的姓名或者名称、认缴和实缴的出资额、出资方式和出资日期；

（五）出资证明书的编号和核发日期。

出资证明书由法定代表人签名，并由公司盖章。

第五十六条 有限责任公司应当置备股东名册，记载下列事项：

（一）股东的姓名或者名称及住所；

（二）股东认缴和实缴的出资额、出资方式和出资日期；

（三）出资证明书编号；

（四）取得和丧失股东资格的日期。

记载于股东名册的股东，可以依股东名册主张行使股东权利。

第八十四条 有限责任公司的股东之间可以相互转让其全部或者部分股权。

股东向股东以外的人转让股权的，应当将股权转让的数量、价格、支付方式和期限等事项书面通知其他股东，其他股东在同等条件下有优先购买权。股东自接到书面通知之日起三十日内未答复的，视为放弃优先购买权。两个以上股东行使优先购买权的，协商确定各自的购买比例；协商不成的，按照转让时各自的出资比例行使优先购买权。

公司章程对股权转让另有规定的，从其规定。

最高人民法院《关于适用〈中华人民共和国公司法〉若干问题的规定（三）》

第二十二条 当事人之间对股权归属发生争议，一方请求人民法院确认其享有股权的，应当证明以下事实之一：

（一）已经依法向公司出资或者认缴出资，且不违反法律法规强制性规定；

（二）已经受让或者以其他形式继受公司股权，且不违反法律法规强制性规定。

第二十三条 当事人依法履行出资义务或者依法继受取得股权后，公司未根据公司法第三十一条、第三十二条的规定签发出资证明书、记载于股东名册并办理公司登记机关登记,当事人请求公司履行上述义务的,人民法院应予支持。

《全国法院民商事审判工作会议纪要》

8. [**有限责任公司的股权变动**] 当事人之间转让有限责任公司股权,受让人以其姓名或者名称已记载于股东名册为由主张其已经取得股权的,人民法院依法予以支持,但法律、行政法规规定应当办理批准手续生效的股权转让除外。未向公司登记机关办理股权变更登记的,不得对抗善意相对人。

第 79 问：公司经营陷入僵局后，股东如何请求公司回购股权？

【问题解读】

公司僵局这一概念最早起源于英美法系，我国的《公司法》对其并没有直接的规定。它是指在公司运营过程中，股东之间、董事之间或者股东与董事之间的严重分歧和冲突导致公司无法作出股东会决策，无法进行正常经营和管理的状态，即赵旭东教授所说的："公司的事务处于瘫痪，公司的运行陷于僵局。"

一般来说，股东的出资或投资需要在公司中退出或获得回报，有分红、股权转让、公司回购（收购）、解散清算等多种方式。

实践中，当公司陷入僵局时，往往难以作出关于分红的股东会决议，因此通过分红的方式退出往往并不可行。已经陷入僵局的公司，寻求合适的股权受让人较为困难。而提起公司解散诉讼，则要求股东至少持有公司 10% 的股权，对于持股比例低于 10% 的股东，则并不具备这一诉讼权利，况且，实践中通过司法解散的途径退出公司的难度较高、周期较长。因此，请求公司回购股权就成了股东寻求退出的一种重要路径。

《公司法》第 89 条和第 161 条规定了股东可以请求公司回购股权的几种情形，但是这几种情形并不直接等同于公司僵局。只是在公司僵局的真实案例中，《公司法》规定的这几种情形可以方便股东、裁判者更加准确地识别并加以应用。

应当说明的是，《公司法》2023 年修订新增了有限责任公司大股东欺压下的股权回购规则和股份有限公司股东的异议回购请求权。这两处重要修改，大大扩展了股东请求公司回购股权的适用范围。

【律师建议】

1. 作为公司的投资人、发起人，在进入公司之前，应当首先对交易合同、投资合同、股东会议事规则、董事会议事规则、公司章程等重要的文件进行细致的审查，通过股权安排、表决权约定等方式，尽量避免公司陷入无法作出决策、无法运营的僵局中。

2. 公司在搭建股东结构的时候，尽量避免采用可能导致公司僵局的股权比例，若必须采取可能导致公司僵局的股权比例，则可以通过公司章程、投资协议、股东会决议来对表决权进行特别约定。

3. 当公司陷入僵局，股东可以尽可能搜集公司僵局的相关证据，如无法召开股东会的证据、符合《公司法》第89条和第161条规定的法定收购情形的相关证据等。

4. 对于通过异议股东请求公司收购股权路径主张退出公司的股东，在公司存在《公司法》第89条和第161条损害股东利益的情况下，股东可以提起请求公司收购股权之诉，但务必注意需要在股东会决议作出之日起90日内提起请求回购股权的诉讼，否则将可能因为违反法定程序而案件败诉。

【案例解析】

甲、乙、丙是C公司的股东，分别持有公司40%、40%、20%的股份。甲和乙在公司发展方向上存在严重分歧，导致C公司连续两年无法作出有效决策，公司经营陷入僵局。丁作为外部投资者，对C公司有兴趣，并愿意购买甲的股份。

甲根据法律规定向C公司提交了书面的回购请求，并提供了相关证据，证明公司经营已陷入僵局。C公司在收到甲的请求后，未能在法定期限内作出回应或提出解决方案。

甲随后向法院提起诉讼，请求判决 C 公司按照合理价格回购其股权。法院审理后认为，C 公司确实存在经营管理严重困难，继续存续会使甲的权益受到重大损失，且甲已按照法定程序提出了回购请求，因此支持了甲的诉讼请求。

【法律规定】

《公司法》

第八十九条　有下列情形之一的，对股东会该项决议投反对票的股东可以请求公司按照合理的价格收购其股权：

（一）公司连续五年不向股东分配利润，而公司该五年连续盈利，并且符合本法规定的分配利润条件；

（二）公司合并、分立、转让主要财产；

（三）公司章程规定的营业期限届满或者章程规定的其他解散事由出现，股东会通过决议修改章程使公司存续。

自股东会决议作出之日起六十日内，股东与公司不能达成股权收购协议的，股东可以自股东会决议作出之日起九十日内向人民法院提起诉讼。

公司的控股股东滥用股东权利，严重损害公司或者其他股东利益的，其他股东有权请求公司按照合理的价格收购其股权。

公司因本条第一款、第三款规定的情形收购的本公司股权，应当在六个月内依法转让或者注销。

第一百六十一条　有下列情形之一的，对股东会该项决议投反对票的股东可以请求公司按照合理的价格收购其股份，公开发行股份的公司除外：

（一）公司连续五年不向股东分配利润，而公司该五年连续盈利，并且符合本法规定的分配利润条件；

（二）公司转让主要财产；

（三）公司章程规定的营业期限届满或者章程规定的其他解散事由出现，股东会通过决议修改章程使公司存续。

自股东会决议作出之日起六十日内，股东与公司不能达成股份收购协议的，股东可以自股东会决议作出之日起九十日内向人民法院提起诉讼。

公司因本条第一款规定的情形收购的本公司股份，应当在六个月内依法转让或者注销。

第二百三十一条 公司经营管理发生严重困难，继续存续会使股东利益受到重大损失，通过其他途径不能解决的，持有公司百分之十以上表决权的股东，可以请求人民法院解散公司。

最高人民法院《关于适用〈中华人民共和国公司法〉若干问题的规定（二）》

第一条 单独或者合计持有公司全部股东表决权百分之十以上的股东，以下列事由之一提起解散公司诉讼，并符合公司法第一百八十二条规定的，人民法院应予受理：

（一）公司持续两年以上无法召开股东会或者股东大会，公司经营管理发生严重困难的；

（二）股东表决时无法达到法定或者公司章程规定的比例，持续两年以上不能做出有效的股东会或者股东大会决议，公司经营管理发生严重困难的；

（三）公司董事长期冲突，且无法通过股东会或者股东大会解决，公司经营管理发生严重困难的；

（四）经营管理发生其他严重困难，公司继续存续会使股东利益受到重大损失的情形。

股东以知情权、利润分配请求权等权益受到损害，或者公司亏损、财产不足以偿还全部债务，以及公司被吊销企业法人营业执照未进行清算等为由，提起解散公司诉讼的，人民法院不予受理。

第九章

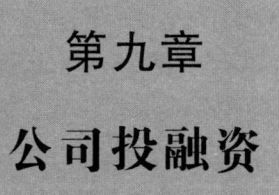

公司投融资

第 *80* 问：公司投融资的渠道和方式有哪些？

【问题解读】

公司投资是指将公司资产（通常是现金资产）进行对外投资从而获取收益的行为。公司融资则是指为了解决经营资金不足等问题引入第三方资产（通常也是现金资产）的行为。

为什么将公司的投资和融资放在一起讨论呢？这是因为两者就如一面镜子的两面，一方融资必然存在另外一方投资，一方投资也必然存在另一方融资。更通俗地讲，公司投资和公司融资是对向的，但渠道和方式基本一致；两者的目的都是获得更多的收益，都讲究资金回报率与风险。

公司投资和融资一般情况下都有债权和股权两种方式。

以融资为例：

债权融资是指公司对外举债并按照相对固定的金额对外支付资金占用费而获得运作资本，到期需要连本带息返还给债权人。债权融资的主要方式有银行贷款、民间借贷、发行企业债券、典当、拆借、融资租赁、保理等。

股权融资即公司给予投资人股东股份从而换取投资人的出资，主要有上市、增资扩股、员工持股、私募股权等方式。比如，现在公司需要增加 1000 万元的资金，则公司可以通过增加 1000 万元注册资本稀释现有股权、投资人投给公司 1000 万元取得所对应的股权比例的方式获得该资金。

随着经济的发展，还出现了以对赌协议为前提的可转债这种投融资方式。也就是原本是一个债权投资，但双方可以约定满足一定条件时，投资者有权选择是否转化为股权。

【律师建议】

公司是用股权融资还是用债权融资的方式来筹措资金，是一个复杂的问题，需要结合公司的具体情况来确定。

对筹措资金一方来说，股权融资的好处在于公司没有返还本金的压力，也不用支付资金成本比如利息；不利的地方在于需要让出一部分公司的股权，可能会影响公司的股权结构以及大股东的控制权，当然，公司的利润也会被分走，而且这种影响是长期的。而债权融资的好处在于不需要让出公司的股权，现有股东的控制权和利润均不受影响，不利的地方在于需要还本付息，在债务到期时对公司资金需求比较大。

对投资一方来说，股权投资的好处在于可能会获取数倍甚至数十倍的投资回报，也有可能介入被投公司的经营管理获取其他的好处；不利的地方在于并非所有股权投资都能取得成功，万一投资失败，可能连投资本金都收不回。而债权投资则可以要求被投一方稳定支付利息，到期可要求归还本金，而且不论公司是否盈利都应还本付息，相对来说更安全些。

因此，是采用股权融资还是债权融资，既需要考虑融资一方的需求及可接受的方案，也需要考虑投资一方的需求和可接受的方案。

公司应当通过哪种方式进行投融资，应结合公司的实际从多种角度分析决定最有利于公司利益的方案。

【案例解析】

甲、乙、丙是 A 公司的股东，分别持有 40%、30%、30% 的股份。A 公司为扩大生产规模，需要融资 5000 万元。甲提议通过增资扩股的方式筹集资金，乙和丙担心稀释他们的股权，建议考虑银行贷款或寻找外部投资者。

经过讨论，A 公司决定采取多元化的融资策略：一方面，向银行申请贷款 2000 万元，以公司资产为抵押；另一方面，增资扩股 3000 万元，同时为了减少对现有股东股权的稀释，甲、乙、丙同意按照持股比例参与增资。

A 公司成功从银行获得贷款，并完成了增资扩股，筹集到了所需的资金。

【法律规定】

《公司法》

第十四条　公司可以向其他企业投资。

法律规定公司不得成为对所投资企业的债务承担连带责任的出资人的，从其规定。

第十五条　公司向其他企业投资或者为他人提供担保，按照公司章程的规定，由董事会或者股东会决议；公司章程对投资或者担保的总额及单项投资或者担保的数额有限额规定的，不得超过规定的限额。

公司为公司股东或者实际控制人提供担保的，应当经股东会决议。

前款规定的股东或者受前款规定的实际控制人支配的股东，不得参加前款规定事项的表决。该项表决由出席会议的其他股东所持表决权的过半数通过。

第81问：公司向员工集资借款，需要注意哪些问题？

【问题解读】

公司向员工集资借款，首先，要考虑的是合法性问题。根据《公司法》等相关法律法规，公司的资金筹集方式主要包括股东出资、银行贷款、发行债券等。向员工集资借款不是常规的融资方式，主要是因为员工存在不特定性，操作不当可能会涉嫌非法集资。因此，公司在向员工集资借款时，必须确保不违反法律法规，避免构成非法集资。

其次，如果公司决定向员工集资借款，公司还需要考虑借款的透明度和公平性问题。员工作为公司经营的参与者，其个人利益与公司利益存在一定的捆绑关系，如果公司在向员工借款时缺乏透明度，可能会引起员工的不满或疑虑，甚至可能导致内部矛盾和法律纠纷。

【律师建议】

公司向员工集资借款作为一种非常规的融资方式，虽然可以在一定程度上缓解资金压力，但也伴随着较高的法律风险。公司一定要注意合规操作，才能避免不必要的法律风险和纠纷。

1. 公司应与员工签订明确的借款协议，详细规定借款金额、利率、还款期限、违约责任、争议解决方式等条款，确保双方权利义务明晰。

2. 公司在向员工集资借款时，应遵守《民法典》《公司法》等相关法律法规，确保借款行为合法合规。

3. 公司应确保向所有员工公开借款信息，避免特定员工因为特殊关系而获得不公平的待遇。

4. 集资所得资金应专款专用，严格按照集资目的使用，不得挪作他用。

5. 公司应向员工充分披露借款的风险，确保员工知情同意，建议不要向员工做出高额的回报承诺。

【案例解析】

A 公司是一家成长型的科技企业，市场扩张和研发需要较大投入，因此，公司面临较大的资金压力。为了解决资金问题，A 公司决定向内部员工发起集资。甲作为公司的控股股东，持有公司 51% 的股份，乙、丙、丁分别持有公司 25%、12%、12% 的股份。

A 公司制定了详细的集资方案，并通过股东会审议。方案中明确了集资金额为 2000 万元，期限为两年，年利率为 8%。A 公司与参与集资的员工签订了书面借款合同，约定了具体的还款计划和违约责任。

然而，在集资过程中，A 公司未能充分向员工披露集资的风险，部分员工在对风险认识不足的情况下出资。

两年后，由于市场变化和经营不善，A 公司无法按期偿还集资款，引发了员工的集体维权。员工要求 A 公司及其股东承担还款责任。甲作为控股股东，乙、丙、丁作为小股东，均面临承担连带责任的风险。

法院审理后认为，A 公司在集资过程中存在信息披露不充分、资金使用不透明等问题，违反了相关法律规定。甲作为控股股东，对公司的集资行为负有主要责任；乙、丙、丁作为小股东，虽未直接参与集资决策，但作为公司治理结构的一部分，也应承担一定的监督责任。最终，法院判决 A 公司及其股东按照合同约定和法律规定，承担相应的还款责任。

【法律规定】

《公司法》

第三条第一款 公司是企业法人，有独立的法人财产，享有法人财产权。公司以其全部财产对公司的债务承担责任。

第四条第一款 有限责任公司的股东以其认缴的出资额为限对公司承担责任；股份有限公司的股东以其认购的股份为限对公司承担责任。

《民法典》

第六百六十七条 借款合同是借款人向贷款人借款，到期返还借款并支付利息的合同。

《刑法》

第一百七十六条 非法吸收公众存款或者变相吸收公众存款，扰乱金融秩序的，处三年以下有期徒刑或者拘役，并处或者单处罚金；数额巨大或者有其他严重情节的，处三年以上十年以下有期徒刑，并处罚金；数额特别巨大或者有其他特别严重情节的，处十年以上有期徒刑，并处罚金。

单位犯前款罪的，对单位判处罚金，并对其直接负责的主管人员和其他直接责任人员，依照前款的规定处罚。

有前两款行为，在提起公诉前积极退赃退赔，减少损害结果发生的，可以从轻或者减轻处罚。

第 82 问：公司对外投资有什么规定？

【问题解读】

公司对外投资是指公司利用自有资金或者通过外部融资，对外界的其他企业、项目或者金融产品进行资金投入，以期获得投资收益或者实现公司战略目标的行为。对外投资不仅可以带来资本增值和收益分红，还可以通过参与管理提升公司的市场竞争力。

但是，对外投资除了存在投资本身是否能收回的风险外，也存在因投资行为可能产生的其他责任和风险，比如对被投企业的债务承担连带责任、对被投企业的股东出资承担相应责任等。

因此，公司对外投资需要综合考虑多种因素后综合决策。

【律师建议】

1. 公司在进行对外投资前，应明确投资目的，评估投资项目与公司发展战略的契合度，确保投资决策的合理性。

2. 公司应严格遵守国家关于对外投资的法律法规，包括但不限于《公司法》《反垄断法》《外汇管理条例》等，确保投资行为合法合规。

3. 公司应对投资项目进行全面的风险评估，包括市场风险、政策风险、汇率风险等，并制定相应的风险防控措施。

4. 公司应建立健全内部决策程序，包括投资决策机制、审批流程等，确保投资决策的科学性和合理性。

5. 上市公司进行对外投资时，应按照证券监管机构的要求，及时、准确地披露投资信息，保护投资者的知情权。

《公司法》2023年修订时，对股东的出资时间以及股权转让时原股东的责任、关联企业的连带责任等进行了较大修改。这些修改必然会对公司的投资决定和投资方案产生影响，企业在对外投资时需特别注意。

另外，建议企业在作出投资决策之前选聘相关专业人士做好前期尽职调查等全面准备工作。

【案例解析】

A 上市公司计划对外投资设立 B 子公司，但未经董事会批准，也未按照规定披露信息。结果，该投资项目导致重大亏损，A 公司的股东和投资者均遭受损失。监管机构对 A 公司进行了处罚，并要求其改正。

【法律规定】

《公司法》

第十四条 公司可以向其他企业投资。

法律规定公司不得成为对所投资企业的债务承担连带责任的出资人的，从其规定。

第十五条 公司向其他企业投资或者为他人提供担保，按照公司章程的规定，由董事会或者股东会决议；公司章程对投资或者担保的总额及单项投资或者担保的数额有限额规定的，不得超过规定的限额。

公司为公司股东或者实际控制人提供担保的，应当经股东会决议。

前款规定的股东或者受前款规定的实际控制人支配的股东，不得参加前款规定事项的表决。该项表决由出席会议的其他股东所持表决权的过半数通过。

第83问：公司可以做合伙企业的合伙人吗？

【问题解读】

合伙企业分为普通合伙企业与有限合伙企业，两种合伙形式的商业和法律风险不同。普通合伙企业由普通合伙人构成，合伙人需对合伙企业的债务承担无限连带责任，因此对合伙人来说风险较大，易导致经营不善后背负大额债务的情形。有限合伙企业的合伙人则分为普通合伙人和有限合伙人，有限合伙人以其认缴的出资额为限对合伙企业债务承担责任，风险小于普通合伙人。

《公司法》第14条第2款规定：法律规定公司不得成为对所投资企业的债务承担连带责任的出资人的，从其规定。也就是说，公司能不能做普通合伙人，要看其他法律法规有没有禁止性规定。而《合伙企业法》仅规定国有独资公司、国有企业、上市公司以及公益性的事业单位、社会团体不得成为普通合伙人。结合起来看，一般情况下，不涉及公共利益的非上市民营企业是可以成为合伙企业的普通合伙人的，当然也可以是有限合伙人。

【律师建议】

公司通过投资成为合伙企业的合伙人，应做好以下三点：

1. 在投资前需明确约定合伙企业的性质，基于商业风险考虑，建议采用有限合伙的形式，降低自身债务风险。

2. 若公司为国有企业、上市公司、公益性的事业单位、社会团体，则无法成为普通合伙人，也不建议签署相应的合伙协议，否则会因为违反法律禁止性规定而无效。

3. 要明确担任的合伙人性质。如果是财务投资，则宜选择担任有限合伙人；如果是出于控制权考虑，则宜担任普通合伙人，但建议控制认缴的出资额，以降低投资风险。

【案例解析】

自然人甲、乙与A公司、B公司（均是有限责任公司）共同签订《某投资企业（有限合伙）合伙协议》，约定成立合伙企业。该合伙协议约定：甲出资150万元，为有限合伙人；乙出资250万元、A公司出资10万元、B公司出资250万元，为普通合伙人，对合伙企业债务承担无限连带责任。

合伙企业设立后，因为经营不善，欠下近千万元的债务无法清偿，债权人要求乙及A、B两家公司对负债承担无限连带责任。

有限合伙企业的合伙人的责任承担并不都是以其出资额为限的，而是与其合伙人身份性质紧密关联，案例中的乙及A、B两家公司为普通合伙人身份，根据《合伙企业法》的规定，应当对合伙企业的债务承担无限连带责任。

【法律规定】

《公司法》

第十四条 公司可以向其他企业投资。

法律规定公司不得成为对所投资企业的债务承担连带责任的出资人的，从其规定。

《合伙企业法》

第二条 本法所称合伙企业，是指自然人、法人和其他组织依照本法在中国境内设立的普通合伙企业和有限合伙企业。

普通合伙企业由普通合伙人组成，合伙人对合伙企业债务承担无限连带责任。本法对普通合伙人承担责任的形式有特别规定的，从其规定。

有限合伙企业由普通合伙人和有限合伙人组成，普通合伙人对合伙企业债务承担无限连带责任，有限合伙人以其认缴的出资额为限对合伙企业债务承担责任。

第三条 国有独资公司、国有企业、上市公司以及公益性的事业单位、社会团体不得成为普通合伙人。

第84问：公司对外投资是由股东会决议，还是董事会决议？

【问题解读】

在公司运营的过程中，对外投资是公司扩大经营规模、实现资本增值的重要手段，但是，由谁来决议公司对外投资是存在争议的一个问题。

根据《公司法》的相关规定，公司的决策机构主要包括股东会和董事会，两者在公司治理方面扮演着不同的角色。通常认为，股东会是公司的权力机构，而董事会则是执行机构。但其实股东会和董事会两者都在一定范围内享有对公司事务的决策权。对外投资的决策权归属，取决于投资的性质和规模，以及公司章程对股东会和董事会职能的具体规定。

【律师建议】

在处理公司对外投资的决策问题时，首先应当查阅公司章程，了解公司章程对公司对外投资的决策权限有无特别规定，比如有无根据投资额度的不同区分不同的决策主体，或对投资总额及单项投资的数额有无限额规定等。如果公司章程中有明确规定，应当按照章程执行。如果公司章程没有特别规定，那么可以参照《公司法》的相关规定来确定决策主体。

对于大多数对外投资，尤其是涉及公司重大利益或者改变公司主营业务的对外投资，建议由股东会来决议。股东会作为公司最高权力机构，对公司的经营策略和重大事项拥有最终决定权。而对于一些日常的、规模较小的对外投资，则可以授权董事会来进行，这样可以提高公司的决策效率。

另外,在对外投资前,建议由法务部门或聘请的律师团队进行风险评估以及做好尽职调查,确保投资决策合法合规,并对可能涉及的风险进行预判和规避。同时,决策过程应透明和合理,避免因决策程序不当而引发法律纠纷。

【案例解析】

A公司计划对外投资1000万元人民币,收购一家小型软件开发公司。根据A公司的章程,对于超过公司注册资本10%的投资决策,需要提交股东会审议。由于此次投资额超过了A公司注册资本的10%,因此,该投资决策应由A公司股东会来表决。

在股东会召开前,A公司的法务部门进行了详细的投资风险评估,并准备了相关的决策参考材料。在股东会上,法务部门向股东们报告了投资的可行性分析、风险评估结果以及预期的收益。经过充分讨论,股东们最终投票通过了这项对外投资决策。

【法律规定】

《公司法》

第十五条第一款 公司向其他企业投资或者为他人提供担保,按照公司章程的规定,由董事会或者股东会决议;公司章程对投资或者担保的总额及单项投资或者担保的数额有限额规定的,不得超过规定的限额。

第六十七条 有限责任公司设董事会,本法第七十五条另有规定的除外。

董事会行使下列职权:

……

(三)决定公司的经营计划和投资方案;

……

(十)公司章程规定或者股东会授予的其他职权。

公司章程对董事会职权的限制不得对抗善意相对人。

《上市公司章程指引》

第一百一十条 董事会应当确定对外投资、收购出售资产、资产抵押、对外担保事项、委托理财、关联交易、对外捐赠等权限，建立严格的审查和决策程序；重大投资项目应当组织有关专家、专业人员进行评审，并报股东大会批准。

第85问：公司对外担保如何才能合法有效？

【问题解读】

公司对外担保是指公司为与公司无关的债务提供担保。公司作为法律上拟制的人，可以对外提供担保。一般认为，加盖公司印章或法定代表人签字可以视为公司同意提供担保。但是，考虑到公司通常由大股东或实际控制人控制，如果不对公司对外担保加以限制，不但容易影响公司正常经营以及公司对外清偿债务的能力，还可能会被大股东或实际控制人利用抽逃注册资本、进行利益输送等。因此，《公司法》允许公司章程就公司对外担保进行个性化约定。

【律师建议】

1. 明确对外担保的决议机关。在设立公司之初，公司章程即应明确约定除为公司股东或实际控制人提供担保外，公司对外担保事项由董事会决议或由股东会决议。

2. 明确担保范围。为避免公司在经营过程中对外担保数额较大，从而导致公司无法正常经营或无法维持对外清偿债务的能力，股东在制订章程内容时，可以对公司对外担保的总额或者单项担保的数额规定限额。

3. 严格履行内部决策程序。公司为公司股东或者实际控制人提供担保的，必须经股东会决议，且该股东或者受实际控制人支配的股东，必须回避该事项的表决。该项表决由出席会议的其他股东所持表决权的过半数通过。

4. 尽到合理审查义务。公司对外担保时应将担保事项、金额、范围作出明确约定，并根据公司章程交由董事会或股东会决议，严格履行内部决策程序，防止对外担保数额过大导致公司无法正常经营。接受公司担保的相对人需要对股东会决议尽到合理审查义务，判断是否属于法定代表人或大股东等违反公司章程关于公司对外担保的规定，超越权限代表公司对外提供担保的情形。

【案例解析】

甲与A公司签订借款协议，约定由甲向A公司借款60万元。甲持股的B公司自愿出具《担保函》为甲的借款提供担保。因甲到期未清偿债务，A公司要求甲归还借款，B公司承担保证责任。但实际上B公司出具《担保函》时没有根据章程召开股东会进行决议。法院审理后认为B公司没有根据《公司法》的要求，在为股东提供担保时没有经公司的其他股东召开股东会决议，因此B公司的担保无效。

【法律规定】

《公司法》

第十五条 公司向其他企业投资或者为他人提供担保，按照公司章程的规定，由董事会或者股东会决议；公司章程对投资或者担保的总额及单项投资或者担保的数额有限额规定的，不得超过规定的限额。

公司为公司股东或者实际控制人提供担保的，应当经股东会决议。

前款规定的股东或者受前款规定的实际控制人支配的股东，不得参加前款规定事项的表决。该项表决由出席会议的其他股东所持表决权的过半数通过。

最高人民法院《关于适用〈中华人民共和国民法典〉有关担保制度的解释》

第七条 公司的法定代表人违反公司法关于公司对外担保决议程序的规定，超越权限代表公司与相对人订立担保合同，人民法院应当依照民法典第六十一条和第五百零四条等规定处理。

（一）相对人善意的，担保合同对公司发生效力；相对人请求公司承担担保责任的，人民法院应予支持。

（二）相对人非善意的，担保合同对公司不发生效力；相对人请求公司承担赔偿责任的，参照适用本解释第十七条的有关规定。

法定代表人超越权限提供担保造成公司损失，公司请求法定代表人承担赔偿责任的，人民法院应予支持。

第一款所称善意，是指相对人在订立担保合同时不知道且不应当知道法定代表人超越权限。相对人有证据证明已对公司决议进行了合理审查，人民法院应当认定其构成善意，但是公司有证据证明相对人知道或者应当知道决议系伪造、变造的除外。

第十条 一人有限责任公司为其股东提供担保，公司以违反公司法关于公司对外担保决议程序的规定为由主张不承担担保责任的，人民法院不予支持。公司因承担担保责任导致无法清偿其他债务，提供担保时的股东不能证明公司财产独立于自己的财产，其他债权人请求该股东承担连带责任的，人民法院应予支持。

第86问：公司收购、并购与对外投资的区别是什么？

【问题解读】

公司收购是指一家企业用现金、有价证券或者其他资产购买另一家企业的股权或者资产，以获得被收购方的资产或股权。换言之，收购包括股权的收购和资产的收购。

公司并购一般是指目标公司控股权发生转移的交易，主要形式有合并、兼并。并购后两家公司变成一家公司，通常是吸收合并，即由一家占优势的公司吸收被并购的一家或者多家公司。

对外投资的定义很广泛，只要是将公司财产对外存放以换取更多收益就可以称为对外投资，如对外出借款项、对外购买股权、购买设备后对外出租等均是投资的范畴。

在投资目的上，公司收购、并购与对外投资存在区别。公司收购、并购的投资目的强调股权和资产资源方面的实际控制，注重产业链条上的协同效应，并且看重资本增值效果。公司并购通常发生在同一产业内，并购主体为了补齐短板或者缩短资金周期，寻找业内与自身有资源互补、业绩补强和扩大市场等作用的标的予以并购整合。对外投资则更多是为获取投资收益，目的在于提升机构投资回报率。

【律师建议】

公司收购、并购是一项复杂事务，不仅涉及公司资产的获得或丧失，还涉及公司控股权的变更、公司的税收管理，甚至涉及公司的生死。因此，公司有意向进行收购、并购时务必寻求专业人士的帮助，如律师、会计师、税务师等。

公司对外投资可参考"公司对外投资有什么规定？"。

【案例解析】

A 公司是一家大型制造企业，计划通过资本运作扩大市场份额。甲、乙、丙、丁分别为 A 公司的股东，持股比例分别为 40%、30%、20%、10%。A 公司通过市场调研，确定了三个潜在的资本运作目标：B 公司、C 公司和 D 项目。

A 公司首先对 B 公司进行了收购，获得了 B 公司的控制权，并将其作为子公司进行运营。接着，A 公司与 C 公司进行了合并谈判，最终两家公司合并为一个新的实体，A 公司在新实体中持有 60% 的股份。最后，A 公司对 D 项目进行了对外投资，投入资金以获取预期收益，但不寻求控制权。

在收购 B 公司的过程中，A 公司未能充分评估 B 公司的潜在负债和法律风险，导致收购后面临了一系列诉讼和罚款。在与 C 公司的合并过程中，未能有效整合两家公司的业务和文化导致合并后的运营效率低下。对 D 项目的对外投资由于市场变化最终未能获得预期收益。

【法律规定】

《公司法》

第二百一十八条 公司合并可以采取吸收合并或者新设合并。

一个公司吸收其他公司为吸收合并，被吸收的公司解散。两个以上公司合并设立一个新的公司为新设合并，合并各方解散。

第二百一十九条第一、二款 公司与其持股百分之九十以上的公司合并，被合并的公司不需经股东会决议，但应当通知其他股东，其他股东有权请求公司按照合理的价格收购其股权或者股份。

公司合并支付的价款不超过本公司净资产百分之十的，可以不经股东会决议；但是，公司章程另有规定的除外。

第87问：公司应当怎样确定收购、并购方案？

【问题解读】

公司扩大发展的方式之一就是收购、并购，通过收购、并购其他公司的股份或资产来获得其现有的、成熟的业务团队、产品、销售渠道，从而减少自己开发产品、组建业务团队、摸索销售渠道的时间成本、开发成本。可以说，公司收购、并购是赤裸裸的商业战争，但这也是商业竞争的本质。

【律师建议】

公司收购、并购方案通常需要考虑以下因素：

1. 公司的发展目标。根据公司发展目标选定公司收购、并购对象。比如公司需要扩张经营领域，则需要选定目标领域相关联的公司。

2. 公司的收购、并购预算，即公司愿意用多大的成本收购、并购多大的公司，收购、并购多少股份或者资产，如公司资金不够，要考虑如何融资，或是否采取联合收购、并购的方式等。

3. 确定收购、并购方式。例如，股权收购、重大资产收购，或者两者兼有等。如果被收购企业中有一些资产、业务不是收购方想要的，也可以商定回购计划。

4. 确定收购、并购工作组，包括公司内部的项目负责人员以及外部中介单位，如律师事务所、会计师事务所、税务师事务所等。

除此以外，公司收购、并购方案的落地还需要做好尽职调查，即需深入调查被收购、并购企业的劳资情况、债务情况、股权情况等，因为这些因素也会影响到收购、并购方案的制订。

【案例解析】

A 公司计划通过收购、并购来扩大其在某领域的市场份额。甲、乙、丙、丁为 A 公司的股东，持股比例分别为 40%、30%、20%、10%。A 公司经过市场调研，确定了 B 公司和 C 公司为潜在的收购、并购目标。

A 公司成立了一个由财务、法律、市场等部门组成的收并购团队，对 B 公司和 C 公司进行了全面的尽职调查。调查发现：B 公司在某领域有较强的市场地位和技术创新能力，但存在一定的财务问题；C 公司市场地位较弱，但财务状况良好。

A 公司决定收购 B 公司，以获取其技术和市场份额。A 公司与 B 公司进行了多轮谈判，最终确定了现金加股票的混合支付方式，并制定了详细的业务整合计划。

收购完成后，A 公司成功整合了 B 公司的业务，实现了市场份额的扩大和技术创新能力的提升。

【法律规定】

《公司法》

第二百一十八条　公司合并可以采取吸收合并或者新设合并。

一个公司吸收其他公司为吸收合并，被吸收的公司解散。两个以上公司合并设立一个新的公司为新设合并，合并各方解散。

第二百一十九条第一、二款　公司与其持股百分之九十以上的公司合并，被合并的公司不需经股东会决议，但应当通知其他股东，其他股东有权请求公司按照合理的价格收购其股权或者股份。

公司合并支付的价款不超过本公司净资产百分之十的，可以不经股东会决议；但是，公司章程另有规定的除外。

第88问：公司收购、并购的流程有哪些？

【问题解读】

公司的收购、并购通常有以下几个步骤：

1. 确定公司收购、并购计划。该计划内容应当包含但不限于预收购、并购企业所处行业、企业规模、主要运营方向、收购、并购资金等内容。

2. 尽职调查。确定计划收购、并购公司的背景、资产产权、负债金额以及债权人、涉诉记录等。明确预收购、并购对象是否符合收购方的收购预期，评估收购、并购的风险，预估收购、并购价值等。而且，尽职调查也可以更好地确定收购、并购契机。

3. 确定收购、并购目标和时机。根据公司收购、并购计划，寻找合适的对象。主动收购、并购方可以通过同行推荐、上市公司清单、法院公告等渠道来确定自己的收购、并购对象。同时，主动收购、并购方需要寻找好的时机"下手"，才能让自身利益最大化。

4. 制定收购、并购方案。收购、并购方案通常是收购方和被收购方谈判协商的结果。在这个阶段，各方围绕框架协议确定收购的意向、条件、付款节点和金额等内容。应注意的是，框架协议与预合同是不一样的。框架协议是正式交易合同，只是部分内容还不确定；而预合同是为了往后签订合同而做的初步约定。

5. 审议通过收购、并购方案。确定收购、并购对象和收购、并购方案后，收购、并购双方应当根据收购、并购方案各自拟订收购、并购报告，根据公司章程的规定提交股东会或董事会表决通过。属于需要有关行政主管部门审批通过的，还需要报主管部门审批。

6. 开展资产评估。这个步骤是确定收购、并购金额的关键步骤。现在资产评估的方式有很多，最严谨的是委托第三方评估机构进行评估。如果争议不大，可以参考同地方同行业的市场价格确定。

7. 谈判和签订收购、并购协议。收购、并购协议是在上述收购、并购方案基础上进一步地具体化，将原本空缺的信息填写好并进一步细化。该环节是检验博弈结果的环节。收购、并购双方根据资产评估确定的交易底价，协商确定最终成交价，并由双方法定代表人或授权代表签订正式收购、并购协议书。

8. 履行收购、并购协议，包括办理股权转让、其他资产交割、支付对价、履行回购义务等。

9. 处理收购、并购手续事宜，包括替换管理人员、实际控制人与被收购、并购企业的客户、供应商等，同时建立必要的联系等。

公司收购、并购流程见图 9-1。

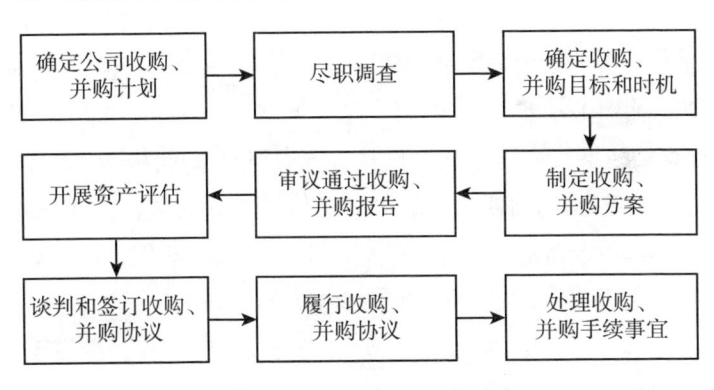

图 9-1 公司收购、并购流程

【律师建议】

上述收购、并购流程是一个比较精简的陈述，实务中的收购、并购工作远比上述程序复杂。收购、并购工作往往需要各专业人士的分工协作妥善执行，要避免因收购、并购工作不细致而留下太多弊端，甚至涉及诉讼。

　　公司收购、并购纠纷案件产生的原因主要有：主动收购、并购方尽职调查没有做好导致中途放弃收购、并购，如发现预收购、并购企业没有预期的价值、实际收购、并购的价格高于计划价格等；收购、并购协议存有漏洞导致各方争执不下；收购、并购协议履行过程中一方无力按照合同约定继续履行等。这些问题除了不可抗力外，基本上可在实施的流程如尽职调查、谈判签约阶段予以规避。因此，按照流程逐步完善收购、并购方案十分重要。

【案例解析】

　　2023年7月5日，A、B、C三家公司共同签订《关于联合资产评估的决议》。该决议载明：因联合所需，A、B、C三方协商聘请某评估公司分别对三家公司及联合整体进行资产评估事宜。同日，A、B、C共同与该评估公司签订《资产评估业务约定书》，约定由该评估机构为三家公司资产合并进行评估。

　　2023年10月8日，A、B、C三方法定代表人甲、乙、丙在《资产评估结果》表格上签字确认。该表格表头标注有成本法、收益法、平均值及比例四项。其中"比例"一项为A、B、C三家公司依成本法及收益法所得评估数据的平均值占三家公司合计平均值的比例分别为65.20%、26.62%、8.18%。

　　2023年10月17日，某评估公司出具《A股东权益价值项目资产评估报告》《A股东权益价值项目资产评估说明》，最终确定合并后的A股东权益价值为3439.73万元。

　　2023年11月29日，A、B、C三方签订《企业吸收合并合作协议》，约定A、B、C三方以企业吸收合并方式进行重组，保留A原有品牌，A对B、C进行吸收合并，实现A、B、C三家公司资产、业务资源的真正合并。协议中"合作方式"部分约定，A、B、C三方均同意实行吸收合并，A 吸收 B、C 而继续存续，A 为吸收合并后的业务主体公司。A、B、C 三方合并后业务主体公司 A 的注册资本叠加为人民币 2000 万元。A、B、C 三方共同选择专业的第三方资产评估机构，评估基准日为 2023 年 5 月 31 日，根据三方共同确认的原则进行资产评估，出具具有公信力的资产评估报告书。资产评估结果确定的 A、B、C 分别占合并后主体公司的股权比例为 65.20%、26.62%、8.18%。吸收合并后的业务主体公司的股东由三方股东（共 7 人）组成。

签订《企业吸收合并合作协议》后，各方按照协议约定推进公司合并事宜，并于 2024 年 1 月集中办公，逐步对财务、人事等进行统一管理。后 B 对合并前期的评估结果产生怀疑，认为 A 在评估过程中提交的财务数据不实，要求进行二次评估，《企业吸收合并合作协议》的履行受阻。

最终法院审理后认定：B、C 均未完成企业解散且相关股东均未完成对新设企业的股权转让，故案涉《企业吸收合并合作协议》并未履行完毕。而三方就协议继续履行存在重大分歧，已不具备继续履行协议的主观意愿；三方股东目前也已无法正常召开股东会，客观上也不具备协商一致的条件。而通过司法手段干预当事人的意思自治缺乏法律依据，亦不符合案涉协议约定。故最终判决解除《企业吸收合并合作协议》。

【法律规定】

《公司法》

第一百一十六条　股东出席股东会会议，所持每一股份有一表决权，类别股股东除外。公司持有的本公司股份没有表决权。

股东会作出决议，应当经出席会议的股东所持表决权过半数通过。

股东会作出修改公司章程、增加或者减少注册资本的决议，以及公司合并、分立、解散或者变更公司形式的决议，应当经出席会议的股东所持表决权的三分之二以上通过。

第二百一十八条 公司合并可以采取吸收合并或者新设合并。

一个公司吸收其他公司为吸收合并，被吸收的公司解散。两个以上公司合并设立一个新的公司为新设合并，合并各方解散。

第二百二十条 公司合并，应当由合并各方签订合并协议，并编制资产负债表及财产清单。公司应当自作出合并决议之日起十日内通知债权人，并于三十日内在报纸上或者国家企业信用信息公示系统公告。债权人自接到通知之日起三十日内，未接到通知的自公告之日起四十五日内，可以要求公司清偿债务或者提供相应的担保。

第 89 问：签订对赌协议要注意哪些问题？

【问题解读】

对赌协议，又称估值调整协议，是指投资方与融资方在达成股权投融资协议时，为解决交易双方对目标公司未来发展的不确定性、信息不对称等问题，而签订的包括股权回购、金钱补偿等对未来目标公司的估值进行调整的协议。

常见的对赌方式有业绩对赌和上市对赌。业绩对赌是指对目标公司未来的业绩目标提前进行约定，上市对赌是对目标公司上市时间的约定。这些业绩目标和上市时间的约定就是对赌条件。当对赌条件实现时，投资方继续参与合作，有的还会约定给融资方一定奖励；当对赌条件无法达成时，则由融资方向投资方支付一定现金补偿或进行股权回购。

根据对赌对象的不同，对赌协议又分为与股东的对赌、与目标公司的对赌。

与股东的对赌，是指投资方与目标公司的股东签订对赌协议，约定目标公司从投资方融资，投资方成为目标公司的股东，当目标公司在约定期限内实现双方预设的目标时，由投资方给予目标公司奖励；反之，则由目标公司的股东按照事先约定的方式回购投资方的股权或者向投资方支付现金、股权补偿。与股东的对赌一般是有效的。

与目标公司的对赌，是指目标公司未达到约定的对赌条件时，由目标公司回购投资方的股权或向投资方支付现金补偿。但是与目标公司的对赌行为可能损害公司或债权人利益或涉嫌利益输送等，其效力在实践中存在很多争议。

【律师建议】

对于投资方来说,在签订对赌协议时要注意以下问题:

1. 约定清晰的对赌条件。除了业绩标准或上市时间表之外,投资方还可以要求绑定被投企业的创始人股东以及核心高级管理人员、技术人员等,当创始人或核心高级管理人员、技术人员出现变动时,投资方也可以要求通过股权回购或转让退出,以确保投资安全。

2. 对股权回购价格或金钱补偿的计算标准要明确且周全,避免出现意料之外的情况时没有合适的标准。

3. 尽量避免与目标公司对赌。虽然并非与目标公司的对赌一概无效,但是根据现实司法裁判标准,要通过诉讼手段解决与目标公司的对赌,会有重重障碍。

对于被投企业来说,签订对赌协议要注意以下三点:

1. 对赌条件要合理,不要给投资人过高的预期。投资方可能想赚快钱,但企业的发展毕竟要靠实打实地经营才能出成果。对赌的业绩目标不合理,或上市时间不科学,股东和公司压力太大,极有可能偏离企业发展的正常轨道,最终严重影响企业的生存与发展。

2. 要重视股权回购的价格,必要时要和投资者协商变更相应的条款。避免出现对赌失败时个人背负沉重的债务,以及丧失企业控制权甚至是股权的情况。

3. 在签订对赌协议前,尽量做好家庭财产和个人财产的隔离措施。避免对赌失败后,个人债务变成家庭共同债务,或家庭财产被拿来还债。

【案例解析】

A公司是一家研发机器人的公司,对研发资金需求巨大。B私募基金非常看好A公司,决定投资A公司。双方谈妥投资方案后,在投资协议中约定了对赌的内容。对赌的约定是这样的:A公司在此后3年业绩要每年增长至少50%，如果连续两年没有达到该增长条件，则A公司的创始人甲要回购B私募基金的股权，回购价格为B私募基金投资金额按年化10%的标准计算的本息之和。

签订投资协议后，A公司果真两年没有达到业绩增长标准，且陷入了经营困境。B私募基金遂要求甲履行回购义务。按投资协议约定的回购价格，甲至少要拿出1000万元回购B私募基金的股权。好在签订投资协议时，甲要求在回购义务后加了这样一条内容：甲的回购义务以回购发生时甲持有的A公司的股权价值为限。因为A公司已经经营困难，严重资不抵债，甲持有的A公司股权已经不值钱，因此甲基本不用掏多少钱来回购B私募基金的股权，B私募基金的投资已很难收回。

【法律规定】

《民法典》

第一百四十三条　具备下列条件的民事法律行为有效：

（一）行为人具有相应的民事行为能力；

（二）意思表示真实；

（三）不违反法律、行政法规的强制性规定，不违背公序良俗。

《公司法》

第五十三条第一款　公司成立后，股东不得抽逃出资。

第一百六十二条第一款　公司不得收购本公司股份。但是，有下列情形之一的除外：

（一）减少公司注册资本；

（二）与持有本公司股份的其他公司合并；

（三）将股份用于员工持股计划或者股权激励；

（四）股东因对股东会作出的公司合并、分立决议持异议，要求公司收购其股份；

（五）将股份用于转换公司发行的可转换为股票的公司债券；

（六）上市公司为维护公司价值及股东权益所必需。

第十章

公司的解散、注销和清算

第 90 问：公司的解散、注销和清算有哪些区别？

【问题解读】

公司的解散、注销和清算是公司终止运营的不同阶段和法律程序。

公司的解散是指公司章程规定的营业期限届满、股东会决议解散、依法被吊销营业执照、责令关闭或被撤销等导致公司法人资格终止的法律行为。

公司解散之后，进入清算阶段。公司的清算是指对公司的资产、负债进行清理，了结公司未完成业务，收取债权、清偿债务，并分配剩余财产的过程。

公司清算完成后，向公司登记机关申请注销登记，一旦完成，公司的法人资格正式消灭。

【律师建议】

1. 公司注销前需进行清算。清算义务人未经清算即办理公司注销，导致公司无法清算，需对公司债务承担清偿责任。在公司清算结束后，清算组应当制作清算报告，报股东会或者人民法院确认，并报送公司登记机关，申请注销公司登记，公告公司终止。

2. 清算义务人应向公司登记机关提供真实有效的清算报告。清算义务人虚构债权债务已清结的事实，制作虚假清算报告骗取公司注销的，需要对公司债务承担赔偿责任。故清算义务人不得虚构债权债务已清算完结的事实以骗取公司注销登记。

【案例解析】

A 公司由甲、乙、丙、丁四位股东设立,分别持有 40%、30%、20%、10% 的股份。由于市场环境变化,A 公司决定停止运营。甲作为公司的董事长,提议解散公司。

1. 解散阶段:A 公司召开股东会,通过解散公司的决议,并在决议通过后 15 日内成立清算组,开始清算活动。

2. 清算阶段:清算组编制 A 公司资产负债表,处理未了结业务,清缴所欠税款,清理债权债务。在此过程中,A 公司发现存在一笔大额的未决诉讼,影响了清算进度。

3. 注销阶段:在解决了未决诉讼后,清算组完成了清算工作,向股东分配了剩余财产,并向公司登记机关提交了注销登记的申请。公司登记机关审核通过后,A 公司正式注销。

【法律规定】

《公司法》

第三十七条 公司因解散、被宣告破产或者其他法定事由需要终止的,应当依法向公司登记机关申请注销登记,由公司登记机关公告公司终止。

第二百三十九条 公司清算结束后,清算组应当制作清算报告,报股东会或者人民法院确认,并报送公司登记机关,申请注销公司登记。

第二百四十条 公司在存续期间未产生债务,或者已清偿全部债务的,经全体股东承诺,可以按照规定通过简易程序注销公司登记。

通过简易程序注销公司登记,应当通过国家企业信用信息公示系统予以公告,公告期限不少于二十日。公告期限届满后,未有异议的,公司可以在二十日内向公司登记机关申请注销公司登记。

公司通过简易程序注销公司登记,股东对本条第一款规定的内容承诺不实的,应当对注销登记前的债务承担连带责任。

第二百四十一条 公司被吊销营业执照、责令关闭或者被撤销,满三年未向公司登记机关申请注销公司登记的,公司登记机关可以通过国家企业信用信息公示系统予以公告,公告期限不少于六十日。公告期限届满后,未有异议的,公司登记机关可以注销公司登记。

依照前款规定注销公司登记的,原公司股东、清算义务人的责任不受影响。

第 *91* 问：哪些情形会导致公司解散？

【问题解读】

公司解散是指引起公司人格消灭的法律事实。根据公司解散事由的不同，公司解散可以分为自行解散、行政强制解散和司法解散三种形式。

自行解散又称为主动解散，解散的原因系公司内部的意思自治，由公司的权力机构根据实际情况及发展需要作出解散公司的决定。自行解散主要包括公司章程规定的营业期限届满或者公司章程规定的其他解散事由出现、股东会决议解散、因公司合并或者分立需要解散三种情形。

行政强制解散是行政机关根据其维护市场秩序的职权，对不符合存续要求的公司进行主动清理，即在公司依法被吊销营业执照、责令关闭或者被撤销的情况下，行政机关对公司进行强制解散的情形。

司法解散是指公司经营管理发生严重困难，继续存续会使股东利益受到重大损失，通过其他途径不能解决时，依据股东的申请，由法院裁判解散公司的情形。

【律师建议】

1. 在章程规定的营业期限届满前，控股股东通过股东会决议修改公司章程，延长公司经营期限的，对决议投反对票的小股东也可以依据法律维护自己的权益。《公司法》2023 年修订时对有限责任公司异议股东股权回购请求权的规定进行了完善，规定公司的控股股东滥用股东权利，严重损害公司或者其他股东利益的，其他股东亦有权请求公司按照合理的价格收购其股权。

2. 满足司法解散事由需要起诉解散公司时需要注意：在立案时需证明公司持续两年以上无法召开股东会，或股东会股东表决时无法达到法定或者公司章程规定的比例，持续两年以上不能作出有效的股东会决议，或公司董事长期冲突且无法通过股东会解决。

【案例解析】

A 公司由甲和乙共同持股，各占 50% 股份。公司章程规定重要决议需经代表三分之二以上表决权的股东通过。自 2021 年起，甲与乙之间因管理理念不合产生矛盾，导致股东会无法形成有效决议，公司陷入僵局。甲作为监事，其监督职权无法正常行使，股东间矛盾长期无法通过协商解决。

甲起诉至法院，一审法院驳回了甲的诉讼请求。甲提起上诉。二审法院审理认为：A 公司股东间矛盾导致股东会机制失灵，公司陷入僵局，甲作为股东和监事，其权益长期无法得到保障。尽管 A 公司财务状况良好，但内部管理的严重阻碍使公司无法正常运营，股东间的矛盾和僵局状态无法通过其他途径解决。甲持有 A 公司 50% 股份，满足提起解散公司诉讼的条件。综合考虑股东权益保护、公司治理结构规范和市场经济秩序，法院作出了解散 A 公司的判决。

【法律规定】

《公司法》

第二百二十九条　公司因下列原因解散：

（一）公司章程规定的营业期限届满或者公司章程规定的其他解散事由出现；

（二）股东会决议解散；

（三）因公司合并或者分立需要解散；

（四）依法被吊销营业执照、责令关闭或者被撤销；

（五）人民法院依照本法第二百三十一条的规定予以解散。

公司出现前款规定的解散事由，应当在十日内将解散事由通过国家企业信用信息公示系统予以公示。

第二百三十条 公司有前条第一款第一项、第二项情形，且尚未向股东分配财产的，可以通过修改公司章程或者经股东会决议而存续。

依照前款规定修改公司章程或者经股东会决议，有限责任公司须经持有三分之二以上表决权的股东通过，股份有限公司须经出席股东会会议的股东所持表决权的三分之二以上通过。

第二百三十一条 公司经营管理发生严重困难，继续存续会使股东利益受到重大损失，通过其他途径不能解决的，持有公司百分之十以上表决权的股东，可以请求人民法院解散公司。

第92问：公司解散应当进行清算的情形有哪些？

【问题解读】

公司清算，是指公司自愿解散或者被强制解散后，依据《公司法》的规定成立专门机构清理公司债权债务并处分公司剩余财产，最终通过公司登记机关注销公司法人人格的程序。

公司解散应当进行清算的情形包括以下内容：（1）公司章程规定的营业期限届满或者公司章程规定的其他解散事由出现。（2）股东会决议解散。（3）被依法吊销营业执照、责令关闭或者被撤销。（4）公司经营管理发生严重困难，继续存续会使股东利益受到重大损失，通过其他途径不能解决的，持有公司10%以上表决权的股东，可以请求人民法院解散公司。

【律师建议】

1. 清算义务人在法定解散事由发生后，不启动清算程序，或者怠于履行清算义务，存在需要承担清算责任的风险。

在日常管理中，公司应建立完善的财务制度、档案保管制度，妥善保管公司的主要财产、账册、重要文件，避免发生无法清算的情形。在解散事由发生后清算义务人（有限责任公司股东、股份有限公司董事和控股股东）须积极履行清算义务，在规定期限内成立清算组，积极、主动履行清算义务。清算过程中要清理好公司主要财产以及管理好公司账册、重要文件。

2. 在解散事由发生时，小股东要积极提示大股东或者其他股东对公司进行清算。

小股东也是有限责任公司的清算义务人,若怠于履行清算义务,也存在需要承担清算责任的风险。小股东免责抗辩事由为非公司董事会或监事会成员,未选派人员担任董事会或监事会成员,未参与公司经营管理等。

3. 与他人成立股权代持关系有风险,需谨慎。名义股东虽非实际出资人,但其名载于股东名册中,基于商事外观主义,名义股东应认定为清算义务人,也可能需要承担清算责任。名义股东的免责抗辩事由为仅是名义股东,并不参与公司经营管理,对于公司的清算事宜无决策力、控制力、影响力等。

【案例解析】

A 公司由甲、乙、丙、丁四位股东设立,分别持有 40%、30%、20%、10% 的股份。A 公司因经营不善,连续亏损,股东会决议解散公司。A 公司按以下流程进行清算、注销工作:

1. 成立清算组:A 公司依法成立清算组,由股东甲担任清算组组长。

2. 清理财产:清算组对 A 公司的资产、负债进行全面清理,发现公司资产不足以清偿全部债务。

3. 清收债权:清算组积极清收公司债权,但仍有部分债权无法收回。

4. 清偿债务:清算组依法清偿公司债务,优先支付职工工资、社会保险费和法定补偿金,缴纳所欠税款。

5. 财产分配:清算组根据清算方案,对剩余财产进行分配,但由于资产不足,无法全额清偿所有债务。

6. 办理注销登记:清算结束后,清算组向公司登记机关申请办理 A 公司注销登记。

A 公司在清算过程中,依法成立了清算组,全面清理了公司财产，妥善处理了债权债务，制定了清算方案，并最终办理了公司注销登记。但由于公司资不抵债，无法全额清偿所有债务，给债权人造成了一定损失。

【法律规定】

《公司法》

第二百三十二条 公司因本法第二百二十九条第一款第一项、第二项、第四项、第五项规定而解散的，应当清算。董事为公司清算义务人，应当在解散事由出现之日起十五日内组成清算组进行清算。

清算组由董事组成，但是公司章程另有规定或者股东会决议另选他人的除外。

清算义务人未及时履行清算义务，给公司或者债权人造成损失的，应当承担赔偿责任。

第二百三十三条 公司依照前条第一款的规定应当清算，逾期不成立清算组进行清算或者成立清算组后不清算的，利害关系人可以申请人民法院指定有关人员组成清算组进行清算。人民法院应当受理该申请，并及时组织清算组进行清算。

公司因本法第二百二十九条第一款第四项的规定而解散的，作出吊销营业执照、责令关闭或者撤销决定的部门或者公司登记机关，可以申请人民法院指定有关人员组成清算组进行清算。

第二百三十四条 清算组在清算期间行使下列职权：

（一）清理公司财产，分别编制资产负债表和财产清单；

（二）通知、公告债权人；

（三）处理与清算有关的公司未了结的业务；

（四）清缴所欠税款以及清算过程中产生的税款；

（五）清理债权、债务；

（六）分配公司清偿债务后的剩余财产；

（七）代表公司参与民事诉讼活动。

第二百三十五条 清算组应当自成立之日起十日内通知债权人，并于六十日内在报纸上或者国家企业信用信息公示系统公告。债权人应当自接到通知之日起三十日内，未接到通知的自公告之日起四十五日内，向清算组申报其债权。

债权人申报债权，应当说明债权的有关事项，并提供证明材料。清算组应当对债权进行登记。

在申报债权期间，清算组不得对债权人进行清偿。

第二百三十六条 清算组在清理公司财产、编制资产负债表和财产清单后，应当制订清算方案，并报股东会或者人民法院确认。

公司财产在分别支付清算费用、职工的工资、社会保险费用和法定补偿金，缴纳所欠税款，清偿公司债务后的剩余财产，有限责任公司按照股东的出资比例分配，股份有限公司按照股东持有的股份比例分配。

清算期间，公司存续，但不得开展与清算无关的经营活动。公司财产在未依照前款规定清偿前，不得分配给股东。

第二百三十七条 清算组在清理公司财产、编制资产负债表和财产清单后，发现公司财产不足清偿债务的，应当依法向人民法院申请破产清算。

人民法院受理破产申请后，清算组应当将清算事务移交给人民法院指定的破产管理人。

第二百三十八条 清算组成员履行清算职责，负有忠实义务和勤勉义务。

清算组成员怠于履行清算职责，给公司造成损失的，应当承担赔偿责任；因故意或者重大过失给债权人造成损失的，应当承担赔偿责任。

第93问：公司清算时，未实缴出资的股东是否需要实缴出资？

【问题解读】

在公司清算时，许多股东可能会对是否需要实缴尚未缴纳的出资产生疑问。根据《公司法》的规定，股东应当按期足额缴纳公司章程规定的各自所认缴的出资额。如果股东未按期足额缴纳出资，除了应当向公司足额缴纳外，还应当对给公司造成的损失承担赔偿责任。

公司清算时，股东尚未缴纳的出资为清算财产，应予缴纳，且不受出资期限的限制。

【律师建议】

1. 对于股东来说，应尽早与公司沟通，明确自己的出资情况，并尽快履行出资义务，以避免在公司清算过程中产生不必要的法律风险。

2. 对于清算组来说，应在清算过程中及时核查各股东的出资情况，并对未实缴出资的股东进行催缴，确保公司的权益不受损害。

3. 在公司清算过程中，如遇到股东拒不履行出资义务的情况，应通过法律手段保护公司的权益。

【案例解析】

案例1：A公司因经营不善进入清算阶段，其中股东甲尚未实缴其认缴的全部出资。在清算过程中，A公司发现这一情况后，立即向甲发出催缴通知。甲在接到通知后，按照《公司法》的规定，及时补足了出资，避免了可能的法律风险。

案例2：C公司在清算过程中，发现股东乙未实缴其认缴的出资。然而，乙以公司已进入清算阶段为由，拒绝履行出资义务。最终，C公司通过法律途径，强制乙履行了出资义务，并赔偿了公司的损失。

【法律规定】

《公司法》

第四十九条　股东应当按期足额缴纳公司章程规定的各自所认缴的出资额。

股东以货币出资的，应当将货币出资足额存入有限责任公司在银行开设的账户；以非货币财产出资的，应当依法办理其财产权的转移手续。

股东未按期足额缴纳出资的，除应当向公司足额缴纳外，还应当对给公司造成的损失承担赔偿责任。

最高人民法院《关于适用〈中华人民共和国公司法〉若干问题的规定（二）》

第二十二条　公司解散时，股东尚未缴纳的出资均应作为清算财产。股东尚未缴纳的出资，包括到期应缴未缴的出资，以及依照公司法第二十六条和第八十条的规定分期缴纳尚未届满缴纳期限的出资。

公司财产不足以清偿债务时，债权人主张未缴出资股东，以及公司设立时的其他股东或者发起人在未缴出资范围内对公司债务承担连带清偿责任的，人民法院应依法予以支持。

第94问：公司清算时，财产怎么处理？

【问题解读】

公司清算是指公司出现解散事由后，依法清理公司的资产和负债的行为。清算过程中，财产的处理是核心，涉及公司资产的评估、变现、分配等一系列问题。正确处理清算财产，对于保护公司债权人、股东及其他相关方的合法权益至关重要。

公司清算财产主要包括公司的货币资金、应收账款、存货、固定资产、无形资产等。在清算过程中，需要对这些财产进行清查、评估和变现，以清偿公司债务并分配剩余财产。

如果公司在支付了所有债务之后仍有剩余的财产，原则上按照股东的出资比例进行分配。

【律师建议】

1. 股东应了解《公司法》关于公司财产的处置和剩余财产分配的具体规定，确保自己在清算过程中的合法权益得到保护。

2. 清算组应依法履行职责，包括清理公司财产、编制资产负债表、通知债权人、处理公司未了结业务等，依法处置公司财产，妥善处理与清算相关的一切事宜，避免因延误或不当处理而产生不必要的法律责任。

3. 债权人应及时向清算组申报债权，并提供相应的证明材料，确保自己的债权得到妥善处理，同时密切关注清算进展，在清算过程中发现清算组存在违法行为或自己的权益受到侵害，应及时采取法律行动维护自身权益。

【案例解析】

案例1：A公司因经营不善决定解散。在清算过程中，其剩余财产首先用于支付清算费用、员工工资、社会保险费用等，然后缴纳所欠税款，最后按照股东出资比例进行分配。

案例2：B公司因违法被吊销营业执照。在清算时，发现公司财产不足以清偿债务。清算组依法向人民法院申请破产清算，由法院指定的破产管理人接管清算事务。

【法律规定】

《公司法》

第二百三十六条　清算组在清理公司财产、编制资产负债表和财产清单后，应当制订清算方案，并报股东会或者人民法院确认。

公司财产在分别支付清算费用、职工的工资、社会保险费用和法定补偿金，缴纳所欠税款，清偿公司债务后的剩余财产，有限责任公司按照股东的出资比例分配，股份有限公司按照股东持有的股份比例分配。

清算期间，公司存续，但不得开展与清算无关的经营活动。公司财产在未依照前款规定清偿前，不得分配给股东。

第95问：公司清算组有哪些权利义务？

【问题解读】

公司清算组成立后，清算组在清算期间行使下列职权：（1）清理公司财产，分别编制资产负债表和财产清单；（2）通知、公告债权人；（3）处理与清算有关的公司未了结的业务；（4）清缴所欠税款以及清算过程中产生的税款；（5）清理债权、债务；（6）分配公司清偿债务后的剩余财产；（7）代表公司参与民事诉讼活动。

在执行这些职权的过程中，清算组需要遵守忠实义务和勤勉义务，否则可能需要承担赔偿责任。

【律师建议】

1. 清算组成员应明确自己的职责和义务，避免因怠于履行清算职责给公司造成损失，从而承担赔偿责任。

2. 公司股东应了解清算组的权利和义务，以便在公司解散后，能够有效地监督清算组的工作，保护自己的权益。

3. 债权人和社会公众应了解清算组的权利和义务，以便及时申报债权或在与公司进行交易时，更好地保护自己的权益。

【案例解析】

案例1：A公司因经营不善，决定解散。在清算过程中，清算组发现公司财产不足清偿债务，但未依法向人民法院申请破产清算。结果，公司的债权人未能得到应有的赔偿，清算组成员因此被追究法律责任。

案例2：B公司在解散后，其清算组在清理公司财产、编制资产负债表和财产清单后，发现公司财产超过债务。清算组按照股东的出资比例分配了剩余财产,但在分配过程中,未能公正、公平地对待所有股东,结果被股东起诉。

【法律规定】

《公司法》

第二百三十四条 清算组在清算期间行使下列职权:

(一)清理公司财产,分别编制资产负债表和财产清单;

(二)通知、公告债权人;

(三)处理与清算有关的公司未了结的业务;

(四)清缴所欠税款以及清算过程中产生的税款;

(五)清理债权、债务;

(六)分配公司清偿债务后的剩余财产;

(七)代表公司参与民事诉讼活动。

第二百三十五条 清算组应当自成立之日起十日内通知债权人,并于六十日内在报纸上或者国家企业信用信息公示系统公告。债权人应当自接到通知之日起三十日内,未接到通知的自公告之日起四十五日内,向清算组申报其债权。

债权人申报债权,应当说明债权的有关事项,并提供证明材料。清算组应当对债权进行登记。

在申报债权期间,清算组不得对债权人进行清偿。

第二百三十六条 清算组在清理公司财产、编制资产负债表和财产清单后,应当制订清算方案,并报股东会或者人民法院确认。

公司财产在分别支付清算费用、职工的工资、社会保险费用和法定补偿金,缴纳所欠税款,清偿公司债务后的剩余财产,有限责任公司按照股东的出资比例分配,股份有限公司按照股东持有的股份比例分配。

清算期间,公司存续,但不得开展与清算无关的经营活动。公司财产在未依照前款规定清偿前,不得分配给股东。

第二百三十七条 清算组在清理公司财产、编制资产负债表和财产清单后,发现公司财产不足清偿债务的,应当依法向人民法院申请破产清算。

人民法院受理破产申请后,清算组应当将清算事务移交给人民法院指定的破产管理人。

第二百三十八条 清算组成员履行清算职责,负有忠实义务和勤勉义务。

清算组成员怠于履行清算职责,给公司造成损失的,应当承担赔偿责任;因故意或者重大过失给债权人造成损失的,应当承担赔偿责任。

第二百三十九条 公司清算结束后,清算组应当制作清算报告,报股东会或者人民法院确认,并报送公司登记机关,申请注销公司登记。

第96问：哪些情形公司可以简易注销？

【问题解读】

公司的简易注销针对的是存续期间未产生债务或者已清偿全部债务的公司。这意味着，如果一家公司已经处理好了所有的财务事务，包括偿还债务和支付所有应付款项，那么这家公司就可以选择走简易注销的流程。这个流程相对简化，减轻了企业的负担，但也要求企业必须对自身的财务状况有清晰、准确的了解。

【律师建议】

1. 在考虑简易注销之前，公司应确保其在存续期间的所有债务均已清偿完毕，包括但不限于债务、工资、社会保险费用和法定补偿金等。

2. 公司应保留所有证明债务清偿的文件，以备在申请简易注销时使用。

3. 如果公司有不确定的法律问题或复杂的财务状况，建议寻求专业意见，以避免因误解法律规定带来的风险。

【案例解析】

A公司是一家小型科技公司，由于经营不善，决定解散。在解散前，A公司已经清偿了所有债务，包括银行贷款、供应商账款和员工工资。在确认没有遗留任何债务后，A公司选择了简易注销程序，并在20日内完成了注销流程。

【法律规定】

《公司法》

第二百四十条第一款　公司在存续期间未产生债务，或者已清偿全部债务的，经全体股东承诺，可以按照规定通过简易程序注销公司登记。

第 97 问：清算义务人的义务和责任有哪些？

【问题解读】

在《公司法》中，清算义务人为公司董事，主要责任和义务为：在解散事由出现之日起15日内组成清算组进行清算；清算义务人未及时履行清算义务，给公司或者债权人造成损失的，应当承担赔偿责任。

【律师建议】

1. 清算义务人必须及时履行清算义务，避免因延误造成的法律责任。

2. 在清算过程中，清算义务人应保持公正公平，不得偏袒任何一方，确保所有债权人的权益得到妥善处理。

3. 如遇到困难或疑问，清算义务人应及时寻求专业人士的帮助，以确保清算工作的顺利进行。

【案例解析】

案例1：某公司在解散后，其董事作为清算义务人未及时履行清算义务，导致公司财产损失严重，对此，该董事需承担赔偿责任。

案例2：某公司在清算过程中，清算义务人偏袒部分债权人，导致其他债权人权益受损，该清算义务人需对受损的债权人承担赔偿责任。

【法律规定】

《公司法》

第二百三十二条 公司因本法第二百二十九条第一款第一项、第二项、第四项、第五项规定而解散的，应当清算。董事为公司清算义务人，应当在解散事由出现之日起十五日内组成清算组进行清算。

清算组由董事组成，但是公司章程另有规定或者股东会决议另选他人的除外。

清算义务人未及时履行清算义务，给公司或者债权人造成损失的，应当承担赔偿责任。

第98问：哪些情形可以申请破产重整？

【问题解读】

破产重整是指针对可能或已经发生破产的企业，通过制定并实施一系列财务和经营策略，以帮助企业恢复稳定经营和持续发展能力的过程。具体来说，当企业法人不能清偿到期债务，并且资产不足以清偿全部债务或者明显缺乏清偿能力时，可以依照《企业破产法》的规定申请破产重整。

【律师建议】

1. 企业一旦发现自己无法偿还到期债务，应尽早了解自身是否符合破产重整的条件，以便及时采取相应的法律行动。

2. 债权人如果发现债务人有破产的风险，应尽早向法院申请破产重整，以保护自己的权益不受损害。

3. 无论是企业还是债权人，都应对《企业破产法》有一定的了解，以便在面临破产风险时依法行事，避免不必要的法律风险。

【案例解析】

A公司因经营不善，无法偿还到期债务，且其资产不足以清偿全部债务，A公司根据《企业破产法》的规定，向人民法院提出破产重整的申请。若A公司的债权人甲发现该公司无法偿还其到期债务，且其资产不足以清偿全部债务，甲也可以向人民法院申请对A公司进行破产重整。

【法律规定】

《企业破产法》

第二条 企业法人不能清偿到期债务，并且资产不足以清偿全部债务或者明显缺乏清偿能力的,依照本法规定清理债务。

企业法人有前款规定情形,或者有明显丧失清偿能力可能的,可以依照本法规定进行重整。

第七十条 债务人或者债权人可以依照本法规定,直接向人民法院申请对债务人进行重整。

债权人申请对债务人进行破产清算的,在人民法院受理破产申请后、宣告债务人破产前,债务人或者出资额占债务人注册资本十分之一以上的出资人,可以向人民法院申请重整。

第99问：申请破产清算，对债权人有什么好处？

【问题解读】

在商业活动中，公司可能因经营不善、市场变化等陷入财务困境，无法偿还债务。此时，债权人和公司都可以依法申请公司破产清算。破产清算是一种法律程序，旨在公平地分配公司的剩余资产以偿还债务。对于债权人来说，破产清算的好处在于能够通过法定程序确保自己的债权得到公正处理，避免债务人不公平地偏袒某些债权人，同时最大限度地回收债款。

【律师建议】

1. 及时行动。一旦发现债务人公司存在无法偿还债务的风险，债权人应准备相关证据，以便尽早提出破产清算申请。

2. 保留证据。债权人应保留所有与债权有关的合同、交易记录和通信往来等证据，这些将是破产清算时证明债权的重要依据。

3. 关注程序。债权人应了解破产清算的程序和时间节点，如申报债权的期限，确保不错过任何可能影响债权实现的关键步骤。

【案例解析】

案例1：A公司因管理不善面临破产，其多个债权人中，B公司持有的债权金额较大。B公司及时申请了破产清算，并在法院规定的申报期限内提交了完整的债权证明材料。最终，B公司在破产财产分配中获得了相应的清偿。

案例2：D公司破产，C公司因错过申报期限未能参与清偿。C公司请求撤销D公司个别清偿，以参与分配。法院驳回C公司请求,强调破产程序的公平和效率,并提醒债权人及时申报债权。

【法律规定】

《企业破产法》

第三十条 破产申请受理时属于债务人的全部财产,以及破产申请受理后至破产程序终结前债务人取得的财产,为债务人财产。

第三十一条 人民法院受理破产申请前一年内,涉及债务人财产的下列行为,管理人有权请求人民法院予以撤销:

(一)无偿转让财产的;

(二)以明显不合理的价格进行交易的;

(三)对没有财产担保的债务提供财产担保的;

(四)对未到期的债务提前清偿的;

(五)放弃债权的。

第三十二条 人民法院受理破产申请前六个月内,债务人有本法第二条第一款规定的情形,仍对个别债权人进行清偿的,管理人有权请求人民法院予以撤销。但是,个别清偿使债务人财产受益的除外。

第三十三条 涉及债务人财产的下列行为无效:

(一)为逃避债务而隐匿、转移财产的;

(二)虚构债务或者承认不真实的债务的。

第三十四条 因本法第三十一条、第三十二条或者第三十三条规定的行为而取得的债务人的财产,管理人有权追回。

第100问：什么情形公司需要编制资产负债表及财产清单？

【问题解读】

在公司的日常运营和管理过程中，资产负债表和财产清单的编制是至关重要的环节。它们不仅反映了公司的财务状况和资产构成，更在特定情况下发挥着至关重要的作用。那么，究竟在什么情形下，公司需要编制资产负债表及财产清单呢？

公司的合并、分立、解散、破产等重大事项，往往涉及公司的资产分配、债务清偿、债权确认等问题，因此需要通过编制资产负债表和财产清单来明确公司的资产和负债状况，为相关决策提供依据。

【律师建议】

1. 在编制资产负债表和财产清单时，公司应遵循相关法律法规和会计准则，确保报表的准确性和真实性。同时，公司应建立健全内部控制体系，确保报表编制过程的合规性和规范性。

2. 在进行重大事项决策时，公司应充分考虑资产负债表和财产清单所反映的财务状况，避免盲目决策和过度扩张。同时，公司应加强与股东、债权人、监管机构等的信息沟通，确保相关利益方对公司的财务状况有充分了解和认识。

3. 在公司面临合并、分立、解散、破产等重大事项时，公司应及时聘请专业团队，协助公司完成相关法律程序和财务处理，确保相关工作顺利进行。

【案例解析】

甲公司经营不善导致严重亏损,最终决定进行破产清算。在破产清算过程中,甲公司按照相关法律法规的要求,编制了详细的资产负债表和财产清单,明确了公司的资产和负债状况。这为后续的破产清算工作提供了重要依据,确保了破产清算的顺利进行,同时为公司的债权人和股东提供了清晰的财务信息,帮助他们了解公司的破产原因和财务状况。

【法律规定】

《公司法》

第二百二十二条 公司分立,其财产作相应的分割。

公司分立,应当编制资产负债表及财产清单。公司应当自作出分立决议之日起十日内通知债权人,并于三十日内在报纸上或者国家企业信用信息公示系统公告。

第二百二十四条 公司减少注册资本,应当编制资产负债表及财产清单。

公司应当自股东会作出减少注册资本决议之日起十日内通知债权人,并于三十日内在报纸上或者国家企业信用信息公示系统公告。债权人自接到通知之日起三十日内,未接到通知的自公告之日起四十五日内,有权要求公司清偿债务或者提供相应的担保。

公司减少注册资本,应当按照股东出资或者持有股份的比例相应减少出资额或者股份,法律另有规定、有限责任公司全体股东另有约定或者股份有限公司章程另有规定的除外。

第二百二十条 公司合并,应当由合并各方签订合并协议,并编制资产负债表及财产清单。公司应当自作出合并决议之日起十日内通知债权人,并于三十日内在报纸上或者国家企业信用信息公示系统公告。债权人自接到通知之日起三十日内,未接到通知的自公告之日起四十五日内,可以要求公司清偿债务或者提供相应的担保。

第十章 公司的解散、注销和清算

第二百三十四条 清算组在清算期间行使下列职权：

（一）清理公司财产，分别编制资产负债表和财产清单；

（二）通知、公告债权人；

（三）处理与清算有关的公司未了结的业务；

（四）清缴所欠税款以及清算过程中产生的税款；

（五）清理债权、债务；

（六）分配公司清偿债务后的剩余财产；

（七）代表公司参与民事诉讼活动。

后　记

经过重大修订后的《公司法》于 2024 年 7 月 1 日起正式实施。

知恒律师事务所公司法律事务中心组织编写这本书的初衷是用简洁明了、通俗易懂的语言、以释疑解惑的方式把纷繁复杂且深奥难懂的公司法条文变成一件件简单实用的工具，因而在本书编写过程中汇聚了中心全体成员的智慧，凝聚了所有参与本书编写和审校者的朴素愿望：希望人人都能读懂，人人都能运用。

本书在策划、编撰、审校和统稿过程中，执行主编周华律师提供了非常有创意的思路、经验与智慧，贡献突出；各位副主编除了完成撰稿任务外，还花费了大量的时间完成书稿的审校，功不可没；每位作者及参与者始终保持高昂的热情，提纲挈领，精益求精，力求使本书兼具专业性、实用性和普及性，努力使之成为一本实用、好用、能用的工具书，实实在在帮助到企业的创立者和经营者。

在此，谨向参与本书各章节撰写的作者致以最真挚的谢意！

本书第一章，邓嘉雯、杨佳妮、张金梅、宋磊磊、黄金政等律师以专业之笔触，勾勒出公司主体的知识轮廓。

本书第二章，闵娜、周艳军、陈洪、邓诺坤、向丹、刘卓越、贾晓娅、刘枚等律师以细腻之阐释，让公司章程及股东权益内容简洁易懂。

本书第三章，周华、陈李康、洪莎娜、王亭、寇彪等律师以专

后 记

业之视角，呈现公司股权架构设计的独特魅力。

本书第四章，刘谟城、李磁、易定兴、李春胜、陈璇、谢莉莉、邓万青、郭良、卢锐等律师以睿智之领悟，洞悉公司资本认缴与实缴的本质。

本书第五章，张萍、刘爽、陈蕤柽、龚文静、徐珊珊、李彩虹、杨佩枝、曹彦辉、庄爱梅等律师以平实之语言，阐明公司治理架构的核心要素。

本书第六章，张萍、刘爽、陈蕤柽、李敏、曹彦辉、杨佩枝等律师以实务之见解，释明公司股东的权利与义务。

本书第七章，张萍、刘爽、陈蕤柽、杨佩枝、刘思涵、欧阳蓉、张婷等律师以点睛之分析，厘清公司董、监、高的权责界限。

本书第八章，张秀兰、王亭、柯东生、裴茜、黄金政等律师以精益之解释，明晰公司股东的进入与退出机制。

本书第九章，邓慧芬、朱庆程、闫准、周高锋等律师以专业之解读，诠释公司投融资理论与实务。

本书第十章，黎田、刘占磊、穆清、胡新伟等律师以务实之剖析，洞察公司的解散、注销与清算。

审稿阶段，上海市海华永泰（郑州）律师事务所王士燕律师对本书第一章至第四章、知恒东莞分所的杨扬律师对第五章至第七章、知恒总部杨林柏律师对第八章至第十章的内容分别提出了非常专业且具有实务见解的修改意见及建议，使本书内容更加贴近实际，更具有实操功能。每一位参与者都秉持高度的责任感和精致的专业精神，为本书赋予了鲜活的灵魂。他们的不懈努力，使这本书能够以丰富多元、实用有效的姿态呈现在广大读者面前。

再次向参与本书撰写的每一位作者和参与者献上最崇高的敬意和最诚挚的感谢！

衷心期望这本书能够让广大读者切实提高对公司法的认识与理解，有效促进企业运营的合法有序和健康发展，为大家的工作与生活点亮前行的道路。

知恒律师事务所公司法律事务中心

2024 年 11 月 7 日